KB271006

누가 이 세상 재물을 가지고

형제의 궁핍함을 보고도 도와줄 마음을 막으면

하나님의 사랑이 어찌 그 속에 거할까 보냐

자녀들아 우리가

말과 혀로만 사랑하지 말고

오직 행함과 진실함으로 하자

요한일서 3장 17절에서 18절 말씀

정금같이 나오리라

김진홍 묵상집 **2**

정금같이 나오리라

지은이
김진홍

펴낸이
강선우

초판 1쇄
1987년 7월 15일

초판 14쇄
1991년 7월 21일

개정판 11쇄
2000년 7월 20일

펴낸 곳
두레시대

주소
서울특별시 강남구 역삼동 618번지 9/1

대표전화
508-4477

팩시밀리
508-4171

등록번호
제20-429호

등록일자
1991년 4월 26일

인쇄처
아 람/2273-2497

총판
생명의 샘/419-1451

책값
7,000원

ISBN
89-85915-02-9

© Kim, Jin-Hong 1987

정금같이 나오리라

김진홍

두레시대

정금같이 나오리라

차례

저자서문　7

진실　9

사랑　35

기도　69

말씀　105

내 주를 가까이　151

건전한 신앙생활　181

저자서문

“나의 가는 길을 오직 그가 아시나니 그가 나를 단련하신 후에는 내가 정금같이 나오리라”(욥 23:10).

어느 시인의 글을 읽었던 기억이 납니다. 그 시인이 젊었던 날에 길을 가다가 두 가닥으로 갈라지는 갈림길을 만났다 했습니다. 두 갈림길의 한쪽은 평탄한 길이었고 다른 한쪽은 험난한 길이었다는 것이었습니다.

어느 편 길로 갈 것인지를 망설이던 시인은 평탄한 길을 버리고 험난한 길을 택하여 가던 길을 계속 갔다고 했습니다. 그후로 그의 삶은 고난의 삶이었고 그 인생길은 험난한 길이었다는 것이었습니다.

그리고 그는 시를 썼고 그래서 그는 행복하였었다는 것이었습니다.

나는 가끔 그 시인의 글을 생각하곤 합니다. 물론 나는 그 시인의 경지에 이르지 못한 평범한 사람입니다. 그럼에도 나는 나름대로 그 시인의 생각처럼 살아왔었습니다. 그런 마음가짐으로 살아왔습니다. 지난날에 내 앞에 몇번인가 갈림길이 있었습니다. 나는 갈림길을 만나게 되었을 때마다 험한 쪽을 선택하여 걸어왔습니다. 그리고 그 선택에서 나는 보람과 긍지를 얻었습니다. 그것이 나의 신앙고백이 되었고 나의 삶을 결정짓는 신념이 되었습니다. 끝내는 나의 체질이 되었습니다. 내가 선택하였던 시련과 고난의 길 위에서 나의 인격도, 신앙과 몸도 자라왔습니다. 그래서 감사드리게 되었습니다. 그렇게 험한 쪽을 선택할 수 있도록 깨우쳐주신 성령님께 감사드리게 된 것입니다. 그 고백과 그 감사로 나는 지금 행복하게 살고 있는 것입니다.

이 책에 실려진 글들은 바로 내가 선택하여 걸어왔던 길에서 겪었던 이야기들입니다. 그 속에 나의 아픔과 상처가 있고 좌절도 있습니다. 그리고 그 아픔과 상처를 통하여 맺어진 열매가 있습니다. 아무쪼록 이 글을 읽는 이들에게 나의 부끄러움은 감춰지고, 내가 만났던 예수님의 향기만 드러나기를 바라며 머리말을 대신합니다.

1992. 9. 20
남양만 두레마을에서 김진홍

진실

"그때에 예수께서 성령에게 이끌리어 마귀에게 시험을 받으러 광야로 가사 사십 일을 밤낮으로 금식하신 후에 주리신지라 시험하는 자가 예수께 나아와서 가로되 네가 만일 하나님의 아들이어든 명하여 이 돌들이 떡덩이가 되게 하라 예수께서 대답하여 가라사대 기록되었으되 사람이 떡으로만 살 것이 아니요 하나님의 입으로 나오는 모든 말씀으로 살 것이라 하였느니라 하시니"(마 4:1―4)

제가 시무하고 있는 교회는 서울에서 버스편으로 3시간 소요되는 서해안의 바닷가에 있는 농촌교회입니다. 농촌에 있는 교회이므로 신앙적인 지도를 하면서 농민들의 경제적인 문제와 농민들의 환경과 생활문제에 대해서도 자연히 관심을 가지게 됩니다.

그래서 우리 교회에서는 농민들이 와서 배우고 본을 보게 하려고 시범농장을 개발하였습니다. 농장 이름을 '두레농장'이라고 부릅니다. 이 '두레'라는 말은 같이 산다는 뜻입니다. 옛날 우리 조상들이 유무상통하고 같이 살던 공동체를 '두레'라고 불렀습니다. 예를 들어서, 우리 선조들은 온 마을 사람들이 같이 쓰던 우물의 바가지를 '두레박'이라고 불렀습니다. '같이 쓰는 바가지'라는 뜻입니다. '원둘레'라는 말도 같이 살던 마을의 공통 경계선에서 나왔다고 합니다.

사도행전 2장의 끝부분에 오순절 성령의 공동체가 탄생합니다. 한국교회는 60년대, 70년대에 교회가 부흥되면서 성령의 체험과 역사는 충만하게 받았는데, 불행하게도 사도행전 첫부분에만 늘 머물러 있고, 사도행전 2장 42—47절 사이에 나타나는 성령공동체의 열매는 아직 맺지 못하고 있지 않는가 하는 생각을 합니다. 그래서 우리 교회가 성령과 믿음으로 같이 살아가는 공동체를 이루고, 또한 우리 조상들의 두레정신도 살려야겠다는 생각으로 우리 교회 농장을 '두레농장'이라고 이름을 붙였습니다.

우리 조상들의 두레라는 공동체와 사도행전 2장의 성령의 역사를 합치면 무엇이 나올까를 묵상하면서 두레농장을 발전시켜 왔습니다. 다행히 농장경영이 궤도에 올라서 작년 말부터 농민들에게 "한국 농촌도 희망이 있다" "신앙을 가지고 뭉치면 살 길이 있다"라는 것을 보여줄 수 있는 농장으로 되어가기에 상당한 자부심을 갖고 있습니다.

닭을 먹이면서 배운 창조의 교훈

우리 농장에서는 젖소와 닭과 돼지를 먹이고 채소도 가꿉니다. 그런데 닭을 먹이면서 제가 배우는 것이 있습니다. 저는 목회자이지만, 시간이 나면 교인들과 함께 닭장에서 일하면서 많은 것을 배웁니다. 우리 농장에서 하는 양계는 일반양계하고는 차이가 있습니다. 예를 들어서 냄새가 나지 않는다든지, 닭들에게 풀을 많이 먹인다든지, 야간점등을 하지 않는 것이 그것입니다. 일반양계에서는 야간에 불을 켜줍니다. 그러나 저는 우리 가족들에게 반대를 했습니다. 밤에는 불을 끄자고 하였습니다. "사람이나 닭이나 밤에는 잠을 푹 자야 정신이 건전하지, 밤에 잠을 재우지 않으면 신경

질이 생긴다. 닭이 신경질을 내게 되면, 그 고기를 먹는 사람도 신경질이 생길까 두렵다. 그러니 밤에는 불을 꺼주자"라고 했습니다. 그랬더니 일반양계에 익숙해진 가족들이 반대했습니다.

"목사님, 그건 모르시는 말씀입니다. 닭 키우는 것은 돈 벌자는 것인데요, 밤에 불을 켜놓아야 닭이 자지 않고 자꾸 모이를 쪼아 먹어서 빨리 성장하고, 그래야 고소득이 됩니다."
"병아리 보고 너무 돈 생각하지 말자. 병아리가 클 때는 병아리로 커야지, 돈다발로 커서야 되겠느냐?"

제가 특별히 밤에 불을 꺼주자는 데에는 이유가 있습니다. 여러 해 전에 제가 정치범으로 몰려 징역을 산 적이 있습니다. 감옥에는 항상 전등불을 켜놓아서 잠을 자면 언제나 전등불이 눈을 비춥니다. 수 개월이 지나니 "불 꺼진 방에서 잠을 자봤으면……" 하고 소원하였습니다. 그렇습니다. 사람이 잠을 잘 때 불끄고 자는 것도 축복인 것입니다.

일반양계에서는 새장식 양계라고 하여 조그만 통 속에 닭을 넣어서 기르는데, 저는 그렇게 하지 말고 닭을 확 풀어놓아 기르자고 했습니다. 하나님께서 처음 닭을 창조하실 때 산천을 뛰어다니면서 건강하게 크도록 하셨는데, 조그마한 통 속에 넣어서 밤새 불을 켜 놓고 닭을 처다볼 때마다 인간은 돈만 생각하니 얼마나 잘못된 일입니까?

우리는 옛 어른들이 닭 먹이던 방법 그대로 넓은 데 풀어놓아 마음대로 뛰어다니게 하여 살아있는 동안이나마 행복하게 해주자는 단순한 생각으로 길렀는데 그것이 그렇게 잘 되었습니다. 닭이 건강하여져 약을 먹일 필요가 없었습니다. 일반양계에서는 닭에 병이 많아서 병아리가 들어오면 약을 7~8가지를 먹입니다. 닭이 먹는 물에 항상 항생제 가루를 넣습니다. 그 장면을 보고 나면 달걀 사 먹을 사람이 별로 없을 것입니다. 그러나 우리 농장에서는 그렇게 하지 않고 자연 상태로 키우므로 전등 값이 절약되고 약 값이 필요없습니다. 또한 닭이 건강하여져 닭고기도 맛있고, 달걀도 자연식품 그대로이니 자연히 소문이 나서 달걀 값을 비싸게 받아도 물건이 딸립니다. 좋은 물건 만들어서 좋은 값에 팔고, 농장도 흑자가 되니, 널리 소문이 나서 KBS에서 작년에 특수양계라고 방영을 했고, MBC에서도 소개를 하고 동아일보에서도 보도하였습니다.

그 후에 농촌에서 견학을 와서는 "목사님, 활빈교회 양계법이 고수익 양계라니까 그 기술을 가르쳐 주십시오"합니다. 저는 "가르쳐 드리고 말고요. 다 농민 살리자고 하는 일이지 교회가 돈 벌려고 하는 것이 아닙니다. 농민들을 위해서 발전시킨 양계법이니까 가르쳐 드리겠습니다. 그 방법은 간단합니다. 닭이 하자는 대로 해주시면 됩니다. 바로 그것이 비결입니다"라고 말했습니다.

사실은 특수양계라는 말이 안 맞는 것입니다. 닭은 본래 그렇게 크도록 되어 있는 것입니다. 하나님께서 닭을 창조하실 때 닭의 생리가 있습니다. 하나님이 창조하신 그 본래 방법대로 되돌리면 되는 것인데, 사람의 욕심 때문에 건강한 닭이 병이 든다는 것입니다.

제가 하고 싶은 말씀은 닭 먹이는 이야기가 아니고, 교회 이야기입니다. 신앙 이야기입니다. 우리가 예수 믿는 일에 있어서 본래의 성령께서 우리에게 깨우치시는 바, 성경의 진리가 우리한테 영감을 주는 바, 본 바탕대로 예수를 바로 믿으면 그렇게 어려울 것이 없습니다. 즉, 예수 믿는 것은 건강하고 행복하고 즐거운 일인데,

누군가가 욕심내어 무리를 해서 하나님께서 본래 우리에게 주신 복음에 무언가 인위적인 것을 붙여놓아, 예수 믿는 것이 자꾸만 힘들어지고 교회엔 병적인 것이 많아졌다고 저는 생각합니다. 본래의 신앙과 그 진리의 가르침은 우리를 영육간에 행복하게 하며 삶을 충만하게 하고, 인생을 복되게 하는 복음인데, 예수 믿는 일이 언제부터 그렇게 어려워졌을까를 생각해봅니다.

한국교회가 반성해야 할 세 가지

한국교회가 선교 100주년을 맞았습니다. 100년 역사에 교회가 부흥하고 교세가 왕성해졌는데, 그 사이에 우리도 모르게 한국교회는 전반적으로 병이 들었습니다. 우리 다같이 다음의 세 가지를 살펴보면서, 우리의 신앙 자체를 반성해 볼 수 있는 기회가 되기를 바랍니다.

1. 한국교회가 병든 것 중의 가장 심각한 것은, 지도자와 교인들이 진실하지 못하다는 것입니다

위선이 심하고 거짓이 있다는 사실입니다. 은혜 충만, 성령 충만하기 전에 진실할 수 있어야 되는데 진실하지 못하다는 것이 한국교회의 치명적인 병이라 하겠습니다. 그렇기 때문에 신앙의 열심을 내어도 은혜가 깊이 들어가지 못하는 것입니다. 욕심을 부려 은혜를 받았지만, 진실한 생활이 뒷받침되지 않기 때문에 받은 은혜가 인격적인 성숙과 사회와 시대를 변혁시킬 수 있는 진리로서의 힘을 발휘하지 못하게 되는 것입니다. 왜 그렇게 됩니까? 그것은 바로 지도자들과 교인 개개인이 진실하지 않기 때문입니다. 성령 받은 이야기를 들어보면 굉장한데 거래를 해보면 거짓말을 하고, 간증을 들어보면 대단한 신앙인데 같이 지내보면 냄새가 납니다.

예사로이 거짓말을 하고 남을 속이면서 교회에 나오면 거룩한 체합니다.

제가 목사로서 스스로 반성해 볼 때 한국교회가 진실하지 못한 것은, 첫째 목사들의 책임입니다. 목회자들이 참으로 잘못한 것이 많습니다. 교인들에게 본을 보이지 못했습니다.

제가 작년에 미국에 가보고 크게 놀랐던 일이 있습니다. LA 근처에 한 신학교가 있었는데, 알고 보니 이 신학교는 전 세계에 가짜 박사를 팔아먹는 신학교였습니다. 거기 가서 들어 보니, 그 학교의 가장 큰 고객이 한국교회 목사님들이라는 것입니다. 그 신학교에 5,000불, 7,000불 갖다 주고 신학박사, 철학박사…… 등등의 가짜 학위를 받아 와서는 진짜 박사 뺨치는 행동을 합니다. 교인들이 십일조 헌금, 감사 헌금을 낸 것을 가지고, 그런 짓을 하는 것입니다. 그것도 도시의 큰 교회 목사들이 그렇게 합니다. 큰 교회 목사들이 가짜 박사 학위를 받아 와서 서울의 롯데호텔 등에서 축하예배를 드립니다. 그 자리에는 본 교회 여전도회원들이 한복을 입고 축하찬송도 하며 오케스트라 연주도 합니다. 석 달 동안 미국 갔다온 사람이 그 사이에 무슨 학위를 받아올 수 있겠습니까? 그런데 알면서도 그렇게들 하고 있습니다. 그날 헌금내는 것을 모두 계산하면 미국 다녀온 비용을 다 제하고도 남는다는 것입니다.

여러분, 심각한 이야기입니다. 그 지도자에 그 교인이 같은 수준입니다. 배우지 못해서 그러는 것이 아니라 대학을 졸업한 지식인이고 사회유지인 사람들이 교회에 와서는 상식이 통하지 않는 그런 짓을 합니다. 세상 사람들은 상식적으로도 하지 않을 일을 교회 내에서 하고 있다는 말씀입니다. 왜 그렇습니까? 우리 교회의 내면에 진실치 못한 것, 즉 위선이 도사리고 있기 때문입니다.

우리는 충만한 은사 이전에 진실해지는 것부터 하여야 합니다.

진실한 삶이 없이는 크리스천이라고 말할 수가 없습니다. 예수님께서 진실치 못한 것에 대하여 얼마나 싫어하셨습니까? 예수님께서는 욕을 하시지 않으셨습니다. 그러나 위선자들을 향해서는 신랄한 욕을 했습니다. 마태복음 23장 26절을 보면 "소경된 바리새인아 너는 먼저 안을 깨끗이 하라 그리하면 겉도 깨끗하리라"고 말씀하셨습니다. 예수님은 안을 깨끗이 하면 겉은 자연히 깨끗해진다고 하셨습니다. 안은 무엇이고, 겉은 무엇입니까? 그 시대, 그 사회의 안은 신앙이고 종교이며, 정치나 경제는 겉입니다.

종교와 신앙이 깨끗해지면 정치, 경제는 뒤따라서 깨끗해진다는 말입니다. 어떤 사회도 그 시대, 그 사회의 종교 이상 발전하는 사회는 없습니다. 또한 어떤 교회도 그 교회의 지도자들 이상으로 발전하는 교회는 없습니다. 이것은 법칙입니다. 교회가 깨끗해지면 정치, 경제, 사회가 깨끗해진다고 생각합니다.

마태복음 23장 27절 말씀을 보면 "화 있을진저 외식하는 서기관들과 바리새인들이여 회칠한 무덤같으니 겉으로는 아름답게 보이나 그 안에는 죽은 사람의 뼈와 모든 더러운 것이 가득하도다"라고 하셨습니다. 외식한다는 뜻은 꾸미는 것, 즉 위선한다는 것입니다. 속은 때묻었는데 겉은 거룩한 체 꾸민다는 것입니다. 오늘의 교회를 보시고 예수님께서는 어떻게 꾸중하시겠습니까? 또 우리는 어떻게 해야 하겠습니까?

성령의 은혜 받기를 사모합니다. 성령이 충만한 교회가 되기를 원합니다. 성령 충만한 교회와 은혜로운 신앙인이 되려면 최소한 세 가지를 갖추어야 된다고 저는 생각합니다. 첫째 진실해야 합니다. 순수하고 진실하지 않은 사람에게는 성령께서 역사하실 수가 없습니다. 둘째 겸손해야 됩니다. 겸손하지 않은 영혼에 주님의 은혜가 머무를 수가 없습니다. 셋째 꾸준하게 은혜를 사모해야 합니다.

　제가 집회를 다녀보면 은혜를 집회 첫날 저녁에 끝내려 합니다. 말씀이 시작되기도 전에 디스코 박자로 찬송을 부르며 북을 치고 땀을 흘리면서 "주여! 주시옵소서!"하는데, 그 모양을 보면 참 민망스럽습니다. '저렇게 기운 다 빼버리면 설교할 때는 기운이 없어서 어떻게 하나'하는 걱정이 생깁니다. 왜 그렇게 하는지 모르겠습니다. 어떤 교회는 멀쩡한 목사님이 "강사님 나오시기 전에 은혜 받기 위하여 주여! 세 번 하겠습니다"하는데, 몇백 명이 한 음성으로 "주여!"하고 소리지르면 그만 간이 조마조마 해집니다. 교회가 주택가에 있는데 "주여!"하는 소리를 몇백 명이 한 음성으로 해 보십시오. 동네 사람들이 "불이야!"하는 말로 잘못 알아들으면 어쩌나 싶어 걱정이 됩니다.

　우리가 그렇게 은혜를 사모해야 할 이유가 어디에 있습니까? "주여!"하고 악을 써야 할 이유가 어디에 있습니까? 주님께서는 우리에게 은혜주시기를 간절히 원하십니다. '내가 은혜를 받아야지'하는 그 생각보다 우리 주님께서 은혜를 주시고자 하는 마음이 훨씬 간절합니다. 이 인식부터가 중요합니다. 주님이 얼마나 은혜를 주시고 싶었으면, 이 세상에 오셔서 십자가에 죽기까지 하셨겠습니까? 우리는 이것부터 알아야 합니다. 그런데 우리가 진실하지 않으면, 어떻게 주님이 은혜를 주실 수 있겠습니까?

　우리 교인들은 유교문화의 영향으로 실질적인 은혜를 사모하는 마음의 준비보다 껍데기로 외식하는 것이 심합니다. 구역예배나 가정에 초청 받아서 가보면 커피를 끓여서 내어 놓습니다. 그런데 그 커피잔을 붙들고 5분, 10분 기도하는 사람이 있습니다. 커피 한 잔 나오면 "감사합니다"하고 마시면 될텐데, 무슨 죄를 다 회개하는지……, 이렇게 하면 옆에 있던 초신자들이 낙심합니다. 그리고 예수님은 적당히 믿어야 된다는 생각을 하게 되고, 불신자들에게 전도의 길을 막게 됩니다.

성경 말씀에 보면, 경건의 모양은 있으나, 경건의 능력은 없다는 말씀이 있습니다. 이렇게 위선하는 것에 대해서 예수님은 마태복음 23장 33절에서 "뱀들아 독사의 새끼들아 너희가 어떻게 지옥의 판결을 피하겠느냐"라고 대단한 욕설을 했습니다. 이 말을 우리 욕으로 바로 번역하면 굉장한 욕입니다. 이스라엘은 뱀이 많고, 우리나라는 개가 많습니다. "뱀들아"하는 말은 "개들아"하는 욕과 같습니다. 특별히 "독사의 새끼들아"하는 욕은 글자 그대로 우리 문화로 번역하면 "똥개 새끼들아"하는 욕이 될 것입니다. 예수님께서는 그 정도의 신랄한 욕을 하실 만큼 위선과 거짓에 대해서는 용납치 않았습니다.

신앙 생활은 먼저 주님 앞에 나 스스로 진실하기 위해서 노력하는 생활입니다. 우리는 주님 앞에서 진실해질 수 있도록 기도해야 됩니다. 특별히 교회가 진실하지 못하다면 무슨 힘이 있겠습니까? 저는 독재하는 정치인들에게 민주주의 하자고 데모하다가 징역도 살고, 매도 맞아 보았습니다. 저는 징역살고 석방되면서 군인들이나 정치인들에게 진실해라 하기 전에 교회가 먼저 진실해야 되겠다고 결심했습니다. 저는 오늘날 우리 사회와 지도자들이 진실하지 못한 것에 대해서 참으로 가슴 아프게 생각합니다. 그러나 그들에게 말을 하려면, 먼저 거듭난 우리 자신과 교회가 생명을 걸고 진실해야 합니다. 교회가 진실하지 아니하고 바로 서지 않는다면, 사회에 대해서 진실하라고 말할 수가 없습니다.

2. 한국교회가 병든 두번째는 교회가 물질을 앞세운다는 것입니다. 물량주의적으로 목회한다는 것입니다

하나님의 일에는 물질이 필요합니다. 가난한 교인들에게 "하나님 다음 가는 것이 무엇이냐?"고 물었을 때 "우정이요, 사랑이요" 하고 대답하는 사람은 별로 없고, 오히려 "쓸데없는 소리, 돈이지 뭐, 돈!"이라고 말합니다. 빈민촌에 들어와 선교하면서 돈 때문에 인격 팔아 먹고, 돈 때문에 비굴해지고, 돈 때문에 안 죽을 사람 죽는 것을 많이 보았습니다. 돈은 소중합니다. 정말 소중합니다.

그러나 하나님의 진리 아래 물질이 있어야 하는데, 요즘 교회가 너무 돈을 밝히고 있습니다. 그래서 세상 사람들로부터 지탄을 받습니다. "돈이 있어야 예수 믿지." 이것이 세상 사람들 입에서 흔히 나오는 말입니다. 여러분, 우리는 이것을 깊이 반성해야 합니다. 받은 은혜 감사하여 드리는 십일조 헌금, 감사 헌금, 건축 헌금 등등, 이 모두가 중요합니다. 그러나 보다 중요하고 먼저 있어야 할 것은 하나님의 말씀이고, 이 말씀에 따라 진실한 몸가짐으로 이 물질을 바로 써야 된다는 사실입니다. 인정 사정 없이 막 거두어 가지고는 쓰는 것도 제대로 쓰지를 못합니다. 인간적으로 거두어서 인간적으로 써버리니 문제가 되지 않을 수 없습니다. 이것은 오늘날 우리 교회의 커다란 문제라 하지 않을 수 없습니다.

그리고 또한 문제는 헌금을 지나치게 물질적인 축복과 결부시키는 데 있습니다. 원래 받은 은혜 감격해서 헌금하는 것인데, 이것을 잘못 가르치고 있습니다. 많이 바치면 축복을 많이 받는 것처럼, 비성경적으로 가르쳐 놓았습니다. 많이 바치면 복 많이 받는다는 것은 누구의 생각입니까? 무당들의 생각입니다. 기독교에서는 절대로 그렇게 해서는 되지 않습니다. 생명까지 받은 은혜가 너무 감사해서 바치는 것인데, 그것을 복을 받기 위해 바치는 것으로 가르쳐서야 되겠습니까?

제가 집회를 다녀보면 강대상에 헌금봉투가 올라옵니다. 그리고
는 그 헌금에 대한 축복기도를 해달라고 설교 시작 전에 아예 주문
을 해버립니다. 이것은 언제나 제가 부딪치는 문제입니다. 왜 그래
야만 합니까? 하나님 앞에 헌금했으면 그것으로 끝난 것이지, 강
대상에서 다시 "누가 헌금했습니다"하고 방송할 필요가 있습니
까? 그런데 왜 그렇게 합니까? 그렇게 하기를 바라는 그 마음 바
닥에는 '더 내라'는 것이 들어 있는 것입니다. 오늘 안 낸 사람은
내일 모두 가지고 오라는 뜻이 들어 있습니다. 목숨보다 더 귀한
것이 진리이고 생명이며 예수 그리스도입니다. 그리스도를 섬기는
일은 진리 자체로 믿어야 합니다. 생명까지 바치는 것이 복음인데
그것을 너무 물질에만 결부시키니, 교회는 번성하지만 진리는 쇠
퇴해집니다.

제가 어떤 집회에 갔다가 탄식을 했습니다. 집회 마지막 날 강사
님이 "본 교회 건축을 앞두고 건축 예산이 5억인데, 여러분 보물을
하늘에 쌓으시기 바랍니다. 물질 있는 곳에 마음도 있습니다. 모두
눈 감으십시오. 천만 원 없습니까? 천만 원 손 드십시오"하는 것
입니다. 현찰 천만 원이 쉽습니까? 서민들이야 전세돈 다 빼내어
도 천만 원 될까 말까 한데, 그게 쉬운 일입니까? 아무도 손드는
사람이 없으니 "이 교회 장로, 권사 뭣하나? 십일조 떼먹은 도둑
놈들아"하는 겁니다. 그때 제 가슴이 철렁했습니다. 가슴이 섬뜩
해지고 제가 갑자기 도둑놈이 된 불안으로 가슴이 답답해졌습니
다. 그 소리에 한두 사람이 손을 들었습니다. 하나, 둘……, 목사
님이 적습니다. 팔백만 원, 오백만 원……, 이렇게 해서 30만 원
까지 내려가는데 35분이 걸렸습니다.

제 등에 식은 땀이 흐르고 얼마나 민망스러운지 사람의 생각은
둘째치고 우리 주님이 얼마나 탄식하시겠습니까? 진리의 교회가

그렇게 수준 밑으로 떨어져서야 되겠습니까? 자갈치 시장의 생선 입찰도 그렇게는 하지 않습니다. 그리스도의 교회는 품위가 필요합니다. 종교는 질적인 세계이며, 그 시대 최고의 정신과 최고의 문화이고, 진리이며, 생명입니다. 그것을 무지한 사람의 생각 때문에 품위를 떨어뜨리고, 성령을 탄식하게 해서는 안 되는 것입니다. 그렇게 이끌어가는 교회는 교인들이 거부하고 항의해야 됩니다.

그렇게 모아서는 어떻게 씁니까? 자꾸만 집이나 지으려고 하지 않습니까? 성도들이 모이는 데는 물론 집이 필요합니다. 그러나 너무 화려하게 지어서 서민들이 거부감을 가지도록 과잉투자를 하고, 집 사고, 기도원 짓고, 묘지 사고, 버스 사고, 또 사고, 사고 ……, 이래 가지고서야 어떻게 우리 시대의 민족과 역사 앞에 교회의 사명을 감당하겠습니까? 교회가 아니면 희망이 없는 시대인데, 주님이 주신 영육간의 축복을 물질투자에만 자꾸 쏟아 넣으면, 우리 역사와 민족의 복음화는 누가 어떻게 하겠습니까? 네 교회, 내 교회 따지지 말고 신앙인은 이제 각성해야 된다고 생각합니다.

3. 세번째로 한국교회가 병든 것은 교회의 비민주성에 있습니다. 진리의 이름을 오용하여 교회가 너무도 비민주적으로 운영되고 있습니다

한국교회는 너무 권위주의적입니다. 민주적인 절차가 너무 없습니다. 성경에서 우리는 영혼의 구원을 주는 복음을 받지만, 그러나 뒤따라 오는 것이 있습니다. 민주주의는 성경에서 나옵니다. 교회는 그 시대의 민주주의를 이루는 중요한 기관입니다. 교회가 발전하면 그 사회는 민주화가 되고 산업화가 되도록 되어 있습니다. 우리 교회가 제대로만 되어준다면 민주화와 산업화가 이루어지도록 되어 있습니다. 얼마나 감사한 일입니까? 특히, 한국은 장로교가 발전했기 때문에 민주화는 속에서부터 되고 있다고 저는 굳게 믿습니다. 우리 나라가 2천 년대를 넘어서면서 국가를 부강하게 하는 밑거름은 크리스천들이라는 것을 저는 확신합니다. 그렇게 해야 되고, 또 그렇게 하고 있다고 믿습니다. 하나님께서는 우리들을 얼마나 민주적으로 대하십니까?

이사야 1장 18절 말씀을 보면 "여호와께서 말씀하시되 오라 우리가 서로 변론하자 너희 죄가 주홍같을지라도 눈과 같이 희어질 것이요, 진홍같이 붉을지라도 양털같이 되리라"고 하셨습니다. 이 말씀에서 "변론하자"라는 말은 서로 터놓고 이야기해보자는 말입니다. 하나님이 우리를 민주적으로 대하시는 것을 나타냅시다. 죄인인 우리에게 여호와께서는 와서 대화하자고 하십니다. 그런데 우리 교회에서 대화가 없어서 되겠습니까? "무조건 따르라" 그것은 잘못되기 쉬운 것입니다. 성경의 가르침이 아닙니다.

빌레몬서 1장 14절 말씀을 보면 "다만 네 승낙이 없이는 내가 아무것도 하기를 원치 아니하노니 이는 너의 선한 일이 억지같이 되지 아니하고 자의로 되게 하려 함이로라"하였습니다. 이 말씀은 교회엔 민주적인 대화와 인격의 존중이 있어야 함을 말해 주고 있습니다. 교회의 민주적 운영, 그리고 교인 개개인의 인격의 존중, 그것은 성경의 가르침으로 현대를 사는 우리 모두가 따르고 지켜야 할 깊은 진리인 것입니다.

성경을 읽는 원칙 제1조가 있습니다. "성경의 어느 말씀을 읽든지 지금 나에게 주시는 말씀으로 읽는 것"이 그것입니다. 그렇게 읽어야만 성경의 말씀이 영감을 주고 영혼의 양식이 되어 피와 살이 되며, 이로써 더 나아가 교회의 축복이 됩니다. 빌레몬서 1장 14절이 지금 우리들에게 주시는 축복이 무엇입니까? 주님께서는 우리들의 승낙과 참여와 동의 없이는 아무 것도 하지 않으시며, 예수 믿고 구원받는 이 선한 일이 억지로 되지 아니하고 자의로, 자발적으로, 기쁨으로, 진정한 순종으로 되기를 원한다는 뜻입니다.

우리 교회는 민주적인 교회가 되어야 합니다. 교회에서 사람이 사람을 존중하고, 신분의 고하를 막론하고 편안하게 인격적으로 대하여, 사람들로부터 존경받는 교회가 되어야 되겠습니다. 제가 빈민촌에서, 감옥 생활에서, 농촌의 개척생활에서 공장에서 노동자들과 같이 일하면서 한 가지 얻은 결론은, 우리 사회는 예수님의 교회가 책임을 져야 하는 사회라는 것입니다. 교회가 각성되고 교회가 새로워져서, 백성들 앞에 내일의 희망을 제시하고 복음의 역사를 일으켜야 합니다.

사람이 떡으로만 살 것이 아니요

제가 빈민촌에 들어가 전도를 하는데, 영적으로나 인격적으로 부족한 사람이 얼마나 실수가 많았겠습니까? 앞뒤 모르고 들어갔다가 실수도 많이 하고, 낭패도 많이 겪었습니다. 처음 들어가 봤더니 굶는 사람이 있기에 안타까워 제가 그들을 돕고자 넝마주이를 했습니다. 하루 종일 열심히 쓰레기통을 뒤지면, 밀가루 두포를 살 돈을 모으게 됩니다. 한 포는 교회에서 쓰고, 다른 한 포는 동네 양식 떨어진 집에 가져다 줍니다. 그러면 얼마나 기뻐하는지, 주부가 눈물을 글썽이고, 배고파 칭얼대던 아이들이 기뻐 뛰는데, 정말 보람을 느꼈습니다. 그래서 더 열심히 넝마주이를 했습니다.

그런데 그 주부가 한 열흘 뒤에 교회를 찾아옵니다. "선생님, 떨어졌어요"하고 말하는데, 두세 번은 줄 수 있지만 계속 요구하면 도와 줄 수가 없습니다. 왜냐하면 교회가 이웃을 돕고 가난한 사람들을 섬겨야 하지만, 물질만 도와주면 도움을 받은 사람들이 교회를 더 원망하고 욕을 하기 때문입니다.

그래서 동냥 주는 것처럼 도와서는 안되겠다고 생각하고, 자립할 수 있도록 도와주려고 동네에다 광고하기를 "활빈 교회에서는 자기 힘으로 장사할 수 있도록 장사 밑천이나 기술교육을 위한 교육비를 빌려 준다"고 했더니, 사람들이 찾아와서 "우리는 손수레 하나 있으면 사과장사 하겠습니다……"는 등 장사 밑천을 빌려 달라고 했습니다. 그러면 저는 밖에 나가 친구나 친척들한테 돈을 빌려와서는, 빈민촌 사람들이 원하는 것을 사라고 돈을 주면서 "우리 교회가 그냥 드리지 못하고 원금은 받겠습니다. 그러나 이자는 받지 않을테니 원금은 형편되는 대로 갚으십시오"합니다. 그리고는 언제까지 원금을 갚겠다는 증서를 만들어 교회가 한 장 가지고, 본인이 한 장 가지게 했습니다. 그런데 갚을 날짜가 되면 그들은 밤새 어디론가 이사를 가버립니다. 사람 잃고 돈 잃은 것입니다. 그 사람은 교회를 속이고 다른 동네로 갔으니 예수님 앞으로 나오기는 커녕 더 멀어져 버린 것입니다.

이런 일이 한두 번이 아니라 여러 번 있어서 이것은 복음전도가 아니라고 판단되었습니다. 이 궁리 저 궁리하며 낙심하고 있을 때에, 미국의 유명한 대중운동가 한 사람이 한국에 왔다가 우리 빈민촌을 찾아왔습니다. 여기저기 둘러보고서는 "이곳은 지옥이다"라고 하면서 우리들보고 "무엇들 하고 있느냐? 선동하고, 조직해서 데모하라"고 말했습니다. 그 말을 들으니 얼마나 속이 시원했겠습니까?

그래서 저는 청계천 빈민촌에 사는 사람들로 청계천 판자촌 주민회를 조직해서 회장, 총무, 감사를 뽑고, 분과별 조직까지 하여 열심히 일했습니다. 아침부터 저녁까지 일주일 내내 교회가 북적거리고, 동네가 살아움직이는 것 같았습니다. 교회 벽에다가 "혼자서 실패한 것 단결해서 승리하자", "앉아서 살기보다 서서 죽기를 택하자"고 써 붙이고는 열심히 일했습니다. 참 잘되어 나갔습니다.

그런데 3, 4 개월이 지나니 패가 갈라지기 시작하여 호남파·영남파, 주류·비주류로 갈라져서 싸움이 벌어지는데 어처구니가 없었습니다. 온 동네가 시끄러워지고 빈민촌 주민들이 교회를 원망하기 시작했습니다.

"그렇지 않아도 시끄러운 동네, 교회가 들어와서 더 시끄럽네. 매일 같이 싸우는 사람 데리고 이사가면 좋겠네."

아무래도 안되겠기에 개척교회 흙바닥에 가마니를 깔아 놓고 주류, 비주류 대표 30여 명을 불렀습니다. '먹었다, 안 먹었다' 싸우지만 말고 모두 터놓고 얘기해 보라고 했습니다. 그랬더니 비주류 측에서 하는 말이 "이것들 형편없다. 매일 예배당에서 대어주는 것 가지고 술먹고 노름하고, 그러지 않았느냐?"하면서 주류측에 대들었습니다. '먹었다, 안 먹었다' 시끄럽게 싸우더니, 주류측 회장이 화가 났습니다. "내가 먹는 것 봤다, 그거지? 좋다"하더니 밖에 나가 부엌칼을 가져왔습니다. 그리고는 셔츠를 걷어올리고 자기 배를 확 그었습니다. 힘을 주니 창자가 튀어나왔는데, 그것을 손에 받쳐들고서 "내가 먹었으면 뱃속에 돈이 들어있을 것 아니냐? 내 뱃속에 돈 들었나?"하니, 피는 흐르고 야단이 났습니다. 응급차를 불러서 병원에 가서 창자를 밀어넣고, 가까스로 수술을 마쳤습니다.

그런데 이 사람이 완치될 동안 가만히 있지 못하고, 면회간 사람이 조금씩 놓고간 돈을 가지고 간호사 눈을 피해 병원 앞 포장마차에 가서 소주를 홀짝홀짝 들이키고서, 거나하게 취한 채 병원에 들어왔습니다. 그 깨끗지 못한 손으로 낫지도 않은 상처를 북북 긁으면서 아리랑을 부르고 들어오니, 간호사가 기겁을 해서 "그 상처에 술마시고, 긁으면 감염되어 큰일납니다"하는 데도 "일 없어, 일 없어……"하더니 그만 정말 감염이 되어 결국은 두 달만에 죽어버렸습니다. 그 시체를 서울시립화장터에 가서 화장하고, 그 잿봉지를 들고 교회에 왔습니다. 강대상 앞에 내려 놓고서 제가 꿇어 엎드렸는데, 속이 탁 막혀 기도가 전혀 나오지 않았습니다.

"복음으로 사람을 살린다고 빈민촌에 들어와서는 사람을 살리지는 못하고 오히려 죽게 했으니, 어쩌면 좋겠습니까? 제가 빈민선교 할 자격이 없습니까?" 얼마나 탄식이 나오는지! 이래도 안되고 저래도 안되어, 마지막으로 한다고 했는데, 사람 살리지는 못하고 죽게 하여 잿봉지만 남았으니……, 그래서 사흘 간 금식했습니다. "주님, 제가 그만하고 신학교에 가서 공부만 할까요? 더이상 못하겠습니다"하고 기도하다가 사흘째 되던 날 아침에 성경말씀을 묵상하다가, 마태복음 4장 4절 말씀을 읽고 제가 회개를 했습니다. 제가 무엇을 잘못해서 사람을 살리는 목회가 아니라, 죽게 하는 목회를 했는지를 깨달았습니다.

마태복음 4장 4절 말씀은 예수님께서 40일 금식하신 뒤에 주리실 때에 받으신 첫번째 시험입니다. 사탄이 와서 먹고 사는 문제로 예수님을 시험했습니다. 즉 돌을 떡으로 만들라고 도전했습니다. 이에 예수님은 대답하시기를 "사람이 떡으로만 살 것이 아니요 하나님의 입으로 나오는 모든 말씀으로 살 것이라"고 말씀하셨습니다.

저는 이 말씀을 묵상하면서 회개하였습니다. 저는 빈민촌에 복음을 전하러 와서는 굶는 사람들에게 밀가루만 열심히 갖다주었지, 영원한 생명의 말씀은 전하지 않았습니다. 병든 사람을 병원에 열심히 데리고 다니고 약 사다 주었지 의사 중의 의사이신 그리스도를, 영원한 인간의 죄의 병을 고치는 성령님을 바로 전하지 않았습니다. 사람은 떡으로만 살 것이 아니라 하나님의 입으로 나오는 말씀이 있어야 합니다. 예수님께서 떡을 부정한 것은 아닙니다. 떡도 있어야 하지만 더욱 중요한 것은, 인간이 인간답게 살아가는 데 꼭 필요한 것은 하나님의 말씀, 그 진리 자체라는 것입니다. 저는 말씀을 바로 전하지 아니하고 밀가루 갖다 나르고, 약 사다 주고, 병든 사람 병원에 데려가고……, 아무리 해도 끝이 없었습니다.

　여러분, 여러분은 아무리 어려우시더라도 말씀이 앞서기를 바랍니다. 사람이 떡으로만 살 것이 아니므로 하나님의 입으로 나오는 말씀이 여러분의 심령 속에, 가정에 깃들어 삶의 중심을 이루기를 바랍니다. 그리하여 우리 교회는 말씀으로 돌아가야 하겠습니다.

내가 정금같이 나오리라

제가 감옥에 있을 때 몸을 다쳤습니다. 얼마나 심하게 다쳤는지 사경을 헤매게 되었습니다. 왼쪽 옆구리를 다쳤는데 호흡장애가 심해져서 숨을 들이쉬면 갈비뼈가 으스러지는 것 같고, 내쉬면 온 몸이 쑤시고 아프니, 얼마나 고통스러웠던지요. 바로 앉아도 아프고, 누워도 아프고……, 체중이 40kg 이하로 내려가고 눈은 침침해지고, 정신은 혼미해져서 죽게 되었습니다.

　그때에 제가 의인이 고난 중에 있을 때 읽는 성경 말씀을 읽었습니다. 의인이 왜 고난을 당하게 되느냐? 그 해답이 있는 책이 욥기가 아니겠습니까? 그래서 제가 그 고통스러움 속에서 욥기를 묵상하게 되었는데, 욥기 23장 10절 말씀을 읽고, 그 한 구절 성경 말씀이 제 건강을 회복시켜 주었습니다. 이러한 제 개인의 간증을 통해 여러분은 말씀의 능력에 대한 확신이 있기를 바랍니다.

저는 그 후에도 이 말씀을 읽을 때마다 은혜를 받고 있습니다. 욥기 23장 10절 말씀입니다.

"나의 가는 길을 오직 그가 아시나니 그가 나를 단련하신 후에는 내가 정금같이 나오리라"

이 말씀을 통해 건강을 완전히 회복하는 역사가 일어났습니다. 제가 감옥 독방에서 죽게 된 것을 부모, 형제도 모르고 교인들도 모르고……, 아무도 모르지만, 그러나 저를 구원하신 주님께서는 알고 계십니다. 순탄한 인생 환경 속에서 얻어진 믿음은 '정금같은 믿음'이라 부르지 않습니다. 역경 속에서, 실패와 좌절 속에서 다져지고 걸러진 믿음을 '정금같은 믿음'이라 부릅니다. 탄식과 좌절과 실패의 가시밭 길을 걸으면서 수모를 당하고, 멸시를 받고, 온갖 고통을 모두 당하고, 밑바닥 길을 헤매면서 다져지고 다져진 믿음을 정금같은 믿음이라 부릅니다. '내 믿음이, 영적 수준이 너무 부족하므로 지금 이 상태로 두게 되면 도저히 하나님의 일을 이룰 수 없으니, 주님께서는 나를 좀 더 하나님의 일을 담당케 하시기 위하여 내게 이런 시련을 주셨구나, 이것은 죽을 병이 아니라 하나님의 일에 쓰임받는 단련이구나' 하고 깨달았습니다.

그래서 그 다음부터는 옆구리에 통증이 와도, 자신의 연약함을 깨닫고 능력 많으신 주님을 의지하라는 것으로 알고 열심히 기도하고, 아프면 찬송을 하였습니다. 교도소에는 하루에 30분씩 운동 시간이 있습니다. 말씀을 읽기 전에는 몸이 고통스러워서 교도관이 운동 시간을 알려 주어도 거절했는데, 이 말씀을 읽고 용기를 얻은 후에는 자청해서 운동장에 나가 열심히 운동을 하였습니다.

달리기를 하니까 다리는 후들후들 떨리고, 잇몸에서는 피가 흐르고, 머리카락은 쑥쑥 빠졌습니다. 그때 생각되기를 이것은 소금국에 콩밥만 먹으니까 채소가 주는 비타민이 부족해서 그런 것이구나 했습니다. 그러나 감옥 안에서 채소를 찾을 수는 없는 노릇이었습니다. 그런데 담 밑에 클로바 잎이 소복히 있기에, 토끼가 먹는 풀이니 사람이 먹어도 괜찮으리라 생각하고, 토끼풀을 열심히 뜯어 먹었습니다. 한 일주일 뜯어 먹었더니 토끼풀이 다 없어져 버렸습니다. '더 먹어야 하겠는데 ……' 생각하다가 이번에는 무궁화 잎을 꼭꼭 씹어 먹으면서 욥기 23장 10절 말씀을 묵상하며 단련했더니 건강해졌습니다.

얼마나 감사한 일입니까? 이와 같이 말씀은 우리를 강하게 하고 역경을 이기게 하는 능력이 있습니다. 말씀에 충만한 여러분이 되시기를 바랍니다. 우리 사회는 병든 사회입니다. 이 병든 사회를 교회는 말씀으로 고쳐야 됩니다. 이 병든 사회를 말씀으로 고치지 않으면 우리 사회의 장래는 어떻게 되겠습니까?

죽어가는 환자를 거절하는 병원들

저는 밑바닥에서 15년 선교하면서 이 사회가 병들어 있는 것을 똑똑히 보았습니다. 바닥이 튼튼해야 위가 편하지 않겠습니까?

제가 청계천에서 넝마주이 할 때에, 23살 난 한 대원이 갑자기 배가 아프다고 나뒹굴며, 입술이 새파래지고 까무라칠듯 아랫배를 움켜쥐고 뒹굴었습니다. 상황이 급해서 우리 뚝섬에서 가장 가까운 한양대학 부속병원에 업고 갔습니다. "사람 살려 달라"고 했더니, 간호원은 X─선을 찍어오라고 하고, 방사선과에 갔더니 돈을 내라는 것입니다. 급히 오느라고 돈을 못 가져왔으니 사람부터 살려주면 꼭 돈을 갚겠다고 사정사정을 해도 막무가내였습니다. 할 수 없이 그 병원 복도에다 그 청년을 눕혀 두고 돈을 구하러 동네에 달려갔습니다. 그러나 그 빈민촌에 돈이 있겠습니까? 낮에 모두 일하러 나가고 없으니 구할 수가 있습니까? 그럭저럭 세 시간이나 걸려서 돈을 구해서 병원으로 부리나케 달려갔습니다.

그러나 병원에 들어서보니 청년은 벌써 숨을 거두고 있었습니다. 너무나 불쌍하여 제 무릎을 베개 삼아 숨 넘어가게 했는데, 눈을 스르르 감으면서 숨이 끊어지는 듯하더니, 벌떡 일어나 앉으면서 허공을 쳐다보고는 "돈! 약값! 약값!"하는 세 마디를 남기고는 죽어버렸습니다. 얼마나 속이 뒤집혀지는지 '이 병원에 불을 질러버릴까, 아니면 넝마주이 대원들 데리고 와서 다 두드려 부셔버릴까'하는 생각도 했습니다. 얼마나 속이 답답하고, 미치겠는지, 교회로 바로 가서 밥도 먹지 아니하고 기도했습니다. "주님, 저로 하여금 과격해지지 않게 도와주시옵소서. 때려부셔서 될 일이 아니라 주님의 교회가 주님의 사람들이 병든 사회를 고칠 수 있도록 만드는 일꾼되게 하여 주옵소서"하고 기도했습니다.

제가 청계천에서 남양만으로 옮겨오기 얼마전의 일입니다. 훈이 엄마라는 불쌍한 여자가 있었습니다. 그녀의 남편은 지하철 공사장에서 일하다가 위에서 무엇이 떨어져 머리를 맞아서 사망했습니다. 헬멧을 언제나 쓰고 있어야 되는데 덥다고 벗어 놓고 잠시 쉬는 동안에 그런 사고를 당했다고, 보상금도 나오지 않고 다만 밀가루 10포만 나오고 말았습니다. 그 집에는 애들이 4명인데 그 밀가루 다 먹고 나니, 먹고 살 길이 없어서 훈이 엄마는 워커힐 부근에 있는 비닐하우스에 나가 일을 했습니다. 시금치 밭을 매주고 살아가는데, 자궁에 병이 생겼습니다. 이화여대 부속병원에 데리고 가서 진찰을 했더니, 암이 아니고 혹인데 자라기 전에 빨리 수술하면 완치된다는 것이었습니다.

　수술 비용을 위해서 우리 교회가 통성기도를 하며 훈이 엄마 치료길 열어 달라고 기도했는데, 기도·응답 받기 전에 밭을 매다가 까무라치고 말았습니다. 같이 밭을 매던 사람들이 교회가 의지할 곳이라 하여 교회로 데려왔습니다. 제가 넝마주이 하다가 그 소식을 듣고 급히 달려와서 작업복 입은 채로 급히 돈 구해서 택시에 싣고 메디칼 센터로 갔습니다. 정부가 하는 병원이니 돌봐주리라고 생각하고 그리로 갔는데, 24시간 안에 수술하지 않으면 생명이 위험하다고 했습니다. "이 아줌마 잘못되면 고아가 4명 남습니다" 하면서 "치료비는 제 명예와 인격을 걸고 갚겠습니다" 했더니, 제가 입은 작업복 아래 위를 훑어 보더니 안된다는 것이었습니다. 넝마주이 작업복을 입은 제겐 도무지 인격이 없어 보였던 모양입니다.

　나오면서 예수 믿는 병원으로 가자 하여 세브란스 병원으로 갔습니다. "제가 전도사인데, 메디칼 센터에 갔다가 이러저러해서 여기 왔습니다. 제 신앙과 명예심을 걸고 성서에 손을 얹고 맹세합니다. 월부로 갚을테니 좀 살려주십시오"하고 애원했더니, "요즈음 전도사 믿게 되었어요?" 하며 그런 말 믿지 못하겠다는 것입니다. 사정을 하니 됩니까? 할 수 없이 환자 데리고서 대학병원으로 돌고 나니까 오후 5시가 넘었는데 차비는 떨어지고, 점심은 굶고 지쳐서 "훈이 엄마, 어찌 길이 열리지 않겠냐? 내일 개인 병원 찾아보자"하면서 환자를 달랬습니다. 환자를 업고 버스를 타려고 차장한테 돈이 떨어지고 환자니까 그냥 태워달라고 했더니, 퇴근시간이라고 태워 주지 않았습니다. 할 수 없이 환자를 업고서 천천히 걸어가자니 얼마나 무거웠겠습니까? 지치고 피곤하고 짜증나고 말이 아니었습니다. 그렇게나마 얼마쯤 걸어갔더니, 환자가 말탄 듯이 뒤로 젖혀졌습니다. 그래서 제가 "훈이 엄마 잠들었소? 등에

좀 붙어요. 당나귀 탔소? 자가용 탔소?"하고 가까스로 등에 붙여
놓으면, 또 몇 발자국 가지 않아 다시 뒤로 젖혀지곤 했습니다.

배는 고픈데 등에 업힌 사람이 뒤로 넘어지니, 앞으로 가는 게
아니라 뒤로 물러서곤 했습니다. 얼마나 화가 났던지 성동소방서
옆 널찍한 콘크리트 바닥에 환자를 팽개쳐 버렸습니다. 그리고는
화를 참지 못해 투덜투덜하다가 보니까, 환자가 도무지 움직이지
를 아니했습니다. 죽어버렸던 것입니다. 저는 시체를 업고 온 것이
었습니다.

훈이 엄마가 시체가 되어 버린 것을 알았을 때, 하늘이 무너진
것 같고, 앞이 캄캄했습니다. 그때 처음 뱉은 말이 "이 놈의 세상
망해야지, 이 놈의 세상 불을 질러버려야겠다"였습니다. 제가 훈
이 엄마 얼굴을 쓰다듬으며 "왜 죽었나? 살아야 한을 풀고, 옛말
하고 살지, 자식새끼 놔두고 말 한마디 없이 어떻게 내 등에서 죽
느냐?"했습니다. 얼마나 원통하고 분한지, 얼굴을 쓰다듬고 제
가슴을 치며 탄식하다가, 화를 참지 못해 일어서서 하늘을 향해 삿
대질을 하며, 예수님을 원망했습니다.

"예수 필요없어, 예수가 무슨 말라빠진 구주냐? 나를 빈민촌에
들여보냈으면 의사를 주든지, 돈을 주든지, 병자를 주지 말든지 해
야지, 사흘마다 장례식이고 병자는 많은데, 자식새끼 놔둔 이 부인
을 내 등에서 죽게 하는 예수가 무슨 구주냐? 그런 예수를 내가
왜 섬기느냐? 그렇게 힘없고 의리없고 무기력한 예수를 내가 왜
주님으로 섬기느냐? 예배당 치워버리고, 이 놈의 세상 뒤집어 버
린다"고 고함지르며 결심했습니다.

내가 새벽을 깨우리로다

그 시체를 그대로 길가에 둘 수도 없고, 힘도 없어서 동네를 향해

옷자락을 잡고 끌고 갔습니다. 안고 가다가 또 끌고 가다가……,
한양대학교를 지나면서 성동교 다리까지 간신히 이르렀는데, 그
다리 난간에 시체를 걸쳐 놓고 기진맥진하여 그 옆에 가만히 앉아
있을 때, 성령께서 제 마음 속 깊숙이 오셔서 저를 깨우치셨습니
다. 그때에 성령께서 저를 깨우치지 않으셨으면 제 인생이 어떻게
변했을지요!

　"진홍아! 그 옆에 죽은 그 여자가 누군지 아느냐? 나 예수다.
네 등에서 죽은 그 여자는 나 예수니라. 너는 그 여자 하나 죽은 것
이 그렇게 원통하고 분하고 절망하느냐? 나는 오늘도 어제도 수
많은 영혼들이 죄와 절망과 탄식 속에서 죽어갈 때마다 나는 십자
가에서 다시 죽는다"고 하셨습니다. 그리고 "내가 네게 사명을 주
노니 한국교회에 네가 말하여라. 내가 십자가에서 피를 흘려 죽음
으로써 너희들을 구원하고, 이땅의 백성들에게 복음과 사랑을 전
하라고 사명을 주었는데, 그래서 한국 땅에 교회를 세웠는데 너희
교회는 내가 준 복음을 가지고 너희만 잘 먹고 잘 살고, '할렐루야
아멘'했지, 내가 맡긴 이 백성들에게 바로 전하지 아니했다. 너희
는 바로 살지 아니하고, 내가 맡긴 백성들을 돌보지 않는 교회이
다. 절망하는 백성들이 교회를 향하여 돌멩이를 던지기 전에, 너희
교회는 회개하여야 한다고 전하여라"고 말씀하셨습니다.

　우리 교회가 주님이 주신 사명을 감당하지 않으면 어떻게 되겠
습니까? 제가 그 자리에서 주님 앞에 무릎 꿇고 죽은 그 여인의
찬 손을 잡고서 기도했습니다. "예수님, 제가 잘못했습니다. 제가
잘못 생각했습니다." 그리고 가로등 불빛 밑에서 시편 57편 7, 8절
말씀을 읽으면서 기도하고 하나님께 서원했습니다.

　"하나님이여 내 마음이 확정되었고 내 마음이 확정되었사오니

내가 노래하고 내가 찬송하리이다 내 영광아 깰지어다 비파야
수금아 깰지어다 내가 새벽을 깨우리로다.”

이 시편 57편 말씀은 다윗이 그 인생이 가장 절망적이었을 때에
굴 속에 숨어서 읊었던 시입니다. 다윗은 최악의 조건 속에서도 가
장 위대한 사명을 노래했습니다.

한국 교회는 우리 현실이 어두우면 어두울수록, 백성들의 삶이
어두우면 어두울수록 성령의 새벽, 진리의 새벽을 깨우는, 하나님
나라의 새벽을 깨우는 사명을 감당해야 될 줄로 믿습니다.

기도

주님의 은혜를 감사드립니다.

우리 주위에 밤이 깊고 백성들이 어두움에 처해 있을수록, 주님
앞에 부름받은 거듭난 우리들이 주님의 새벽을 깨우게 하여 주시
옵소서. 진리의 아침을 맞이할 수 있게 하여 주시옵소서. 주님의
귀한 교회가 그 삶이 확정되고, 뜻이 굳어져서 우리 사회에 복음으
로써 새벽을 깨우는 사명을 감당할 수 있게 하여 주시옵소서.

주님, 기도드리옵니다. 주님의 교회가 있기 때문에 이 나라의 백
성들이 내일의 희망과 뜻을 가지게 하여 주시옵소서. 교회에서
길러내는 젊은이들이 우리 민족의 새벽을 깨우는 인재가 되게 하
여 주시옵시고, 성령의 사람이 되어 진리로 삶으로써 진리에 순종
하고, 진리에 충성하며 그리스도에게 모든 것을 바칠 수 있게 하여
주시옵소서.

주여, 기도드리옵나니 떡으로만 살 것이 아니라, 살아계신 하나
님의 말씀으로 사는 종들이 배출됨으로써, 역사의 새벽을 밝힐 수
있는 성령의 역사를 허락하여 주시옵소서.

예수님의 이름 받들어 기도드렸사옵니다. 아멘.

사랑

"누가 이 세상 재물을 가지고 형제의 궁핍함을 보고도 도와줄 마음을 막으면 하나님의 사랑이 어찌 그 속에 거할까 보냐 자녀들아 우리가 말과 혀로만 사랑하지 말고 오직 행함과 진실함으로 하자"(요일 3:17—18)

사랑의 실천이 부족한 교회

흔히 기독교를 사랑의 종교라고 합니다. 교회를 사랑의 공동체라고 말합니다. 그러나 우리 교회가 실제로 사랑을 얼마만큼 실천하느냐 하는 것을 생각해 보지 않을 수 없습니다. 교회가 사랑의 공동체라고 말하기에는 우리 교회가 행하는 사랑의 실천이 너무 부족하지 않은가 생각해 봅니다.

말과는 달리 실천이 얼마나 뒤떨어지고 있는가를 보여주는 구체적인 한 보기를 들겠습니다. 서울의 한 교회가 83년도에 예산이 1억이 넘었는데, 그 많은 예산 중에서 교회 자체에서 소비한 것 이외에, 사랑을 실천하기 위하여 교회 밖으로 나간 돈은 모두 72,600원밖에 되지 못했다고 합니다. 무엇이 72,600원이었느냐 하면 100원짜리 동전을 바꾸어 두었다가 교회에 구걸하러 오는 사람에게 200원씩 준 돈의 1년 합계가 바로 72,600원이었다고 합니다. 우리 주님이 사랑하라고 하신 말씀을 절대명령으로 받아들인다는 교회가, 1억이 넘는 예산을 쓰면서 사랑을 실천하는 데는 겨우 72,600원을 쓰고, 나머지는 모두 교회 자체에서 써 버렸다는 사실에 대하여 이제 심각하게 생각해 보아야 합니다. 그 72,600원 마저 참다운 사랑의 표현이라고는 볼 수 없으니 더욱 심각합니다.

우리가 실제로 사랑을 하려면 교회의 프로그램과 예산, 그리고 교우들의 생활에 구체적으로 반영되어야 하는데, 말만 되풀이되고 강조될 뿐 이를 실천하기 위한 뒷받침이 전혀 없으니, 그래서 사랑은 말만으로 끝나버리는 것이 아닌가 생각합니다. 저는 15년 동안 빈민촌에서의 목회를 통해, 사랑한다는 것이 말로는 쉽지만 실제는 어렵다는 것을 많은 실패를 거듭하면서, 여러 번의 좌절을 경험하면서 깨달았습니다.

어느 결핵환자의 치료

청계천에서 목회하던 때입니다. 47세 된 원씨 아저씨가 있었습니다. 이분은 결핵이 심해서 자주 각혈을 하고, 거기다가 간질증세까지 보이는 아주 중환자였습니다. 하루는 결핵으로 피를 토해 놓은 그 자리에서 간질이 발작하여 뒹굴었습니다. 그러다가 온몸에 피를 칠한 채로 골목을 나와 소리지르니, 아이들이 무서워 떨고 동네엔 소동이 일어났습니다. 그때 제가 그 현장을 목격하고서 우리 교회에서 그 분을 치료하기 시작했습니다. 결핵 중환자를 치료하려면 상당한 기간과 끈질긴 노력이 필요합니다. 1년 이상 약을 먹고, 주사 맞는 등 인내와 노력이 필요합니다. 우리가 약을 사드리는데 어느 정도 증세가 호전되면 약을 먹지 않으려고 합니다. 결핵 약은 분량이 많고 소화, 흡수가 쉽지 않아서 조금만 나으면 "이제 나았습니다"하면서 그만 두려고 합니다. 결핵약을 먹다가 다 낫기도 전

에 약을 끊으면, 면역이 생겨서 다음에는 더 비싼 약을 사드려야
합니다. 그러니 본인보다 답답한 것은 교회입니다. 그래서 교회가
빌다시피 사정하여 계속 약을 먹이고, 또 간질환자를 위한 선교단
체인 장미회에 연락하여 간질치료도 해드렸습니다. 결핵약은 오래
먹으면 위장이 나빠진다고 소화제와 비타민도 사드렸습니다.

그렇게 정성껏 약 8개월 동안을 치료했더니, 건강이 아주 좋아
져서 자기 생업을 다시 가질 수 있게 되었습니다. 몇 달만 더 복용
하면 완치될 단계가 되었습니다. 이 어른이 몸에 원기가 생기게 되
어 원래의 직업인 고물장사를 다시 할 수 있게 되었습니다. 작은
가방을 하나 들고 골목을 누비면서 "금이나 은이나 채권 삽니다"하
고 다녔습니다. 그렇게 하여 돈을 좀 벌게 되자 자기가 약을 사 먹
을 수 있게 되었습니다. 그래서 우리 교회는 한 사람 살렸다고 생
각하여, 결핵치료 환자 명단에서 원씨를 빼내게 되었습니다.

그 청계천 빈민촌에는 결핵환자가 많았습니다. 결핵협회 검진차
를 불러 전 주민을 X-선으로 찍어봤더니, 결핵환자가 274명이나
되었습니다. 교회에서 그 사람들의 치료카드를 만들어 놓고 모두
치료해 주자니 교회로서는 힘겹고 벅찼습니다. 그래서 어느 정도
낫게 되면 자립해서 약을 먹으라고 명단에서 뽑아냅니다.

우리는 한 사람 살렸다고 생각하여 잊고 있었는데, 두어 달 지났
더니 원씨 부인이 교회를 찾아왔습니다. 발로 교회문을 쾅 차면서
"김전도사, 나와!"하고 소리지르기에 깜짝 놀라 나가봤더니, 옷
은 찢어지고 눈은 붓고 머리카락은 헝클어진 채 저를 보고 삿대질
을 하면서 "김 전도사, 김 전도사 때문에 우리 집구석 망했으니 책
임지라고!" 하기에 왜 그러느냐고 물었더니, "괜히 예배당에서
병고쳐 주어서 팔다리에 힘 오르니, 그 원수같은 것이 매일 같이
술 처먹고 나를 후둘겨 패니, 내가 어찌 살겠노? 예배당 때문에

집구석 망했네"하는 것입니다. 얼마나 답답한 일입니까? 1년 동안 개근하다시피 가서 약 먹이고, 주사 놓아주고 비타민 사 먹여 겨우 병고쳐 주었는데, 도리어 그것 때문에 원망을 듣게 되니 이 얼마나 답답한 일입니까?

저도 화가 나서 원씨 집에 올라갔습니다. 원씨네는 청계천 둑을 파고 인디언 천막처럼 삼각형 집을 지어서 사는데, 허리를 굽히고 들어가 보았더니 소주병을 줄줄이 놓고서 원씨가 깡술을 마시고 있었습니다. 저를 보고서 "예수 선생(저보고 언제나 예수 선생이라고 불렀습니다) 어서 오시라요. 한 잔 나눕시다"하는 것입니다. 제가 얼마나 화가 났겠습니까? "제가 술 잡수시라고 병 고쳐 드렸습니까? 술 잡수시면 안됩니다"하고는 술병을 모두 빼앗았습니다. 그러나 이 어른이 끝내 술 버릇을 못 고쳐서 그 부인은 도망가고 아이들은 고아원에 데려다 주고……, 추운 겨울에 술 마시다가 술이 떨어지자, 가게에 술 사러 나갔다가 길에 쓰러져서 얼어 죽었습니다.

그 시체를 교회 청년들과 함께 염을 하고 화장터에 가서 화장을 한 후, 잿봉지 하나 들고 나오면서 가만히 생각하니 사람을 사랑한다는 것이 어렵다는 것을 깨달았습니다. 1년 동안 하루도 빠짐없다시피 바쳤던 정성이 겨우 잿봉지 하나가 되어 돌아오니, 얼마나 허무했겠습니까?

돼지파동을 겪으며

청계천 빈민촌이 철거되었을 때, 이들 철거민들을 데리고 남양만에 내려와서 바다를 막아 만든 땅에서 농사짓는데, 벼농사만 지어 가지고는 살기가 빠듯하니까 축산해서 잘 살자고 돼지를 먹였습니다. 우리 교회가 주선하고 호주 교회의 협조를 얻어 최고로 좋은 종돈 92마리를 사왔습니다. 우리가 남양만에 세운 15마을의 1,200세대에 그 씨돼지를 고루고루 분양해서 돼지단지 만들자고 했는데, 얼마 지나지 않아서 돼지고기 파동이 왔습니다. 돼지고기 한 근에 700원은 되어야 사료비가 되는데 200원에도 팔리지 않으니, 이 얼마나 적자입니까? 교회말 듣고 돼지 먹이다가 빚지고 적자 나고, 사료비도 못 건지니 교회를 원망하기 시작했습니다.

"예배당 말 듣고, 잘 되는 게 뭐 있을까 봐? 예배당 말 듣다가 집안 망했네."

돼지가 새끼를 낳아도 새끼는 팔리지 않고, 사료값은 오르니, 더 이상 먹일 재간이 없었습니다. 그래서 동네 아줌마들이 돼지새끼를 손수레에 싣고 바닷가로 가서 뻘밭에 내버렸습니다. 그런데 그 살아있는 돼지가 바다 속으로 들어가겠습니까? 바닷물이 밀물이 되니, 물결타고 동네 안으로 다시 들어왔습니다. 온몸에 뻘칠을 해서 꿀꿀하고 온 동네를 헤매니 동민들이 교회를 더 원망하였습니다. 나중에는 손수레에 돼지새끼를 다시 줏어 싣고는 교회로 왔습니다. "목사님, 목사님!" 부르기에 나가봤더니, "목사님, 목사님은 돼지 좋아 하시니, 드십시오"하면서 교회 마당에 그 많은 돼지새끼를 확 풀어 놓고 가버렸습니다. 교회 마당에 100여 마리의 돼지가 꿀꿀하고 다니니, 그 소리에 어머님마저 신경이 날카로워졌습니다. 농민들을 잘 살게 하자고 한 일이었는데 결국은 교회가 원망의 표적이 되었습니다. 사실은 정부의 잘못된 축산 정책이 문제인데 말입니다.

이도저도 못해 하는 수 없어서 교회 청년들을 데리고 구덩이를 파고서는 돼지새끼를 모두 묻어 버렸습니다. 아무리 짐승이지만 살아 있는 것에 흙을 끼얹으니 가슴이 아프고, 농민들 손해를 당한 것이 가슴아팠습니다. 참으로 답답했습니다. 어떻게 해볼 길이 없었습니다. 견디다, 견디다 못해서 그 좋은 씨돼지 한 마리에 40만 원 씩 주고 사온 것을, 1년 이상 먹인 뒤 한 마리에 6만 원씩 받고 팔았습니다. 팔고 났더니, 보름 뒤 값이 오르기 시작하는데, 우리 돼지를 몽땅 사간 사람은 앉아서 부자가 되어 버렸습니다. 그러니 얼마나 속이 상하겠습니까? 농민들한테 원망듣고, 바보되고……, 농촌 목사가 월급까지 다 털어가면서 농민을 살린다고 했는데, 결과는 손해만 끼치고 망하게 하여 원망만 듣게 되었습니다.

사랑한다는 것이 쉽지 않다는 이야기입니다. 우리가 교회 안에서 말로만 "사랑합시다"하는 것은 쉽습니다. 그러나 현실 세계에서 구체적으로 사랑한다는 것은 다른 차원에 속하는 이야기입니다. 그런 점에서 우리 교회가 사랑하는 일에 대한 깊은 연구와 기도와 진지한 관심이 있어야 한다고 생각합니다.

제가 책을 한 권 소개하겠습니다. 독일의 사회심리학자 에리히 프롬이 쓴 「사랑의 기술」이라는 책을 꼭 한번 읽어주시기 바랍니다. 제가 그 책을 읽고 크게 감명 받았습니다. 거기에 보면 사랑이라는 것은 사랑하겠다는 마음과 뜻이 있다고 되는 것이 아니라, 사랑할 수 있는 훈련이 되어야 한다고 했습니다. 사랑할 수 있는 인격이 뒷받침되고, 또 그 훈련이 쌓여 있어야 된다는 것입니다. 운전을 하려면 운전 연습을 해야 하듯이, 사랑하는 것도 사랑 연습을 해야 된다는 것입니다. 제 경험에 비추어 볼 때 이 말은 참으로 옳은 말이라고 생각합니다. 우리 교회가 사랑이라는 말은 많이 하는데 사랑을 실천하지 못하는 것은, 사랑하는 마음은 있는데 구체적으로 사랑할 수 있는 교인들의 훈련, 프로그램 등이 뒷받침되지 않기 때문에, 마음 속에서만 맴돌 뿐 실천되지 못하고 있는 것이라고 생각합니다.

사랑을 실천하는 길

오늘 본문 말씀 요한 일서 3장 17—18절 말씀에서 "누가 이 세상 재물을 가지고 형제의 궁핍함을 보고도 도와줄 마음을 막으면 하나님의 사랑이 어찌 그 속에 거할까 보냐 자녀들아 우리가 말과 혀로만 사랑하지 말고 오직 행함과 진실함으로 하자"고 했습니다. 저는 이 말씀을 읽으면서 위로를 받습니다. 그때도 지금과 마찬가지로 말과 혀로 하는 사랑이 많고, 그때나 지금이나 행함과 진실한 실천의 사랑은 적었구나 하고 생각됩니다.

제가 15년 동안 겪은 이런 저런 경험 속에서 사랑이란 이런 것이 아니겠는가 하고 몸으로 터득한 것이 있습니다. 이제 몇 가지를 말씀드리면서 사랑을 실천할 수 있는 우리들이 되기를 바랍니다.

1. 첫번째, 사랑이라는 것은 사랑이 필요한 영혼들과 함께 사는 데서 시작되며, 이것이 중요하다고 생각합니다

제가 빈민선교를 제대로 하지 못하고 실패만 거듭했는 데도, 오래했다 하여 신학교 후배들이나 교역자들이 가끔 찾아와서 빈민선교 성공비결을 물어옵니다. "실패만 잔뜩 해본 사람이 성공비결은 없고, 제가 그저 오래 견딘 것으로 말한다면, 빈민 선교는 빈민촌에 들어가서 바보처럼 가만히 있는 것이 중요하다"고 말합니다. 바보처럼 가만히 있는 것, 이 말이 단순한 말 같지만 중요한 말입니다.

맨 처음에 빈민촌에 들어가서 사랑한다고 새벽 2시까지 뛰어다니며 "뭘 좀 도와드릴까요?" 했더니, 한 집 두 집 교회에 돈 꾸러오기 시작하는데 감당할 수 없었습니다. 그래서 "제가 무슨 돈이 있다고 돈 꾸러 오십니까?" 했더니, 오히려 놀라면서 "뭘 도와드릴까 물을 때는 언제고 지금은 왜 오리발을 내미시오? 우리가 없는 것이 돈인데, 돈 좀 꿔 달라는데 뭘 그러시오?”라고 하였습니다. 제가 도와준다는 것은 다른 차원인데, 그들은 그들에게 없는 것이 돈인지라 당장에 필요한 돈을 도와주는 것으로 이해한 것이었습니다. 처음에는 꿔주어 봤는데 결과가 아주 좋지 않았습니다. 사랑한다고 하면서 자꾸 실패를 하고 복잡하고 어려워져 가니, 생각을 바꾸어야겠다고 느껴져 좀 가만히 있어 보기로 했습니다. 앞뒤 모르고 설치니 안된다고 생각하여, 그 동네에서 그저 가만히 살았더니, 차츰 그 사람들의 입장과 살아가는 모습이 이해되고, 이해가 되니 대화가 되며, 대화 속에서 사랑할 수 있는 방법이 생겨나고, 복음을 전할 수 있는 기회도 얻을 수 있게 되었습니다.

제가 살던 집 옆방에 젊은 한 부부가 살았는데, 남편이 술버릇이 나빠서 술만 마시면 부인을 두들겨팼습니다. 매일 밤 한 번씩, 시간 맞추어 놓은듯이 부인은 죽는 소리를 지르고 “동네 사람요! 나 좀 살려요! 나 죽네”하고 악을 써서, ‘어떻게 저렇게 매맞고 사는가? 도망도 안 가는가?’ 생각했습니다. 그런데 그 이튿날 아침에 보면 도망가기는 커녕 계란을 요리해서 남편에게 갖다바치는 것을 보고 이해하기 어려웠습니다. 사람의 정이라는 것이 참 끈끈한 것이라고 생각하였습니다.

부인의 정성이 워낙 눈물겨워서 하루는 부인 없는 사이에 그 남자를 만났습니다. “여보, 당신 나하고 사나이 대 사나이로서 얘기 좀 합시다. 당신 부인을 그렇게 때릴 수 있소? 보아하니 복이라고는 처복밖에 없는 것 같은데, 부인을 그렇게 때리다 도망가거나 병들면 어쩔려고 그러시오? 부인이 언제까지 견디겠소? 저도 잠 좀 잡시다” 그랬더니, 그 양반이 정색을 하면서 “그 얘기 잘해 주셨습니다. 제가 어디 제 마누라를 때리고 싶어 그러겠습니까?” 하더니, 자기의 흘러간 인생 얘기를 죽 합니다.

어려서는 계모 밑에 자랐는데 아버지 보는 데서는 그렇게 잘해주다가도 아버지만 없으면 쥐어박고 눈을 흘기고 자식취급 받지 못했으며, 커서는 서울에 올라와서 구두닦이 하면서 또 사람대접 못받고, 군에 가서도 마찬가지였다는 것입니다. 자신의 기억으로는 지금까지 한번도 사람대접 받아 본 적이 없다는 것이었습니다. 그래서 자신의 생각에도 자기 마음이 비뚤어졌다는 것입니다. 어느날 하루도 술을 마시지 아니하면 속이 뒤집혀져서 잠을 잘 수 없다는 것입니다. 또 술을 마시면 술김에 부인을 그렇게 때려야 속이 풀린다는 것입니다. 무엇이든 두들겨 패야 잠을 자는데, 이웃 사람을 두들겨 팰 수는 없고, 그러니 자기 마누라를 그렇게 때린다는 것입니다.

"내가 참 몹쓸 남편이지요" 그러면서, 자기 부인은 자기가 불쌍해서 살아준다는 것을 잘 안다고 말하기까지 했습니다. 하루는 이 사람이 부인에게 "이것 참 못할 짓이니 내 손발을 다 묶으라"고 했답니다. "오늘 밤은 술 안 마시고, 당신 안 괴롭히고 그냥 자야겠소"했는데, 밤중이 되니 속이 뒤집히고 광기가 생겨 도저히 못 견디겠더라는 것입니다. 이빨로 끈을 풀고, 나가서 다시 술 마시고 들어와서는 부인을 때렸다고 했습니다. 그러면서 "김 선생님, 내 병 좀 고쳐주시오" 하는데 제가 정말 할 말이 없었습니다. 그의 인생 얘기를 들으니, 이해가 되는 듯했습니다.

어떻게 그를 도울 수 없을까 하고 생각하며 그날도 쓰레기 통을 뒤지는데, 그 옆에 누가 갖다버린 드럼통이 있었습니다. 그것을 본 순간 아이디어가 탁 떠올랐습니다. 저것으로 그 사람 도와줄 수 있겠다고 생각했습니다. 그날 일마치고 들어올 때, 그 드럼통과 쓰레기장에 버려진 부러진 야구방망이를 주워서 손수레에 싣고 왔습니다. 또 문방구에 들러서 강력테이프도 하나 사 갖고 와서는 그 양반을 불렀습니다.

"여보, 나 오늘 당신 도와줄 일이 생각났소"하고 드럼통을 내려주면서 "당신, 부인 사진 가지고 있지요? 결혼사진 같은 것 말고 허드레 사진 말이요. 그런 사진을 이 드럼통에 붙이시오. 그래서 오늘 저녁 부인 때리는 시간에 부인 대신 이 드럼통을 때리시오"라고 했습니다. 또 그 부인도 좀 뚱뚱한 편이니, 사진만 붙여 놓으면 비슷하지 않겠느냐 하면서 부러진 방망이까지 건네주었습니다. 이 양반이 그것을 가만히 보더니 "그것 괜찮겠는데요" 했습니다.

밤에 사람 소리가 날 것인지, 드럼통 소리가 날 것인지 하고 기다렸더니, 밤이 이슥해지자 와장창하고 드럼통 소리가 요란하게 나기 시작했습니다. 이 양반이 야구방망이로 드럼통을 치면서 "이년아, 이년아! …" 고함치는 것입니다. 한참 그러는데 부인이 얼굴이 헬쑥해져서 찾아와서는 "선생님, 마음 놓으십시오. 이제 매 맞는 것 졸업했습니다." 한참 그러다가 조용해지자 부인이 건너갔습니다.

다음날 아침 이 양반을 만났더니 희색이 만연해서 하는 말이 "김 선생! 그것 좋습디다. 그런데 문제가 있습니다. 드럼통이 절반이 우그러졌는데요, 그것 며칠 못 가겠는데요"라고 하기에, 드럼통은 교회에서 무제한 공급할테니 걱정말라고 했습니다. 그렇게 며칠을 계속하더니 잠잠해지면서 부인도 때리지 않고, 드럼통도 때리지 않게 되었습니다. 그래서 나중에 부인이 교회에 나오기 시작하자 뒤따라서 그 양반도 교회에 나왔습니다. 그러다가 부부가 모두 집사가 되었습니다.

하루는 그 부부가 여전도회에서 간증집회를 했습니다. 그 부인이 나와서 간증을 하는데 손수건으로 눈물부터 닦으면서 "여러분, 우리 가정은 천당이 없어도 좋아라예요. 예수 믿고 어찌 복 받았는지, 천당이 없어도 우리 집이 천당된 거라요. 애기 아버지가 옛날 예수 믿기 전에는 그렇게 술 먹고 나를 때리고, 애들에게 몹쓸 애비짓을 하더니, 예수 믿고 술 끊고 아버지로서, 남편으로서 잘해 주고, 집사가 되어 교회 일을 이렇게 잘 받드니 우리 집은 천당된 거라요. 우리는 죽어 천당 안 가도 이미 우리 집이 천당된 것 아닙니까?"하고 눈물을 닦으니, 교인들이 모두 은혜를 받았습니다.

옛날 예수 믿기 전의 그 집 형편을 알던 동네 사람들이 눈물을 글썽글썽하면서 "참 그렇다. 천당이 왜 없겠노마는 그게 천당의 시작이지, 예수 믿고 그 집 변한 것 봐라. 예수님의 은혜다"하며 모두들 얼마나 감격했는지 모릅니다. 사랑의 능력이 그런 것 아니겠습니까? 예수님의 사랑은 그런 것이라고 생각합니다. 얼마나 귀한 사랑입니까? 예수 믿고 술 끊고 마음 속에 평화가 오고 가정이 행복해지니, 천국이 거기에서 시작되는 것 아니겠습니까?

제가 하루는 한 사람에게서 5시간이나 이야기를 들은 적이 있었습니다. 한 50세 되신 분이 저를 찾아와서 잠시 할 이야기가 있다기에, 저는 정말 잠시만 이야기할 줄 알고 그 분을 제 서재에 모셨더니, 이 어른이 앉아서 자신의 흘러간 이야기를 늘어놓았습니다. 일제시대 만주에서 마적단 따라 다니던 이야기부터 시작하여 8·15 해방, 자유당을 거쳐 계속 나오는데 어찌나 지루했던지, 나중엔 갑갑증이 나고, 저것이 4·19, 5·16을 거쳐 공화당까지 가자면 얼마나 걸리겠나 싶었습니다. '야, 이거 큰일이다' 싶어서 말을 어디 중간에서 끊으려해도 어찌나 달변인지 끊을 만한 자리가 없었습니다. 그래서 나중에는 오히려 그 사람을 이해하게 되었습니다. '저 사람이 마음에 쌓인 한으로 얼마나 답답하면 나한테 와서 저럴까? 순교가 따로 있나, 들어주는 순교 한번 해보자. 듣는 내가 이렇게 괴로운데 말하는 본인은 오죽 하겠나?' 싶어서 '들어 주자,

갈 때까지 가 보자, 설마 끝이 나겠지' 하면서 마음 푹 놓고 들어 주었습니다.

그래도 나중에는 주리가 틀리고, 하품이 나는 것을 제 손으로 허벅지를 꼬집으면서 들었습니다. 기왕에 듣는 것 정성껏 들어 주려고 온갖 노력을 했더니, 5시간 20분을 이야기하고 일어나면서 하는 말이 "오늘은 간단하나마 이것으로 마치겠습니다"라고 했습니다. 속으로 '야, 이거 큰일났다. 5시간 20분이 간단하다고 하니, 다음엔 10시간이 될지, 20시간이 될지 모르겠구나' 하고 염려하고 있었는데, 우리 교인들이 제가 그 아저씨한데 무엇을 잘해주었느냐고 물어왔습니다. 왜 그러냐 했더니, 교인들이 하는 말이 그 양반에 동네에 다니면서 "그 전도사, 크게 될 사람이요, 그 사람 보통 인물이 아니여!" 하더라는 것이었습니다.

5시간 20분 동안 바보처럼 가만히 이야기를 들어주었을 뿐인데, 크게 될 사람이라니, 이상하지 않습니까?

그런데 문제는 무엇이냐 하면 그 다음 주일날 그 양반이 교회에 나왔습니다. 제가 예수를 믿으라고 했습니까? 그냥 바보처럼 들어주기만 하였는데 교회에 나왔습니다. 주일 낮 예배 때 교회에 나와 제일 앞자리에 앉아서 팔장을 끼고 눈을 지긋이 감고 설교를 듣고 있었습니다. 그 길로 주일이고, 수요일이고 빠지는 적이 없었습니다. 꾸준하게 신앙생활을 계속하더니 부인은 권사가 되고, 본인은 집사가 되어 온 가정이 축복받는 성도의 가정이 되었습니다.

한번은 제직회 때 집사들이 모두 돌아가며 한 마디씩 하는데, 이 어른이 일어서서 3분도 안되어 발언을 요령있게 끝맺기에, 옛날 생각하고 신기한 생각이 들어 "김 집사님, 옛날 5시간 발언하던 실력 어디 가고 그렇게 발언이 간단합니까?"그랬더니, 씩 웃으면서 "내가 예수 믿어 수지 맞은 게 그것이제. 내가 예수 믿기 전에는 마음에 쌓인 한이 많아서 그걸 이야기 안하면 소화가 안되고 가슴이 아파서 누가 내 이야기 들어줄 바보가 없나 하고, 친구들 찾아가 술 받아주며 이야기 들어 주기를 바랐지만, 모두 술만 마시고 가버리곤 했어요. 내가 몇 년 전에 우리 목사님이 전도사 시절에 내가 이야기를 꺼냈더니 끝까지 착실히 들어주는 게 하도 고마와서 예배당에 나가주기 시작했지요. 나는 글이 짧아서 성경 읽다가 깨친 것도 없고, 그저 죽으나 사나 예수님이 내 주인이다 생각하고 예수만 믿어왔을 뿐인데, 언제부터인가 마음이 평안해지고 말을 안해도 마음이 든든해졌다"고 말했습니다.

어떤 신학자가 그보다 더 정확한 신앙을 표현하겠습니까? 예수 믿고 은혜받는 것이 무엇입니까? 돈다발이 떨어져야 은혜이겠습니까? 마음이 평안하고 든든하다는 것, 이것이 은혜가 아니겠습니까? 임마누엘 성령이 함께하시니, 언제나 든든한 것 아니겠습니까? 예수님의 사랑이 우리와 항상 같이 계시니 평안한 것 아닙니까? 그래서 저는 평범한 서민들의 신앙고백이 기막히는 것이라고 생각했습니다. 예수 믿고 언제부터인가 마음이 든든하다는 것, 그것이 고마운 일 아니겠습니까?

예수님의 사랑은 교회당에 앉아서 "망할 세상을 떠나 교회로 들어오시오, 들어오시오"하는 그것이 아니라, 사랑이 필요한 사람들, 그들 영혼과 같이 사는 것이 중요합니다. 그 사람들의 자리에서 그들의 고민과 탄식을 같이 나누어야 하는데, 우리 교회는 너무 우리 수준으로 자꾸 올라 오라고만 하지, 그 사람들 수준으로 우리가 내려가는 것을 하지 못하고 있습니다.

"이해한다"는 말은 영어로 understand라고 합니다. under는 아래라는 뜻이고, stand는 선다는 말입니다. 이해하면 대화가 되고, 대화가 되면 그 대화 속에서 복음을 전할 길이 열려지게 됩니다.

그런데 이해하려면 먼저 같이 살아야 하지 않겠습니까? 우리가 받은 은혜만 생각하고, 올라오라고만 하니 사랑하기가 힘들어진다고 생각합니다. 사랑이 필요한 영혼들 아래로 우리가 내려서서 그들과 같이 서 있어야 되겠습니다. 하늘 보좌를 버리시고 사람의 모습으로 이땅에 오신 주님을 생각하고 사랑이 필요한 영혼들과 같이 사는 일에 중점을 두어야 할 것이라고 생각합니다.

2. 두번째, 사랑이라는 것은 스스로 설 수 있도록 도와 주는 것입니다

사랑한다고 자꾸만 주는 통에 실패하는 경우가 허다합니다. 자꾸 주기만 하면 거지 근성만을 길러 주고 나중에는 원망을 듣게 됩니다. 무조건 준다고 사랑이 아니라 스스로가 설 수 있도록 도와주는 것이 사랑입니다. 우리가 자식을 키워보면 알지 않습니까? 자식을 사랑할수록 자식의 인격과 자존심을 자립심으로 키워야 하는데, 자녀들이 할 일을 부모가 늘상 대신해 주면서 키웠다면 어떻게 되겠습니까? 그런 애들은 성장한 후에도 자립심이 없어서 사회경쟁에서 뒤떨어지고 맙니다.

교회나 신앙생활도 마찬가지입니다. 어떤 교회가 좋은 교회이고, 어떤 교회가 그렇지 못한 교회입니까? 어떤 목사님이 훌륭한 목사님이고, 어떤 목사님은 그렇지 못합니까? 이를 판단하는 기준은 여러 가지가 있겠으나, 분명한 것 한 가지는 교인들이 스스로 자기 신앙, 자기 사상, 자기 신념에 설 수 있도록 자기 판단을 짜지게 깨우쳐주고 뒷받침해주며 도와주는 교회, 목회자가 좋은 교회이고 좋은 목회자입니다. 반면에 자꾸 교회에 얽어매어 놓고 교역자 섬겨야 복받는다는 말을 하며, 교역자한테만 의존시키고 무조건 믿고 따르라고 한다면 신앙심이 제대로 서겠습니까? 무조건 믿는 신앙이 신앙이라 할 수 있겠습니까? 그것은 미신과 다를 바가 없습니다. 이러한 점에서 한국 교회가 달라질 때가 되었다고 생각합니다.

가끔 집회하러 나가보면 은혜를 받고서는 자기 신앙, 자기 판단을 바로 하지 못하고 잘못된 방향으로 나가는 경우를 봅니다. 한번은 어떤 자매님이 "목사님 집회에 은혜 많이 받았습니다. 제가 목사님 양복 한 벌 해드리겠습니다"하는데, 제가 기겁을 했습니다.

요즘 누가 양복이 없습니까? 목사가 교인들로부터 양복을 얻어입고 다니면 어떻게 되겠습니까? 품위와 자존심은 어떻게 되는 것입니까? 은혜를 받았으면 감사헌금을 드려서 교회가 결정한 사업, 즉 전도, 구제, 장학……등 쓸 곳이 얼마나 많겠습니까? 또는 은혜를 받은 감사함으로 '주님 이름으로 주위의 누구를 도와야지' 한다면 얼마나 좋은 일이겠습니까? 은혜를 받았으면 예수님을 섬기고, 내 몸처럼 이웃을 섬겨야 하지 않겠습니까?

예수를 믿는 사람은 판단력이 분명해야 합니다. 예수 믿는 사람은 적어도 신앙과 사상, 그리고 뜻이 있어야 합니다. "무조건 믿으시오, 믿으시면 아멘 하시오" 그래서야 되겠습니까? 한국 교인들은 신앙의 사상성이 부족하고 훈련되어 있지 않아서 그냥 "와와" 분위기에 휩쓸립니다. 은혜를 받고 사랑을 실천하는 신앙생활 문제에 있어서 우리는 성경적으로 돌아가야 합니다. 분위기에 휩쓸려 우왕좌왕하는 태도를 벗어나 신앙의 주관과 사상성을 바로 갖추어야 하겠습니다.

사도행전 17장 11절에 보면 아주 모범적인 교회의 이야기가 나옵니다. "베뢰아 사람은 데살로니가에 있는 사람보다 더 신사적이어서 간절한 마음으로 말씀을 받고 이것이 그러한가 하여 날마다 성경을 상고하므로 그 중에 믿는 사람이 많고 또 헬라의 귀부인과 남자가 적지 아니하나"라고 기록되어 있습니다. 베뢰아 교회를 칭찬했습니다. 베뢰아 교회의 신앙이 아주 건실하고 모범적이었다고 했습니다. 데살로니가 교회와 비교하였는데 데살로니가 교회의 신앙은 감정적인 차원에 뿌리를 두었습니다. 신앙에 있어서 감정도 필요하지만 너무 거기에 쏠리면 바른 신앙의 뿌리가 없게 됩니다.

베뢰아 교회는 그렇지 않았습니다. 베뢰아 사람들은 신사적이라고 했습니다. '신사적'이라는 말의 뜻이 매우 애매합니다. 공동번역 성경을 참조하는 것이 도움이 되겠습니다. 이 신사적이라는 말은 비교적 원문에 정확한 영어 성경인 리빙 바이블(Living Bible)에 'open-minded'라고 적혀 있습니다. 즉 영적인 은혜를 사모하는 마음 문이 활짝 열려 있었다고 했습니다. 은혜를 사모하는데 자기 편견이나 고집에 빠지지 않고 마음 문을 열어 놓고 있었다는 것입니다. 그들은 신사적이되 간절한 마음으로 말씀을 받아들였습니다. 신사적이라 해도 신앙생활에 정열이 있고 간절함이 있어야 합니다. 베뢰아 교인들은 열린 마음과 간절한 마음으로 은혜를 사모하면서 들은 말씀이 참 진리인가를 상고했다고 하였습니다. '상고한다'는 말은 묵상한다는 말입니다. 무조건 믿는 것이 아니라 설교와 말씀을 비교하면서 판단하고 믿었다는 것입니다.

그런데 우리 교인들은 무조건 믿는 통에 신앙의 부작용이 많았습니다. 무조건 믿다가 박태선을 따라가지 않았습니까? 신앙없는 사람이 그렇게 한 것이 아니라, 각 교회에서 최고의 신앙을 가졌다는 사람들이 무조건 믿다가 따라간 것이었습니다. 집회에 가보면 무척이나 걱정될 때가 있습니다. 강사님들이 말씀으로 바로 말하면 모두 깨달을텐데, "왜 이 교회는 아멘이 없나? 벙어리만 모였나?" 하면서 "아멘"하라고 유도하고 뜸들이고 강요까지 합니다. 그러다가 집회가 끝날 무렵엔 "아멘"이 습관이 되어서 아무데서나

"아멘"합니다. 나중에 그것이 지나쳐서 강사가 기침을 해도 "아멘, 아멘"합니다. 여러분, 그것이 무엇입니까? 신앙이 그래 가지고 되겠습니까?

신앙은 죽고 사는 문제입니다. 그런데 잘못된 신앙을 받아들이면 영혼이 병듭니다. 공해 중의 최고의 공해가 무엇입니까? 그것은 잘못된 신앙입니다. 화학공해와 농약공해는 육신만 병들고 끝나지만 잘못된 신앙은 이생과 내생, 그리고 영혼까지 파멸시키고, 당대와 후손까지 망하게 합니다. 그러니 예수 믿는 것은 정신을 바짝차리고 믿어야 합니다. 잘못 판단하고 믿은 책임은 가르친 사람에게 있는 것이 아니라, 받아들인 사람에게 있는 것입니다. 내 영혼이 병들고 죽은 후, 가르친 사람을 탓한들 무슨 소용이 있겠습니까? 자기 영혼은 자기가 지키고, 진리로 판단하고 믿어야 합니다. 얼마나 귀중한 영혼인가를 생각하고 믿어야 합니다. 예수님께서 십자가에 못박혀 죽으시면서까지 위하고 사랑하신 한 영혼, 한 영혼인데, 그 귀중한 영혼을 우리 자신이 소홀히 해서야 되겠습니까? 바른 생각, 바른 신념을 가지고 진리를 판단하고 믿어야 합니다.

사랑이라는 것은 자기 신념, 자기 사상, 자기 신앙고백을 바로 세우고, 그리고 예수님과 자기와의 구체적인 관계를 바로 깨닫도록 인도하는 것이 아니겠습니까? 자식 교육이나, 교회나, 사랑은 이 점에서 그 뜻이 서로 통한다고 생각합니다.

제가 책을 한 권 더 소개합니다. 「섬머힐」이라는 책입니다. 영국의 유명한 교육학자가 쓴 책인데, 그 내용은 어떤 부부가 각 학교의 문제아들만 뽑아 와서 그들을 가르친 이야기입니다. 그 학교 이름이 섬머힐입니다. 문제아들을 향해 그 부부는 사랑의 정신으로 온갖 정성을 쏟았습니다. 그들 각자 각자가 바로 서도록 뒷받침해

주어, 그 아이들 중에 예술가도 나오고 옥스포드 대학에도 들어가는 많은 인재들을 길러내었다는 교육실험보고서입니다. 이 책을 꼭 읽어보시기 바랍니다. 그래서 우리들의 사랑의 실천이 그런 분들에 비해서 얼마나 뒤떨어지고 있는가를 반성해 보시기 바랍니다.

3. 세번째, 사랑은 예수님 자신을 전해 주는 것입니다. 예수님을 전해 주는 것이 최고의 사랑입니다

길이요, 진리요, 생명이신 예수님을 구주로 모시도록 전도인으로서 사명을 다하는 것, 그 이상의 사랑이 어디 있겠습니까?

제가 수원교도소에 있을 때였습니다. 제가 들어있던 방은 중죄수 방이었는데 거기 18명이 있었습니다. 그 중에 6명이 살인수였습니다. 살인수 중에 19살에 청부살인을 하고 들어와 무기징역을 받았다가 20년으로 감형이 되어 18년을 산 사람이 있었습니다. 이제 2년만 더 살면 세상에 나갈텐데 그 사람하고 같이 살면서 제가 얼마나 민망하고 답답한지 살아있는 지옥을 본 것 같았습니다.

이 사람은 밤에 잠을 자면서, 잠꼬대를 해도 이를 북북 갈면서 "찔러, 찔러! 죽여, 죽여!" 하는 것입니다. 그 옆에 누워있자니 옆구리가 이상하게 느껴질 지경이었습니다. 매일 같이 범죄만을 생각하고 그 연습을 했었습니다. 그 사람에게 한 가지 걱정이 있었는데, 그것은 자기에게 무기징역을 선고한 판사가 자기가 나가기 전에 죽지나 않을까 하는 것입니다. 그 판사를 자기 손으로 죽여야 한다는 것입니다. 그리고는 사람을 앞에 세워 놓고 어디 찌르면 빨리 죽나 연습을 했습니다. 그리고 세상에 나가서도 어떻게 하겠다는 이야기를 들으면 정말 탄식이 저절로 나왔습니다.

그 사람을 보니 얼마나 답답했던지, 그 사람을 위한 기도가 저절로 나왔습니다. 지옥같은 그의 영혼이 변할 수 있는 길은 오직 예수님의 복음과 사랑이 그에게 들어가는 길뿐이라고 생각하여, 그 영혼을 위해서 사흘을 금식하였습니다. "저 지옥같은 마음에 천국이 이루어지도록 성령께서 강권으로 역사하여 주시옵소서"하고 기도를 하였습니다.

그런 뒤 복음을 전할 기회를 기다렸는데 비가 주룩 주룩 내리던 날, 18명의 죄수 전원이 방에 둘러 앉아서 이야기를 하게 되었습니다(비오는 날은 죄수들이 일을 하러 나가지 않습니다). 제가 묵상 기도를 했습니다. '주님! 제가 오늘 예수님의 복음을 전하겠습니다. 성령께서 먼저 역사하여 주시옵소서'라고 기도 하고는 그 어른 앞에 가서 이야기 좀 하자고 했습니다. 그리고는 "형씨나 나나 주인을 잘못 정해서 이 좋은 세상 바깥에 나가 살지 못하고 징역살이하는데, 이제 주인을 바꿉시다"라고 했더니, 무슨 주인을 바꾸란 말이냐고 했습니다. 그래서 제가 "내 자신이 내 주인이 되었을 때 우리가 얻은 결과는 징역살이밖에 없었는데, 예수님을 우리 주인으로 모십시다. 요한복음 1장 12절 말씀에 '영접하는 자 곧 그 이름을 믿는 자들에게는 하나님의 자녀가 되는 권세를 준다'고 했습니다. 예수님을 우리 새 주인으로 모시고 영접하면, 즉 믿으면 하나님이 우리에게 하나님의 아들이 되는 권세를 줍니다. 그 권리를 받으면 내 마음대로 안되던 것이 주님이 도와주셔서 새롭게 됩니다"하고 말하고는 제가 예수님을 만나서 거듭나게 된 간증을 했습니다. 그리고는 다윗이 자기 부하를 죽이고 그 아내를 빼앗았지만, 하나님 앞에 회개하였더니 하나님께서 다 용서해주셨다고 이야기 했습니다.

이 양반이 가만히 듣고 있더니 "내 죄가 다윗보다는 덜하구먼!" 자기는 사람만 죽였지 그 마누라는 안 빼앗았다는 것입니다. 다윗보다 더한 죄인도 하나님께 회개하고 예수님을 새 주인으로 모시면 그 죄가 다 무효가 되며, 새 출발이 된다고 했더니 그 양반이 "나 같은 것도 예수 믿어서 될까?" 하는 것이었습니다. 그 말은 그 사람 입에서 나올 소리가 아니었습니다. 보통 때 같으면 칼 들고 나올 사람인데, 성령께서 역사하신 것이었습니다.

그러다가 그 양반이 나한테 성경이야기 해달라고 하고 기도해달라고 하고, 찬송 가르쳐달라 하더니 어느날 "김 선생, 내가 오늘 세례를 받을랍니다"라고 말했습니다. 얼마나 감사한지요. 그 때 나는 아직 전도사이기에 세례를 줄 수 없다고 하면서, 나가서서 목사님한테 받으라고 했더니 그러겠노라고 대답했습니다. 그리고 이 양반은 예수 믿는 기념으로, '세례는 미루고 예수를 믿으면 실천을 해야 되는데 징역살이에서 뭘 실천하지?' 하고 생각하더니, 모두가 제일 하기 싫어하는 변소청소를 하겠다는 것입니다. 실내에 변소가 있으니까 냄새도 많이 나고 서로 청소하기를 꺼리는 것입니다. 그런데 이 양반이 "내가 예수 믿은 기념으로 오늘부터 변소청소 할테니까 아무도 손대지 말라"하더니, 그날부터 매일 변소청소를 하는데 20일이 지나고 한달이 지나도 매일 하고 있으니, 다른 사람들이 감동을 받아서는 "저것 진짜인데, 진짜 예수쟁이 된 것이 아닌가?"라고 했습니다.

그런데 15년 형을 받은 제가 갑자기 석방명령이 내려서 그 사람보다 먼저 출감하게 되었습니다. 짐 싸가지고 방을 나서려는데 그 양반이 제게 다가와서 눈물을 글썽글썽거리며, "내가 예수를 알기 전에는 내 지은 죄를 생각하지 않고, 이놈의 세상 어떻게 원수를 갚나 하는 생각만 했었는데, 김 선생님 통해서 내가 예수님을 알고부터는 '나도 이 세상에 무엇인가 보탬이 되는 일을 해야지' 하는 생각만 하게 되었으니 김 선생님 고맙습니다. 이 세상은 나에게 20

년의 징역을 주었지만, 김 선생님은 예수님을 통해 나에게 영혼의
해방과 천국을 주셨습니다"라며 눈물을 흘렸습니다. 그래서 저도
감동을 받았습니다.

우리는 예수님의 사랑, 그것 가지고 사람을 살리는 성도들이 아
닙니까? 뭐니뭐니 해도 예수님을 전해 주는 것보다 더 큰 사랑이
어디 있겠습니까? 아직 예수님을 구주로 모시지 못한 사람들에게
우리는 인생을 걸고 전도해야 합니다. 우리는 모두 그 사랑을 위해
서 부름받은 사람들입니다. 이 귀한 사랑을 혼자 가지고 있어서는
되지 않습니다. 사랑의 고귀함은 남에게 전해줄 때 비로소 진가를
발휘합니다. 그래서 우리는 인생을 걸고, 생명을 걸고, 이 사랑을
전해야 하는 것입니다.

4. 네번째, 사랑은 서로 서로 나누는 것입니다

준다고만 사랑이 아니고, 안 준다면 더더욱 사랑이 아니며, 서로
서로 나누는 것이 바로 사랑입니다. 있는 사람만 나누는 것이 아니
라, 없는 사람도 충분히 나눌 수 있습니다. 자기 신앙고백과 간증
을 나누며 서로 위로할 수 있습니다. 세상적으로 있고 없고가 문제
가 아닙니다.

대구에서 제가 학교 다닐 때에 우리 어머님이 어느 교회의 사찰
로 계셨습니다. 그때 저는 우리 교회가 나누는 일이 너무 부족하다
는 것을 체험했습니다. 교회는 예수님과 나와의 관계만을 강조할
뿐, 같은 형제끼리 나누는 데 너무 부족합니다. 꼭 물질적인 것만
을 말하는 것이 아닙니다. 저는 별것 아닌 것을 주님 이름으로 나
누었다가 크게 은혜받은 체험이 있습니다. 그래서 저는 나눔에 대
해 크게 강조합니다. 성령의 충만한 능력을 체험 하려면 나누는 것
부터 해야 합니다.

저는 해마다 2월 23일에는 금식을 합니다. 왜냐하면 1974년 2월 23일에 별것 아닌 것을 나누었는데, 주님께서 그것을 귀하게 보시고 충만한 은혜를 주셨습니다. 그것이 너무 감사해서 해마다 2월 23일에 제가 금식을 합니다.

74년 그때 저는 서울 구치소에 있었습니다. 정치범이라고 계속 독방에 있었는데, 독방에 있는 죄수들은 가끔 정신적 문제를 일으킨다 하여 일반죄수 방에 넣어줄 때가 있습니다. 저도 그래서 일반 죄수 방으로 전방이 되었습니다. 가 보았더니 1.7평 되는 방에 8명이 지내는 형편이었으니, 얼마나 비좁았겠습니까? 그냥 앉으면 한방입니다. 그러니 누워서 잠잘 때가 문제였습니다. 칼잠이라 하여 한쪽 어깨로만 잡니다. 자다가 어깨가 빠지면 자리가 없어집니다. 비집어도 인정사정 없어서 변소 옆에 쪼그리고 자야 합니다.

그러한 가운데도 그 방안에 빈부차이가 얼마나 심했던지요? 감옥에 무슨 빈부의 차이가 있겠느냐 하여 궁금하겠지만, 거기서는 돈 대신에 물질로 서로 바꾸므로 치약, 세수비누……, 이런 것들이 교환가격을 나타내는 일종의 화폐가 되는 것입니다. 그런데 그 좁은 방에 어깨를 맞대고 살면서 한 사람은 치약을 두 박스나 가지고 있는데, 또 어느 사람은 치약이 없어서 손가락으로 이빨을 닦습니다. 비누가 없어 맹물에 내복을 빠는데도 비누를 한 박스 쌓아 놓고는 구경만 하는 사람이 있었습니다.

이를 보니 얼마나 민망스럽게 느껴졌던지, 제가 견딜 수가 없어서 모두에게 내 것, 네 것 없이 같이 살아보자고 제안하면서, 먼저 제가 가진 것부터 내어놓겠다고 했습니다. 그런데 반응이 좋지 않았습니다. 그 방에서 소위 재벌격인 사람이 인상을 쓰며 대어들었고, 한편 아무것도 가진 것이 없는 사람마저 누구를 약올리는거냐 하면서 저에게 면박을 주었습니다. 마음 속으로 '이것 어떻게 해

볼 수 없을까?'하고 생각하고 있었는데, 주님께서 기회를 주셨습니다.

그 방에 19살 된 청년이 있었습니다. 전라남도 해남의 한 작은 섬 출신의 청년인데, 서울에 취직하러 올라와서는 취직도 못하고 굶고 헤매다가 어느 집 담을 넘어갔습니다. 이 친구가 부엌까지는 그럭저럭 들어갔는데 방에 들어갈 용기가 나지 않아서, 머리를 쓴다는 것이 부엌의 연탄을 새로 갈아넣고 방문을 약간 열어놓고서 부채로 연탄가스를 방쪽으로 보낸다고 부쳤습니다. 방에 자는 사람이 연탄가스로 쓰러지면 그때 방을 뒤지겠다고 생각한 것이었습니다. 그런데 추운 겨울에 배고픈 사람이 불 앞에 앉아있다가 그만 잠이 푹 들어버렸습니다. 그 집 주부가 밤중에 연탄을 갈러 나왔다가 웬 청년이 부엌에서 자고 있는 것을 보고, 남편을 깨워 그를 꽁꽁 묶어서 경찰에 넘겨 주었습니다. 그 꼴에 죄명이 엄청나서 집단 살인미수라 하여 이 청년이 교도소에 들어온 것이었습니다.

머리가 좀 모자라는 이 청년이 초겨울에 교도소에 들어왔는데, 추위가 일찍 찾아와 그만 발이 동상에 걸렸습니다. 동상이 걸린 발을 제대로 씻지도 못하고, 때묻은 손으로 자꾸 긁어서 세균이 감염된 것인지 어쩐지 다리가 썩어 들어가게 되었습니다. 그래서 오른쪽 무릎 밑을 절단해야 된다는 진단을 받고서 절단하는 날짜를 받아놓고 있었습니다. 그 청년이 너무도 불쌍하게 여겨졌습니다. '저 모자라는 청년이 다리를 끊으면 어떻게 살겠나?' 싶어서, "이 사람아, 다리 끊어서야 되겠나? 예수님께 기도하세"하고 발을 하루 세 번씩 맛사지를 하면서 더운 물에 담그었다가 찬물에 담그었다가 했습니다. 그리고 기도했습니다. "주님, 이 청년 다리 안 끊게 해주십시오. 베드로는 앉은뱅이도 일으켰는데 주님, 이 청년 있는 다리, 그것을 안 끊게 도와주십시오." 본인 보고도 기도하라고 하고 또 그 방 다른 죄수들에게도 기도를 부탁했습니다. 그러나 어디 그 사람들이 기도하겠습니까? 오히려 사람들은 "김 선생, 끊어도 한쪽 다리가 있는데 왜 그러시오?" 했지만, 저는 못 들은 척하고 그저 열심히 맛사지하고 기도하기를 꼭 여드레를 계속했더니, 시커멓게 죽어가던 살색이 끝에서부터 변하기 시작했습니다.

'야, 이것은 뭔가 속에서부터 변한다' 하는 생각이 들어서 의무실에 가서 보여 보라고 하였습니다. 다리를 끊지 않아도 될 것 같은 생각이 들었습니다. 그 청년이 의무실에 다녀오더니, 제 앞에 털석 주저앉아 큰 절을 하고는 눈물을 흘리며 울고 있었습니다. "이 사람, 왜 그러나?" 했더니, "김 선생님 덕에 내 다리 살아났습니다" 하면서 엉엉 울었습니다. 같이 있던 다른 사람들까지 얼마나 기뻤겠습니까? "와 ―, 다리 살았단다"하고 함성이 터져 나왔습니다. 제가 그 청년 다리를 맛사지하기 시작할 때, 교인들이 들여보내준 좋은 솜옷과 내의를 그 청년에게 벗어주고 양말도 나눠 신었는데, 주님께서 그 작은 것에 대해서 이같이 커다란 것으로 채워주셨습니다. 얼마나 감사했는지요. 그 청년으로 인해 그 방 식구들 모두가 행복해졌습니다.

그러자 방안 분위기가 변하기 시작했습니다. 그날 밤 모두 잠자리에 들었는데, 그 방의 재벌격 되는 사람이 제게 말을 걸어왔습니다. "김 선생과 같이 지내니 배울 것이 많습니다" 하면서, 제가 들어오던 첫날 제안했던 것, 즉 내 것, 네 것 없이 살자고 한 것을 기억하느냐고 했습니다. 그리고 밑져야 본전이니 그렇게 해 보자는 것이었습니다. 이 사람은 경제에 밝고 물질에 특별한 욕심을 가졌던 사람이었지만, 그 청년 다리가 낫는 것을 보고 마음에 감동을 받은 것이었습니다.

그러나 밤이 지나 아침이 되면 다시 마음이 변해 버릴지 몰라서,

쇠뿔도 단 김에 빼듯이 자는 사람들을 모두 깨웠습니다. 치약이며 비누며 통장에 든 돈까지 가진 것은 모조리 한 곳에 합쳤습니다. 한 곳에 물건을 쌓아 두고 다음 날부터 같이 쓰게 되니 얼마나 분위기가 좋아졌는지요? 그 사람들의 대화가 변했습니다. 매일같이 담넘어 가던 이야기나 남의 여자 건드리던 얘기만 하던 사람들이, 장래 걱정하고 가족 걱정을 하게 되었습니다. 분위기라는 것이 그렇게 중요한 것입니다.

그 방에 전과 17범인 절도의 전문가 한 사람이 있었습니다. 이 양반은 그 방에 들어오는 후배 절도범들에게 도둑질할 때는 어떻게 하라는 것을 상세하게 가르쳐 주고 있었습니다. 후배들이 감탄하는, 그야말로 전문가였습니다. 그런데 그 사람이 하루는 "김 선생, 성경 얘기 해주시라요" 하고 제게 말해왔습니다. 제가 얼마나 고마워했겠습니까? 그 말을 제가 얼마나 기다렸던 것입니까? 저는 그들이 범죄를 씻고 마음 속에 예수님을 영접할 수 있도록 기도해왔었는데 성경 얘기를 해달라니, 저는 눈물겹도록 고마웠습니다.

그래서 성경 이야기를 시작했더니 모두들 정신을 차리고 열심히 들었습니다. 구약 성경에서 삼손 이야기, 다윗의 골리앗을 쓸어뜨린 얘기, 다니엘의 사자굴 얘기 등, 재미나는 이야기부터 들려주었더니 얼마나 좋아하고 흥미로워하는지요. "야, 성경 재미있네. 성경이 삼국지 뺨치는구먼!" 하면서 시간 가는 줄 모르고 모두들 성경 얘기를 들었습니다.

그러다가 나중에는 성경 공부를 하게 되었습니다. 십계명도 공부하고, 기도하는 법도 배우고, 그리고는 예배를 드렸습니다. 십일조 헌금도 했습니다. 누가 면회 와서 건빵이나 물건을 사보내 주면, 십분의 일을 딱 떼어두었다가 이웃방의 보호자 없는 죄수들에

게 보내어 주었습니다. 이 얼마나 성경적인 십일조입니까? 그러
자 모두들 "예수 믿는 것이 과연 좋은 것이구나" 하면서, 그 방을
교회로 만들자고 했습니다. "누구든 이 방에 들어오면, 예수 믿게
하는거라, 안 믿으면 후둘겨 패서라도 믿게 하는거야" 하더니, 그
러다가 그 곳이 정말 교회가 되었습니다.

그런데 서울구치소 교도관이 그것을 수상하게 보았습니다. 제가
그 방에 들어간 후, 방 분위기가 이상해졌다고 상부에 보고하여 그
만 제가 독방으로 쫓겨나게 되었습니다. 그것이 74년 2월 23일이
었는데, 솜옷이다 내의다 다 벗어주었으니, 다시 찾아 입을 수는
없고, 그래서 내의도 없이 홀옷을 입은 채로 나왔습니다.

2월23일의 불체험

사람이 여럿이 있을 때는 그래도 훈기라는 것이 있었는데, 응달진
독방에 내복도 없이 있자니 추위가 얼마나 혹독했던지, 나중에 온
몸이 저리고 아프고 통증이 왔습니다. 추운 것도 그렇게 고통인 줄
은 몰랐었습니다. 추위가 심해지자 마치 누가 바늘을 한 줌 움켜쥐
고 뼈와 살을 긁어내는 것 같았습니다. 참고 견디는 것도 한계가
있는 것인데, 어떻게 해볼 길이 없었습니다. 기도하다가, 찬송하
다가, 뜀박질하다가……, 견딜 수가 없었습니다.

생사의 기로에 선 한계상황에서 그래도 저는 성경을 펴고서, 창
세기에서 요한계시록까지 '불'자를 찾아 읽으며 이 추위를 이겨야
지 하는 좋은 생각이 떠올라서, 창세기부터 '불'자를 찾아나갔습
니다.

맨처음 '불'자는 출애굽기 3장에 있는데, 모세가 호렙산에서 가
시떨기나무에 불이 붙어있는 것을 보게 되고, 모세가 하나님의 부
르심을 받는 장면입니다.

계속 '불'자를 찾으면서 다니엘서에서 사드락, 메삭, 아벳느고가 불가마 속에 들어갔던 이야기, 이사야서 6장에 제단 숯불로 이사야의 입술을 지진 말씀, 갈멜산에서 엘리야와 이방 선지자들과의 싸움에서 하늘에서 불이 내려와 하나님이 참 신이심을 보여준 말씀을 읽어나갔습니다.

신약성경에서 맨처음 '불'자는 마태복음 3장에 있는데, 세례 요한이 예수님을 소개하기를 "나는 물로 세례를 주지만 내 뒤에 오시는 이는 나보다 능력이 많으셔서 불과 성령으로 세례를 주시리라"고 했습니다. 이 말씀을 읽고 제가 기도하기 시작했습니다. "불과 성령으로 세례를 주러 오신 주님이시여! 제가 너무 추워서 정신이 혼미해지겠습니다. 불세례 조금만 주시옵소서. 너무 추워서 견딜 수가 없습니다. 불세례 조금만 주시옵소서"라고 간절히 기도했습니다.

다음 '불'자는 누가복음 12장 49절에 있었는데, 그 말씀을 읽고 제가 아주 놀랐습니다. 어려서부터 교회를 다니고 신학교까지 나온 제가 누가복음을 얼마나 많이 봤겠습니까? 그러나 전에는 그런 말씀이 없었던 것 같았는데, 그 추위 속에 보니 '야, 이런 말씀이 있었구나' 싶어 깜짝 놀랐습니다. 처음 보는 말씀 같고 새로운 말씀 같았습니다.

"내가 불을 땅에 던지러 왔노니 이 불이 이미 붙었으면 내가 무엇을 원하리요."

주님께서는 이 세상에 불을 던지러 오셨다고 하였습니다. 저는 이 말씀을 읽고 힘을 내어서 무릎꿇고 주님 앞에 기도하기 시작했습니다.

"이 세상에 불을 던지러 오신 주님이시여, 나한테 불 조금만 던져주시옵서. 주님께서는 십자가에서 돌아가실 때에 '다 이루었다'고 말씀하셨는데, 그 말씀은 주님께서 던지신 불이 이미 붙었다는 말씀인 줄로 제가 믿습니다. 주님, 저한테 불 좀 던져 주시옵소서" 하고 간절히 기도했습니다.

그렇게 기도하고 다음번에 사도행전 2장 1절부터 읽기 시작했습니다. 성령충만한 불의 역사의 말씀을 읽었는데 그 순간 그 말씀이 제 몸에 변화를 일으키기 시작했습니다. 가슴에서부터 따뜻해지며 온몸이 훈훈해지고 온 방이 얼마나 훈훈하고 따뜻해졌던지, 깜짝 놀라서 마루바닥을 더듬어 보았더니 온돌방이 되어 있었습니다. 사면벽을 만져도 스팀이 들어온듯이 따뜻해져 있었습니다. 어느 구석 추운 곳이라곤 있지 않았습니다. 보통 때, 살갗이 닿기만 하여도 깜짝 놀라 냉장고라는 별명이 붙여진 플라스틱 변기통이 한 귀퉁이에 있었는데, 그것마저 따뜻하게 느껴졌습니다. 온 방에 훈훈함과 따뜻함이 넘치면서 그대로 제 가슴이 벅차 올랐습니다.

그러기를 3시간, 4시간 계속되니 얼마나 감격했겠습니까? '아! 주님께서 부족한 내 기도를 들어주시고 나를 사람 대접해 주셔서 응답해 주셨구나, 불로써 함께해 주시는구나' 하고 생각하니, 얼마나 감격했던지 눈물이 걷잡을 수 없이 흘렀습니다. 눈물을 줄줄 흘리면서, "주님, 감사합니다. 주님, 감사합니다"를 연발했습니다. 코끝에 향기가 나고, 기쁨의 물줄기가 뱃속 깊숙한 곳에서 목을 향해 흘렀습니다. 얼마나 감격스럽고 황홀했던지요? 여러분, 그 감격, 그 황홀을 어찌 말로 표현할 수 있겠습니까?

그날 밤 잠자리에 들었을 때, 취침 나팔이 울리는데 찬송가 '전능왕 오셔서 우리를 다스려 주옵소서'를 들려주었습니다. 한 겨울, 그 추위에 산천은 얼어붙고 적막이 휘몰아치는데, 그 나팔소리가 울려퍼지자 주님이 재림이라도 하듯이 뻗쳐오르는 감격을 못 이겨 다시 눈물을 흘렸습니다. "주님, 어서 오시옵소서. 어서오셔서 이 땅의 죄와 비극을 모두 끝내주시고, 감옥에 들어온 사람의 죄도 감옥에 넣는 사람의 죄도 모두 사해주시고, 주님 나라의 영원한 안식을 주시옵소서"라는 기도가 나왔고, 이땅에 다시 오실 주님이 얼마나 사모되었던지 하염없는 눈물을 흘리고 또 흘렸습니다.

　그러다가 잠자리에 들었는데 다시 한번 놀랐습니다. 제가 조사 받으러 다니는 과정에서 동상이 심하게 걸렸었습니다. 낮에는 괜찮은데 밤에 잠자리에 들 때면 발이 가려웠습니다. 그것을 긁다가 긁다가 잠들곤 했으니, 발은 퉁퉁 붓고, 모양이 말이 아니게 되었습니다. 그런데 그날은 이상하게도 발이 도무지 가렵지를 않았습니다. 이상히 여겨서 일어나 불빛에 발을 비추어 보았더니, 동상이 어디 있습니까? 들어오던 때의 발처럼 말끔해져 있었습니다. 제 발의 동상이 씻은듯이 깨끗이 없어진 것을 보고 제가 탄복을 했습니다. '주님이 이렇게 세심하게, 그리고 신실하게 돌봐주시는구나' 생각하며, 얼마나 감격스러워했는지요?

　저는 대학에서 철학을 공부했습니다. 그래서 언제나 논리를 앞세우고 따지기를 좋아하여 체험같은 것을 선뜻 받아들이지 않았습니다. 그러나 그렇게 체험하고 나니, 논리고 뭐고 다 사라져버리고, 주님의 은혜와 섭리만이 얼마나 감격스럽고 황송한지 "주님, 감사합니다. 감사합니다"를 되뇌이면서, 쏟아지듯 하는 눈물을 가눌 길이 없었습니다. 감격이 넘쳐서 밀물처럼 확 밀려왔다가는 썰물처럼 빠져나가는데, 넘치는 은혜 속에 가슴이 조여드는 것 같았습니다. 나중에는 이러한 저 자신을 견딜 길이 없어서 찬송을 부르기 시작했습니다.

"나같은 죄인 살리신 주 은혜 놀라와
잃었던 생명 찾았고 광명을 얻었네.
이제껏 산 것도 주님의 은혜라
또 나를 장차 본향에 인도해 주시리."

감옥에서는 낮에도 찬송이나 노래를 부르면 되지 않는데, 밤중에 벽력같이 불렀습니다. 눈물을 줄줄 흘리면서 찬송을 하는데, 교도관이 달려와 중단하라면서 야단을 쳤습니다. 그러나 저는 찬송을 부르지 않으면 심장이 터질 것만 같기에 제지도 아랑곳함 없이 계속 불렀더니, 저보고 "돌았느냐?"고 물었습니다. "예수님 때문에, 성령께서 저한테 불로 오셔서 제가 돌아버렸습니다"라고 했더니, "진짜 돌았구먼, 그래"하고 가버렸습니다.

다음날 아침 눈이 퉁퉁 붓고, 잠을 자지 않았는데도 정신은 맑았습니다. 아침밥을 받아 들고 히브리서 12장 29절 말씀, "우리 하나님은 소멸하시는 불이심이니라"를 암송하고, 그 밥을 변기통에 집어넣고 한 끼 금식했습니다. 그리고는 "주님, 제 허물과 죄를 소멸하시고 추위와 동상까지도 불로 태우신 주님이시여! 이 나라, 이 백성들의 가난과 탄식도 소멸해주시고, 감옥에 들어오는 사람의 죄도, 감옥에 넣는 사람의 죄도 다 소멸해주시옵소서. 그래서 새 나라, 새 백성, 새 역사 만들어 주시옵소서"하고 기도했습니다.

점심 때 다시 밥이 들어온 것을 받아들고, 고린도후서 5장 17절 말씀을 읽으면서 밥을 다시 변기통에 넣고, 두번째 금식을 했습니다.

"그런즉 누구든지 그리스도 안에 있으면 새로운 피조물이라 이전 것은 지나갔으니 보라 새 것이 되었도다."

이 얼마나 귀한 말씀입니까? 여러분, 우리는 옛날 이 세상의 죄와 허물 속에 있었는데, 지금은 예수님 안에 새로운 피조물입니다. 새 사람입니다. 옛날의 자신은 십자가 밑에 묻어 버렸습니다.

"이전 것은 지나갔으니 보라 새 것이 되었도다."

이 말씀을 묵상하면서 저는 울부짖었습니다. "주님, 이전의 저는 이 감옥 안에 묻어 버리겠습니다. 이 감옥 안이 십자가 밑입니다. 주님, 새롭게 되겠습니다."

그날 저녁에는 갈라디아서 2장 20절 말씀을 읽으며 세번째 금식을 했습니다.

"내가 그리스도와 함께 십자가에 못박혔나니 그런즉 이제는 내가 산 것이 아니요 오직 내 안에 그리스도께서 사신 것이라 이제 내가 육체 가운데 사는 것은 나를 사랑하사 나를 위하여 자기 몸을 버리신 하나님의 아들을 믿는 믿음 안에서 사는 것이라."

얼마나 감격했었는지요? 그날 이후 해마다 2월 23일 그날이 오면 저는 그때 받은 은혜를 되새기며 금식합니다. 그러면 그날, 74년 2월 23일에 받았던 기쁨과 감격이 되살아나곤 합니다. 삶에 지치고 인생살이에 짜증나며, 목회에 피곤하거나 원망을 듣게 되어 답답한 일이 생기면, 그때마다 그날 받은 주님의 은혜와 손길을 생각하며 힘을 얻습니다. 그러면 그날의 감격이 되살아나고 새로운 용기를 얻습니다. 그날 추위 속에 나를 붙들어 주시고 추위와 동상을 불로써 소멸하시던 주님이 지금도 살아계시는데, 내가 왜 용기를 잃겠나 하고 생각하면 실망하지 않습니다. 새 힘, 새 능력, 새 소망이 살아납니다. 신앙은 체험입니다. 인생이 어려워 흔들리고 시련이 밀어닥칠 때, 여러분들은 여러분의 신앙을 지켜 줄 수 있는 체험을 가지게 되기를 바랍니다.

사도행전 2장 1절 말씀에 "오순절 날이 이미 이르매 저희가 다같이 한 곳에 모였더니"라고 했습니다. 오순절의 성령의 역사가 언제 왔다고 했습니까? '이미' 와 있었다고 했는데, 거기 모인 120명이 모르고 있었습니다. 우리가 깨닫기 전에 성령의 역사는 이미 우리한테 와 있었던 것입니다. 여러분이 예수님을 구주로 모실 때에, 오늘도 성령의 역사는 이미 여러분의 심령에 먼저 와서 계시는 것을 믿으십니까? 피로 값주고 사신 여러분의 교회에 성령께서 이미 오셔서 충만히 머무르고 계심을 믿으십니까? 여러분의 가정에 예수님을 호주로 모실 때에 살아계신 성령께서 이미 호주로 오셔서 역사하고 계심을 믿으십니까?

우리나라 교인들은 착각을 많이 합니다. 자기가 섬기는 제단에 성령께서 이미 오셔서 머무르고 계시는데, 우리를 통해 영광 받으시기를 기다리고 계시는데, 그것을 모르고서 "우리 교회는 성령 없어. 어디가야 성령이 있나?"하고 성령 받겠다고 야단입니다. 특별제단 찾아 다니고, 산에 가고, 개인 기도 받는 등……, 봉투 들고 성령을 쇼핑하러 다닙니다.

여러분, 정신차려야 합니다. 여러분이 섬기는 제단에 이미 성령께서 머물러 역사하고 계심을 믿으시기 바랍니다. 마음 문을 활짝 열어 이미 오신 성령님을 겸손히 맞아들이시기 바랍니다. 이미 오신 성령께서는 그때서야 비로소 여러분을 통해 능력을 나타내실 것입니다. 겸손히 엎드려 성령께 성령의 능력을 드러내는 살아있는 교회, 가정, 성도가 되시기를 바랍니다.

기도

주님 은혜를 감사드립니다. 성령께서 이미 이 제단에 오셔서 역사하고 계심을 감사드리옵나이다.

주여, 오신 성령께 마음 문을 열고 겸손히 엎드려 "성령께서 나를 써주시옵소서"하고, 헌신할 수 있는 결단이 있게 하여 주시옵시고, 성도들 가정마다 성령을 호주로 모시는 은혜의 가정이 되게 하여 주시옵고, 예수 안에 거하여 새로운 피조물이 되고, "이전 것은 지나갔으니 보라 새 것이 되었다"하는 그 말씀을 "아멘"으로 받아들임으로써, 이전에 육신의 허물과 죄로 살았던 자신을 십자가 밑에 묻어버리고, 새 사람, 새 가정, 새 교회, 새 사회, 새 역사를 만드는 주님의 일꾼들이 되게 하여 주시옵소서.

주여, 기도드리옵나니 살아계신 성령 앞에 무릎꿇고 엎드린 우리를 성령께서 부르시사 은혜로써, 능력으로써 지금도 붙들어 역사하심을 "아멘"하고 감사하게 하여 주시옵소서.

주여, 우리 교인들은 성령의 불덩이가 되고, 사랑의 사람이 되어서, 이 사회 어디에서나 주님의 사랑을 실천할 수 있게 하여 주시옵소서.

예수님의 이름 받들어 기도드렸사옵니다. 아멘.

기도

"여호와께서는 너희로 자기 백성 삼으신 것을 기뻐하신고로 그 크신 이름을 인하여 자기 백성을 버리지 아니하실 것이요 나는 너희를 위하여 기도하기를 쉬는 죄를 여호와 앞에 결단코 범치 아니하고 선하고 의로운 도로 너희를 가르칠 것인즉 너희는 여호와께서 너희를 위하여 행하신 그 큰 일을 생각하여 오직 그를 경외하며 너희의 마음을 다하여 진실히 섬기라 만일 너희가 여전히 악을 행하면 너희와 너희 왕이 다 멸망하리라" (삼상 12:22－25)

신앙생활은 기도생활

제가 남양만에서 농촌목회를 하면서 몇 년 전에 너무 일을 크게 벌였다가 실패한 적이 있습니다. 사업실패가 원인이 되어 교회가 문 닫아야 할 막다른 골목에 놓이고, 도저히 더이상 목회할 수 없게 되었었습니다. 저는 사기꾼으로 몰리고, 냉소하는 불신자들이 교회에 와서 침을 뱉는 등, 아주 어려운 처지에 몰렸습니다. 농촌 교회에서 1억 4천만 원이라는 커다란 빚을 지고 실패하고 말았으니, 우리 자신의 어려움과 수모는 그렇다고 하더라도, 주님께 영광 가리우는 것이 참으로 가슴 아팠습니다.

어떻게 해볼 길이 없어서 탄식만 하고 있었는데, 저의 어머님이 이 아들 목사를 위하여 금식기도를 하셨습니다. 물마저 잡수시지 않고 주무시지도 않고, 기도만 하고 계셔서 제가 "어머니, 그러잖아도 복잡한데 어머니까지 이러시면 더 복잡합니다. 좀 잡수시고 주무십시오"했더니, 어머님께서는 "야야, 무슨 말하노? 내가 도와줄 것이 기도밖에 더 있나? 알아서 할테니, 내 하는대로 가만히 두어라"라고 말씀하셨습니다. 여러 모로 만류해 보았지만 어머님 고집을 꺾을 길이 없었습니다.

어머님께서는 그렇게 며칠을 금식기도 하시더니, 하루는 얼굴을 확 펴시고서 저를 부르셨습니다. "김 목사야, 내가 기도하다 영음을 들었다. 내가 잠자다가 꿈 속에서 들은 것이 아니고, 깨어서 기도하는 중에 영음이 확실히 들렸는데, 김 목사가 지금은 어렵지만 마흔두 살이 되면 괜찮으리라고 하셨다"고 하셨습니다.

저는 이런 것은 별로 탐탁찮게 생각하는 버릇이 있습니다. 교우님들 중에는 꿈꿔 놓고는 자꾸 성령의 지시라고 하는 분들도 있고, 별것 아닌 이야기 들어 놓고 성령의 음성이라기도 해서, 그런 신앙은 자칫하면 실수하기 쉽다고 제가 말리고 있습니다.

그런데 어머님께서 영음을 들으셨다고 하시기에 "어머님, 노인이 잡수시지 않고, 주무시지 않으셔서서 헛소리 들은 것 아닙니까?"고 했더니, "그런 게 아니다. 분명히 내가 들었다"고 하셨습니다. 그래서 제가 "주님이 도와주시려면 형편이 급한 지금 도와주셔야지, 왜 42살까지 기다려야 합니까?"하고 물으니, "좌우지간 지금은 어렵더라도 주님의 뜻이 있을테니, 견디어 보라"고 말씀하셨다는 것입니다. "어머님, 저는 그것이 하나님의 음성이라는 믿음이 들지 않습니다"라고 했더니, "애야, 증거가 있다"라고 어머님이 말씀하시는 것이었습니다. 거기엔 증거가 있을 까닭이 없는데, 무슨 증거냐고 여쭈었더니, 마음이 불안하고 답답하여 기도만을 간절히 하고 있었는데, 그 음성을 들은 뒤에는 마음에 넘치는 평안이 와서 아무런 염려도 하지 않게 된 것이 그 증거라고 했습니다.

그때 제 나이 39살이었는데 세월이 지난 뒤에 돌이켜보니, 정말 42살 되던 그해 말까지 그 많던 부채가 눈녹듯이 사라져버리고, 주님의 은혜로 모든 것이 순탄하게 풀리게 되어, 43살 되던 해부터는 모든 일이 잘 되고 생각지도 않았던 길이 열리기 시작했습니다. 그래서 이제 가만히 생각해보면, 그때 어머님이 들으신 영음이 뜻이 있는 것이었구나 하는 생각이 듭니다.

신앙생활은 기도생활입니다. 신앙인이 기도하는 것은 마치 육신이 숨쉬는 것과 같은 것입니다. 우리가 숨쉬지 않고는 살아갈 수 없듯이 기도하지 않으면 신앙생활이 온전할 수 없는데, 생활이 바빠지고 복잡해지면서 현대인은 기도생활을 등한시하게 되지 않았나 싶습니다. 어떤 사람이 말하기를 "사탄이 성도들의 영적인 성장을 막는 가장 확실한 방법은 바쁘게 하는 것이다"라고 했는데, 저도 그렇다고 생각됩니다. 생활이 바빠지면 거기에 반비례하여 기도생활을 게을리하게 된다고 생각합니다.

제가 있는 교회는 농촌의 작은 교회입니다. 그러나 한 가지 감사한 것이 있습니다. 빈손으로 가난한 사람들과 함께 신앙으로 살아오면서, 그때 그때 길이 막히고 목회가 어려움을 당하였을 때에 합심기도해서 응답받는 여러 번의 체험이 있습니다. 기도의 응답이 하나씩 쌓여 가면서, 이것이 신앙생활에 얼마나 큰 도움을 주었는지 모릅니다. 제가 몇 가지 소개하는 이야기들이 우리들의 기도생활을 반성하고 다시 다짐할 수 있게 되기를 바랍니다.

하나님, 비를 주시옵소서 !

합심기도는 응답 받는다고 믿습니다. 성령께서 백성들의 합심기도를 들으시는 것을 믿는 신앙이 얼마나 중요합니까?

제가 석방되고 얼마되지 않아서 서울 시청에서 우리 마을에 계고장을 보내왔습니다. 판자촌을 강제철거한다는 것이었습니다. 그래서 주민들이 교회에 모여서 대책을 논의하였습니다. 거기에서 얻어진 결론이 집단 귀농을 하자는 것이었습니다. 원래가 농촌출신들이니, 다시 농촌으로 돌아가 농사짓고 세금내며 떳떳이 살자고 생각한 것입니다. 그래서 한많은 청계천 판자촌을 떠나 서울에서 90km 떨어진 경기도 화성군 남양만으로 내려오게 되었습니다.

어쩔 수 없어 강제철거 당해 내려왔지만, 그래도 나름대로 새 희망, 새 꿈을 안고 낯선 땅을 찾아왔었는데, 어렵기는 판자촌 이상이었습니다. 바다를 막아 얻어진 황량한 그 벌판엔 잡스런 해초만이 가득했고, 저 벌판에서 농사가 될 것인지, 안 될 것인지 도무지 알 길이 없었습니다. 그러나 뒤져볼 쓰레기통마저 없는 그곳에선, 그 들판에 대한 도전 이외엔 다른 선택의 여지가 전혀 없었습니다. 그러기에 우리는 겨울에도, 추위를 무릅쓰고 열심히 일했었습니다. 들판 흙 속에 속속들이 스며져 있는 소금기를 조금이라도 씻어내고자 들판에 물을 넣고, 또 빼고……, 이렇게 일하느라고 모두들 손이 부르트고 손톱이 재껴지는 등 온갖 정성을 다 들였습니다.

새 봄엔 한가닥 실낱같은 꿈이 영글어 이 소금밭에서도 농사가 되기만을 손모아 빌고 있었는데, 농수산부에서 청천벽력 같은 통보가 왔습니다. 이 들판엔 소금기가 너무 많아서 농사가 되지 않을 테니, 씨를 뿌리지 말라는 것이었습니다. 만약 농사를 지어서 수확을 거두지 못한다 할지라도 정부는 책임질 수 없다는 공문이었습니다. 그 공문 받고 나니 앞이 캄캄했습니다. 마지막 소원이었던 농사마저 실패하여, 오갈 데 없이 길거리를 다시 헤맬 것을 생각하니 소름이 끼치고 온 몸이 떨렸습니다.

우리가 세운 마을이 15마을이었는데, 한 마을에 대표 2명씩을 교회에 소집하여 모두 30명이 모여서 의논을 하였습니다. 농수산부 공문내용을 이야기하고, 어떻게 했으면 좋겠느냐고 물었습니다.. 이제 여기에선 농사짓는 길 이외엔 아무런 대안이 없으며, 만약 농사를 짓지 않으면 온 마을 사람들이 그대로 떼거지가 될 수밖에 없다는 것이었습니다. 그래서 각자 기탄없는 의견을 말하라면서 주민 모두의 사활이 걸린 이 심각한 문제를 토의하고 있었는데, 한 교인이 일어나서 씩씩하게 말하기를 "목사님, 언제는 농사를 농수산부 장관이 지었습니까? 하나님이 짓는 거지요. 그까짓 것 신경 쓸 것 없습니다. 죽기 아니면 까무라치기로 합시다"고 했습니다. 그래도 곡식씨가 나와야 할텐데 나오지 않으면 어떻게 하겠느냐고 했더니, "믿음으로 하는 겁니다"하기에 "그래, 좋다. 망하면 또 넝마주이 나가기로 하고, 망해봐야 본전이니 우리 해보자"하고 용감하게 씨를 뿌렸습니다. 그리고 모를 길러서 모내기를 했습니다.

그 넓은 벌판 960만 평의 들판에 우리들 1200세대가 힘을 합쳐 모를 심었었는데, 아니다 다를까 새빨갛게 타죽어 버렸습니다. 한 번은 처음부터 각오한 터이었기에 다시 모를 심었습니다만, 두번째도 마찬가지로 말라 죽었습니다.

세번째는 모도 다 떨어져 가고 철도 다 지나가기에 모를 심으면서 "주님, 세번째 이것도 죽으면 우리가 전부 떼거지 됩니다. 주님 백성들이 떼거지 되는 것을 어떻게 하시렵니까? 주님, 이것 꼭 살려주셔야 합니다"하며 모포기를 꽂을 때마다 기도했습니다. 모심기를 끝내놓고서 아침마다 일어나서 논바닥에 나가 보았습니다. 새파랗게 살아나야 할텐데 시간이 갈수록 붉은 색만 나왔습니다.

얼마나 낙망이 컸겠습니까? 그 많은 세대를 어떻게 하겠습니까? 나중에는 속이 타고 근심이 되어 밥맛도 떨어지고, 잠도 오지 아니하고 시무룩해져서 온 동네가 침묵 뿐이었습니다. 저도 등이 타서 가만히 있었더니, 주민들이 제 얼굴을 보고서는 "목사님이 기운 없는 것을 보니 희망이 없다. 일찍이 서울 가서 쓰레기통이나 차지하자. 도리없다" 하면서 짐 싸려는 사람들이 생겨나기에, '내가 이래서 안되겠다. 내가 힘을 내어야지' 싶어서 온 동네를 다니며 주민들을 격려했습니다. "여러분, 망하는 것이 급합니까? 망하는 거야 언제든지 할 수 있는 것이니, 힘을 내십시오. 우리 한 번 더 도전해 봅시다"그랬더니, "모도 없고, 철도 늦은데 어떻게 합니까?"하면서 회의적이었습니다. 그러나 망하기 전에 한 번만 더 해보자고 마을마다 다니면서 말했습니다. 속은 타는데 억지웃음을 띤 채 열심히 말했더니, 나중엔 어찌나 힘들었던지 감옥 생활이 간절해지고, 배우들의 웃음이 신기하게 생각될 지경이었습니다.

그렇게 해서 다시 네번째 도전을 했습니다. 모가 모자라기에 트럭을 빌려서 경기도 화성군에서 충남, 충북까지 갔습니다. 가다가 길가에 모가 있으면 얻어오기도 하고, 사오기도 하고 그렇게 해서 그럭저럭 모를 심어보았지만, 그래도 모자라는 모를 다 구할 수는 없었습니다. 나중에는 넝마주이하던 대원들이 와서는 "목사님, 오늘 저녁에 목사님은 밖에 나오지 마십시오. 목사님은 초저녁부터 주무신 것으로 하십시오"하기에 왜 그러느냐고 했더니, 모가 모자라니 이젠 다른 길이 없다면서 이웃 마을에 심어 놓은 모라도 뽑아와서 심어야겠다는 것이었습니다. 그래서 저는 모심기를 무슨 넝마주이식으로 하느냐 하면서 꾸짖었습니다. 그러자 "거봐, 아무런 소리없이 해버려야지, 말하면 안되잖어?" 하기에, "이 사람들아, 절대로 그러지 말게. 길이 다 막히고 이제는 하나님이 돌봐주시는 길밖에 없는데, 우리가 그런 짓을 하면 하나님이 돌봐줄 수가 없어. 그러니 절대로 그러지 말게"하며, 당부하고 단속을 했는데도 그 소문이 이웃 동네로 퍼져나가서, 예비군이 동원되어 밤에 횃불을 켜고 들판에서 모 지킨다고 야단들이었습니다.

그렇게도 어렵게, 그러나 기어이 우리는 네번째 모심기를 마쳤습니다. 그 순간 모두들 가눌 길 없는 착잡한 심정 때문에 한 마디의 대화도 차마 나눌 수 없었습니다. 그러나 가슴 속 애타는 간절함은 모두가 꼭 같았기에, 약속이나 한 듯 그 논바닥을 떠나지 못하고 그대로 논둑에 앉아서 기도하였습니다. 이젠 하늘을 향해 호소하는 길밖에 그 무엇도 없었기에 교인, 비교인……, 아무런 구별없이 동민 모두가 울부짖듯 기도했습니다. 국민학교 아이들까지 학년별로 모여서 살아남기 위한 기도를 하였습니다.

기도의 제목은 "하나님, 비를 주시옵소서"하는 것이었습니다. 그저 비가 쏟아져서 논바닥의 소금기를 확 씻어내리고, 구름이 햇빛을 가려주기만 하면 모가 살아날 수 있을텐데, 비가 내려도 2, 3일 와서는 되지 아니하고, 한 일주일 정도는 내려야 한다고 모두들 울부짖었습니다. "비를 주시옵소서 ! "하고 모두들 기도하고, 국민학교 아이들은 고사리 손을 모으고 하늘을 쳐다보면서 "예수님, 비를 주세요"하고 합창하듯이 기도하는데, 이 모습을 지켜보자니 저는 눈물이 나고 가슴이 메어서 견딜 수가 없었습니다. 지도자가 우는 모습을 보여줄 수 없었기에 저는 바닥덩쿨 밑에 홀로 숨어서 울면서 부르짖었습니다. "주님, 우리 어른들 기도는 들어주시지 않으시더라도 저 아이들 기도는 들어주셔야 하겠습니다. 저 아이들 기도가 응답받지 못하고 비도 오지 않아 모가 다 말라죽어버리면, 제 평생에 저 아이들을 향해 하나님이 살아계심을 어떻게 설교할 수 있겠습니까 ? "하면서 얼마나 급하고 답답했던지, 밤새도록 애타게 열심히 기도했습니다.

　기도하기 시작하던 초저녁에는 별만 초롱초롱하고 하늘엔 구름 한 점 없었는데, 다음날 새벽 동틀 때쯤 되자 빗방울이 떨어지기 시작했습니다. 방울방울 떨어지던 비는 곧 소나기가 되고, 나중에는 장대비가 되어 사정없이 내렸습니다. 이렇게 내린 비가 열흘이나 계속 왔습니다. 비가 쏟아지자 논바닥에서 밤을 샌 주민들이 하늘을 쳐다보면서 미쳐버린 것 같았습니다. “비 온다！”하고 소리 지르면서, 애들이고 어른이고 남자고 여자고 할 것 없이 서로 부둥켜안고 고함지르고, 북받치는 감격을 억제하지 못하여 울고 또 울면서 미친듯이 논바닥을 뒹굴었습니다. 모두들 비를 맞고서 제 정신을 잃은 듯 어찌할 바를 몰랐습니다.

　몇 년 전에 KBS TV 제1방송에서 방영되었던, 나연숙 극본의 일일연속극 「고향」은 활빈교회 15년 역사를 극화한 것이었는데, 이 연속극의 마지막회엔 바로 기도하여 비가 오던 장면을 방영하였습니다. 우리 마을 주민들이 한 자리에 모두 모여 옛날을 회상하고 감회에 젖어 보고 있었는데, 극이 진행되자 모두들 안타까워 가만히 있지를 못해 “무슨 연기를 저래 하노? 아이구, 저게 내 역인데 뭘 저리 하노? 저래 가지고서도 밥 먹고 사나?” 하면서 참지 못하여 발을 굴렀습니다. 실제로 체험했던 당사자들인 우리가 직접 보니, 배우들의 연기는 말이 아니었습니다. 너무 어색하고 실제와는 거리가 멀어서 전혀 실감을 느낄 수 없었습니다. 그 절박했던 상황에서 살아남기 위한 울부짖음, 피가 끓듯 외치던 절규, 밤을 새운 이 합심기도가 새벽이 되면서 응답받는 순간, 말로 할 수 없는 그때의 감동과 감격을 배우들이 어떻게 표현할 수 있었겠습니까?

　열흘 후 비가 그친 뒤에 들에 나가 보았더니, 그 넓은 들판에 모가 살아서 파랗게 올라오고, 그래서 들판이 온통 살아 움직이고 있

있습니다. 얼마나 감격스럽고 감사했던지, 논둑을 지나며 벼포기에 입을 맞추면서 "주님, 감사합니다. 이것만 해도 감사합니다. 벼가 열매를 맺지 않아도 감사합니다"라고 했습니다.

벼는 순조롭게 자라서 그해 가을 예상외로 풍년이 들었습니다. 황금 들판에서 풍년이 무르익어 올벼의 낟알이 벌써 영글기 시작하자, 우리 동네의 한 주민이 나를 찾아왔습니다. 그 사람은 교회를 나오지 않고 있었는데, 와서 하는 말이 "목사님, 우리 나락은 올벼가 되어서 벼 벨 때가 되었습니다. 내가 비록 교회에 다니지는 않지만, 그래도 기도해서 농사가 된 것인데 먼저 예배당에서 하나님께 제사드리는 것 아닙니까? 제사 지내고서 벼를 베어야 하지 않겠습니까?"라고 했습니다. 얼마나 고마운 일입니까? 물러설 곳마저 없이 길이 막혔을 때, 우리가 논둑에서 합심기도하여 응답받은 것을 불신자들이 먼저 믿고 있었습니다.

뿐만 아니라 온 동네 주민들이 다같이 요청해서 첫 해에는 추수감사절을 다른 교회보다 한 달 앞당겨서 지냈습니다. 추수감사절을 맞아 햅쌀로 쌀밥 지어놓고, 송편 빚고, 단술 해놓고, 바다고기 건져다가 매운탕 해놓고, 열무김치 담아놓고 예배드린 후 잔치를 베푸는데, 온 동네 주민들이 교회에 모여서 추수감사절 음식을 앞에 놓고서 감격스러워 바로 먹지를 못하고, 울면서 울면서 먹었습니다. "이게 웬 밥이냐? 우리가 지은 것이 아니고, 하나님이 주신 것이다"하면서, 모두들 눈물 없이는 먹을 수 없었습니다. 부끄럼도 잊은 채 눈물을 흘리며, "먹자, 먹자, 실컷 먹자. 하나님 주신 밥 실컷 먹자"하면서 울음과 웃음으로 뒤범벅이 된 잔치를 치렀으니, 이 얼마나 은혜로웠겠습니까?

기도농법

이 소문이 퍼져나가 농수산부에서 직원 2명이 우리 마을까지 출장을 왔습니다. 일반적으로 간척지에서는 간척 후 5, 6년이 지나야 농사가 되는데, 활빈교회는 남양만 간척지에서 당년에 알찬 수확을 바로 거두어냈으니 그 비결이 무엇인지, 무슨 농법을 썼기에 그렇게 성공했는지, 그것을 조사해서 앞으로 서해안, 남해안의 간척지에 그 농법을 소개하고 보급하겠다는 것이었습니다. 말하자면 새마을 성공사례의 표본이라는 것이었습니다.

그래서 제가 교회 집사님 두 분을 불러서 농수산부 직원에게 잘 대답해 주라고 일렀더니 그 집사님 두 분이 신이 난듯 기분이 좋아서 "예, 우리가 기막힌 농법을 개발했습니다"하고 말문을 열자, 농수산부 직원이 녹음기를 틀어놓고, 기록할 준비를 갖춘 후 말하라고 했습니다. "예, 우리가 개발한 농법은 기도농법이올시다"라고 하니 그 두 직원이 어처구니 없는 듯 농담하지 말라고 했습니다. 그 두 직원은 불신자였던지 우리가 하는 말을 알아듣지 못했고, 또 믿으려고 하지 않았습니다. 그래도 집사님들은 신이 나서 자초지종 얘기를 들려주면서, 기도의 응답으로 비가 와서 수확을 거둔 것이기에 기도농법이라고 설명하고서, 우리 나라 농촌에 농수산부에서 기도농법을 보급하라고 말하였습니다. 그래서 그 유명한 '기도농법'이라는 말이 생겨났습니다.

지금도 개척교회를 세우고 살아가는 데 왜 어려움이 없겠습니까? 어려운 일이 있어서 제직회를 열면, 모두들 이 궁리 저 궁리 하는데, 그러다가 보면 집사님들 중에 한 분이 "목사님, 기도농법 있지 않습니까? 이번에도 기도농법으로 밀고 나갑시다"라고 말하곤 합니다. 그러면 그때 그 일을 경험한 집사님들이 "믿습니다"하면서 기도농법으로 단합되어 버립니다. 얼마나 감사한 일입니까?

기도하는 믿음만이 역사하는 힘을 나타낸다

마가복음 9장 23절 말씀을 읽겠습니다.

"예수께서 이르시되 할 수 있거든이 무슨 말이냐, 믿는 자에게
는 능치 못할 일이 없느니라 하시니……."

예수님께서 하신 말씀입니다. 예수님께서 친히 하신 말씀이니
틀림없을텐데, 그런데 현실적으로는 문제가 있습니다. 우리가 신
앙생활 하면서, 믿는데도 잘 되지 않는 것이 많다는 사실입니다.
그렇다면 예수님의 말씀이 잘못되었습니까? 믿는데도 되지 않는
우리가 잘못되었습니까? 둘 중의 어느 하나입니다.

그 대답이 마가복음 9장 28-29절 말씀에 있습니다. 예수님의
제자들이 우리와 마찬가지로, 믿는데도 잘 되지 아니하였습니다.
귀신들린 어린아이한테 "귀신아, 물러가라!"고 했는데, 귀신이
물러가지 않아 낭패만 당했습니다. 그 뒤에 주님께서 오셔서 귀신
을 말씀으로 물리치셨습니다. 그러자 그날 저녁에 제자들이 예수
님께 물어보았습니다. 28절 말씀에 "집에 들어가시매 제자들이 조
용히 묻자오되 우리는 어찌하여 능히 그 귀신을 쫓아내지 못하였
나이까?"라고 물었습니다. 예수님 제자들의 질문이 우리들의
질문과 꼭 같았습니다. 믿는데도 잘 되지 않는다는 것이었습니다.
29절 말씀에 "기도 외에 다른 것으로는 이런 유가 나갈 수 없느니
라"라고 주님께서 해답을 주셨습니다.

믿었는데도 되지 않는 것은 바로 기도가 없었기 때문입니다. 믿
음에 기도가 합쳐져야 하는 것입니다. 기도하는 믿음만이 역사하
는 힘을 나타냅니다. 우리의 믿음대로 모든 것이 이루어지는데 그
믿음은 가만히 앉아있는 믿음이 아니라, 기도하는 믿음을 뜻하는

것입니다. 기도하지 않는 믿음은 능력을 현실로 나타낼 수 없습니다. 그러기에 기도해야 하는 것입니다. 우리 신앙 생활에 합심기도가 없으니 신앙에 담력이 없고, 은혜가 충만한 감격을 체험해보지 못하고 있는 것입니다. 합심해서 기도하는 교회, 합심해서 기도하는 가정이 되기를 바랍니다. 주님께서는 우리의 믿음대로 모두 이루어 주시기를 원하지만 한 가지를 기다리고 계십니다. 우리가 기도하기를 기다리고 계시는 것입니다.

기도로 얻은 봉화산

남양만에서 기도하여 응답받은 이야기 한 가지만 더 말씀드리고 싶습니다. 남양만에 가면 봉화산이라는 산이 있습니다. 그 산에다가 우리교회가 지금 두레선교훈련원을 지어놓고 농촌선교를 위해 잘 사용하고 있습니다. 그 산은 우리가 7년동안 기도해서 얻은 기도의 응답입니다.

처음 남양만에 내려갔더니, 바닷가에 봉화산이 있어서 산 이름이 참 좋다고 생각되어 알아보았더니, 옛날 고려시대나 조선시대에 중국이나 일본에서 외적이 쳐들어오면 봉화불을 올리던 산이라고 했습니다. 낮에는 구름기둥으로, 밤에는 불기둥으로 외적이 나타났음을 알리던 그러한 산이었습니다. 그 산 이름이 무척이나 마음에 들었습니다. 옛날 우리 조상들이 나라를 지키기 위하여 봉화불을 올렸던 것과 같이, 지금은 우리 활빈교회가 수백만 농민에게 희망을 주고 살 길을 열어주는 성령의 횃불로 봉화를 올렸으면 좋겠다고 생각하여, 무조건 봉화산 중턱에 올라가 기도하기 시작했습니다. "주님, '예수님이 희망이고, 예수님만이 살 길이다'라고 지금 한국 농민을 향해 성령의 봉화불을 올리는 우리 봉화산 되게 하여 주시옵소서. 이 봉화산을 우리에게 주시옵소서"하고 열심히 기도하기를 7년이나 했습니다. 산 주인이 누구인지도 모른 채 산 중턱에 있는 소나무를 붙들고 "이 산을 주실 줄 믿습니다"하면서 열심히 기도했었습니다.

나중에 알아보았더니 그 산이 어찌나 복잡했던지, 얽히고 설켜서 소유주를 찾아내기도 어려웠고, 그러자 산 값은 계속 올라서 도저히 우리 손에 넣을 수 없다고 생각되었습니다. 한편 우리는 축산사업을 크게 하다가 실패하여 빚에 몰려 망했다가, 주님의 보살핌으로 겨우 일어서서 다시 출발하게 되었을 때인지라, 스스로가 기도제목을 축소하지 않을 수 없었습니다.

봉화산은 우리 것이 되지 않을테니, 교회 옆에 있는 800평 짜리 밭이라도 사서 거기에 두레선교훈련원 지어, 농촌교역자들을 모셔다가 간증도 하고 성경공부도 하여야 되겠다고 생각하여, 그 땅을 주십사 하고 주님께 기도했습니다. 새벽기도 마치고 800평 땅 주위를 맴돌면서 꼭꼭 밟았습니다. "이 땅을 주실 줄 믿습니다"하면서 캄캄한 새벽, 밭에 나가 기도했습니다.

그렇게 열흘을 밟고 나서 밭주인인 할머니를 찾아갔습니다. 우리 교회가 필요해서 그러니 그 땅을 파십사 했더니, 평당 3천 원 정도 가는 밭을 15,000원이나 내라는 것이었습니다. 그래서 너무 무리한 요구라고 했더니, 그래도 15,000원에서 100원만 빠져도 팔 수 없다는 것이었습니다. 교회에 돌아와 여러 모로 생각해 보았지만, 아무래도 그것이 새벽마다 추운데 나가서 밭을 밟으며 기도한 그 기도의 응답이라고는 볼 수 없었습니다.

맥이 풀어진 채 집에 돌아와서 가만히 기다리면서 며칠을 지났더니, 느닷없이 봉화산 주인이 교회를 찾아왔습니다. "목사님, 이번에 우리가 이 산을 처분해야 되는데 교회가 이 산을 꼭 필요로 하는 줄 압니다. 교회에서 이 산을 사십시오"하기에, 산 값이 얼마냐고 물었더니 4천만 원이라고 했습니다. 망했다가 겨우 일어선 교회에 그 큰 돈이 있을리 있겠습니까? 산은 꼭 차지하고 싶은데 돈은 없고……, 그래서 하겠다는 소리도, 못한다는 소리도 하지 못한 채 사흘 동안을 조용히 기도만 하였는데, 주님께서 때를 따라 역사하시는 것이 아닌가 하는 믿음이 생겨서 무조건 계약하기로 했습니다. 있는 돈, 없는 돈 모조리 긁어 모았더니 400만 원이었습니다. 땅 값의 1/10이면 계약금이 되지 않습니까? 계약을 체결하고 잔금 지불기간을 두 달로 정했습니다.

그리고서 온 교인이 기도를 했습니다. 수요일 예배를 마치고 여전도회에서도 떠날 줄 모르고 그 자리에 앉아서 철야기도를 했습니다. "주님, 두 달 안에 3,600만 원을 허락해 주시옵소서. 그러지 않으시면 우리는 계약금 400만 원마저 모두 잃게 됩니다"하고 열심히 기도했습니다. 그렇게 교인 모두가 기도하였지만, 그러나 어느 누구도 선뜻 믿어지지는 않는 모양이었습니다. 그 큰 돈이 두 달 사이에 갑자기 어떻게 마련되겠습니까? 계약금 400만원도 가까스로 마련한 가난한 농촌 형편에 기대할 것이 무엇이 있었겠습니까? 그러나 두 달 동안을 열심히 기도하였습니다.

그럭저럭 두 달이 거의 지나갔는데 자금은 마련되지 않고, 어떻게 해결될 실마리마저 보이지를 않아서 낙심이 되기 시작했습니다. 괜히 돈키호테처럼 쓸데없는 짓 했는가 하는 생각도 들고, 그렇지 않아도 가난한 교회 또 400만원 날렸는가 싶어서 착잡한 심정이었습니다.

이제 잔금 지불기한이 이틀밖에 남지 않아서 낙심하고 있었는데, 그날 낮에 30대의 한 청년이 찾아왔습니다. 제가 활빈교회 목사라고 했더니, 자기는 미국 필라델피아에 사는 재미교포 박○○ 집사라고 하면서, 제가 쓴 「새벽을 깨우리로다」라는 책을 읽고 감명을 받아서 헌금하러 왔다고 했습니다. 한국에 여행왔다가 남는 여비 중에서 100불이나 200불 헌금하겠지 생각하면서 감사하다고 말했습니다. 헌금봉투를 주는데 퍽 얇았습니다.

그런데 특별헌금을 받으면 본인 앞에서 열어보는 것이 덕스럽습니다. 나중에 틀릴 수도 있고 오해가 생길 수도 있기 때문입니다. 그래서 본인에게 양해를 구하고 봉투를 열어보았더니, 수표가 한 장 들어있는데 그 액면이 바로 3,600만원이엇습니다.

제가 너무도 놀라서 '야 ! 이럴 수도 있구나. 사람이 한 평생 살며 신앙생활하다가 이렇게 딱 맞아떨어지는 수도 있구나'하는 생각에 말문이 막히는 것을 느꼈습니다. 얼마나 고마운 일이겠습니까? 그것을 받아들자 호흡이 막히는 듯했습니다. 너무 기적같이 맞아 떨어져서, 피가 멎고 숨이 막혀오는 것 같았습니다. 정말 이럴 수도 있는가 싶어서 손에 받아쥐고서도 믿어지지 않았습니다. 그분이 바쁘시다는 것을 간곡히 청을 드려서 다음 주일에 우리 교회에서 교인들과 함께 예배드리고 축하하고 가시게 하였습니다.

그래서 주일이 되자 낮 예배 광고시간에 그 분을 소개하고 3,600만 원을 특별헌금한 얘기를 했더니, 우리 교인들 모두가 "아 !"하고 환성을 지르며 가슴이 메어 어찌할 바를 몰랐습니다. 예배가 끝나자 교인들이 "그것 참 아깝다. 한 1억쯤 기도할 걸 그랬다"라고 했습니다. 산을 사면 측량도 해야 하고, 명의 이전도 해야 하는데, 어떻게 우리가 기도한 그 돈만 주셨을까 하면서, 원래 기도제목이 너무 적었다고 푸념했습니다. "적어도 두 배 정도는 달라고 했어야 하는데 …"하면서 모두들 한바탕 웃고 떠들었습니다. 이 얼마나 큰 행복이었겠습니까? 이것이 우리 신앙에 얼마나 큰 증거를 주었는지 모릅니다.

어려운 일 당했을 때 개인이나 가정이나 교회가 자기의 욕심이 아니라 주님의 영광을 위하여, 복음사업을 위하여 합심해서 기도하면 주님께서 들으신다는 것이 얼마나 감사합니까? 기적이 따로 있습니까? 병이 나아야 기적입니까? 주님께서 성도들의 합심기도를 응답하신다는 사실은 얼마나 놀라운 기적입니까? 그래서 그 봉화산이 우리 교회의 산이 되었습니다. 거기에 우리 교회가 두레농장을 세우고 열심히 일하고 있습니다. 그리고 제가 7년 동안 붙들고 기도하던 그 소나무가 있었던 자리를 밀어버리고 정지하여, 거기에 두레선교훈련원을 지었습니다.   농촌의 목사님들, 농촌의 청년들이 거기에 와서 같이 기도하고, 같이 은혜 나누면서 말씀을 공부하여, 한국 농촌에 봉화불 올려보자고 다짐하면서 그렇게 기도하고 있습니다. 주님께서 그 기도를 들으시고 응답해주시리라 믿습니다.

성경 말씀 사무엘상 12장 22절 말씀을 찾아 보겠습니다. 우리는 신앙생활 하면서 별것 아닌 것은 큰 죄로 생각하고, 진짜 죄는 죄가 아닌 것으로 생각하고 넘어 갈 때가 있습니다. 사무엘상 12장 22-23절 말씀은 우리가 날마다 짓고 있는 큰 죄에 대하여 말씀하고 있습니다.

"여호와께서는 너희로 저가 백성 삼으신 것을 기뻐하신고로 그 크신 이름을 인하여 자기 백성을 버리지 아니할 것이요 나는 너희를 위하여 기도하기를 쉬는 죄를 여호와 앞에 결단코 범치 아니하고……."

이 말씀에서 기도하기를 쉬는 죄를 말하고 있습니다. 어려운 사회생활을 하는 자기 남편을 위하여 하루라도 기도하기를 쉬면, 그 아내는 죄를 짓는 것이며, 아내를 위하여 하루라도 기도하기를 쉬면 그것은 남편으로서 죄 짓는 일입니다. 부모가 되어서 자식을 위한 기도를 어찌 하루라도 쉴 수 있겠습니까? 쉬게 되면 죄 짓는 것입니다. 교회도 그렇습니다. 성도로서 교역자를 위하여, 교역자가 교인을 위하여 기도하기를 쉰다는 것이 죄라고 하였습니다. 여러분, 기도하기를 쉬는 죄를 범하지 않기를 바랍니다.

기도의 세 가지 의미

열심히 기도하면 그 기도는 응답을 받습니다. 그런데 왜 기도하기를 쉬게 됩니까? 여러 가지 이유가 있겠습니다만 제 생각에는 기도에 대한 이해가 부족하고, 인식이 잘못되어 있는 것이 그 한 원인이라고 생각합니다. 그래서 기도에 대한 인식을 바로 함으로써 기도의 열매를 맺을 수 있도록, 기도에 대하여 세 가지로 정리하여 말씀드리면서 은혜 나누기를 원합니다.

1. 첫째, 기도는 험한 세상에 대한 도전이며 공격인 것입니다

기도는 험한 세상살이에서 후퇴가 아니라 전진이고, 패배가 아니라 공격입니다. 세상살이에서 실패하고 좌절하여 기도실에 앉아서 울고 있는 것이 기도의 참 모습이 아닙니다. 믿음을 가지고 험한 세상을 개척정신으로 도전하고 공격하여, 앞으로 앞으로 진격해 나가는 것이 기도의 근본정신입니다. 그러므로 언제나 앞을 바라보고 용감하게 전진하는 사람이 되어야 참된 기도를 하는 성도인 것입니다.

우리 성도들은 흔히 사회생활에 기가 죽어서 후퇴를 자꾸합니다. 그래서 골방에 앉아서 힘 잃고 우는 것이 기도라고 잘못된 이해를 가지고 있습니다. 이 세상살이는 영적인 전투 생활입니다. 에베소서 6장 말씀에서는 신앙생활을 영적인 전투에다 비교하였습니다. 에베소서는 교회생활에 대한 바른 교리와 체계를 갖추게 하는 책입니다. 교회생활을 바로 하려면 에베소서를 잘 터득하고 공부하시면 신앙생활에 아주 유익할 것입니다.

에베소서 6장 10절에 "종말로 너희가 주 안에서와 그 힘의 능력으로 강건하여지고"라고 하였습니다. 여기에서 '종말로'라는 말은 '결론으로'라는 뜻입니다. 에베소서 전체의 결론은 예수님 안에서 예수님의 능력으로 신앙생활이 강건해진다는 것입니다.

11절 말씀에 "마귀의 궤계를 능히 대적하기 위하여 하나님의 전신갑주를 입으라"고 했습니다. 우리가 신앙생활을 함에 있어서 성령의 능력으로 강해지고 사탄의 장난에 넘어지지 않기 위하여 거룩한 완전무장, 즉 하나님의 전신갑주를 입으라고 했습니다. 우리가 하나님의 전신갑주로 무엇을 입어야 하느냐? 영적인 싸움에서 무슨 무장을 해야 하는지에 대한 말씀이 14절 이하에 나옵니다.

"그런즉 서서 진리로 너희 허리띠를 띠고 의의 흉배를 붙이고 평안의 복음의 예비한 것으로 신을 신고 모든 것 위에 믿음의 방패를 가지고 이로써 능히 악한 자의 모든 화전을 소멸하고 구원의 투구와 ……."

이 말씀까지는 모두가 방어용 무기인데 공격용 무기가 그 다음에 한 가지 나옵니다. "성령의 검, 곧 하나님의 말씀을 가지라." 신앙생활에 있어서 사탄을 공격하는 칼은 하나님의 말씀입니다.

이상에서 모든 무기가 다 나왔는데, 이 말씀을 천천히 살펴보면 한 군데 무장되어 있지 않은 곳이 있습니다. 등에는 무엇을 하라는 말씀이 전혀 없습니다. 왜 그렇습니까? 사탄과의 싸움에서는 뒤로 물러서고 후퇴하면 사탄의 밥이 되어 전쟁에 져 버린다는 뜻입니다. 신앙인은 어떠한 어려움, 좌절 그리고 곤란 속에서도 물러나서는 되지 않습니다. 물러나면 사탄의 밥이 됩니다. 그러므로 신앙인은 어떠한 어려움이 와도 믿음과 담력으로 오직 앞으로, 앞으로만 나아가는 기도의 사람이 되어야 하겠습니다. 그래서 에베소서 6장의 거룩한 전신갑주의 등어리는 비어 있습니다. 아무 것도 필요하지 않기 때문입니다.

그 대신에 등에서 밀어주어야 할 것이 딱 한 가지 있습니다. 18절 말씀에 "모든 기도와 간구로 하되 무시로 성령 안에서 기도하고"라고 했습니다. 기도로 뒤를 밀어주어야 합니다. 기도로 뒤를 밀어주는 교회, 기도로 뒤를 밀어주는 자식은 결코 실패하지 않습니다. 등에는 아무런 무장이 없지만 기도로 밀어준다는 것이 얼마나 중요합니까?

제가 처음에 저의 육신의 어머니 말씀을 드렸습니다만, 저는 저의 어머님에 대해서 참 고맙게 생각하고 있습니다. 어떤 아들이 자기 어머니에 대해서 고마운 생각이 없겠습니까만, 특별히 저는 목사로서 기도하는 어머니에 대하여 늘 감사하고 있습니다.

저는 둘째 아들인데 경북 청송에서 조그만 복동교회를 다닐 때부터 저의 어머님은 저를 목사되게 해달라고 기도하셨습니다. 저는 그 기도가 듣기 싫었습니다. 남자가 장군이나 판사가 되어야지, 어린 생각에도 목사가 되는 것을 시시하다고 생각하였습니다. 왜냐하면 한번은 농촌교회 목사님 가정에 갔다가, 부엌에서 울고 있던 사모님을 보았기 때문이었습니다. "목사가 되면 사모님이 우는구나"하여 목사되는 것은 좋지 않은 것으로 생각하였습니다. 그래도 어머님은 계속 기도하셨습니다. 대학을 졸업할 때까지도 저는 목사가 될 생각은 전혀 없었습니다.

대학시절 한때 신앙을 잃어버리고 밤늦도록 술마시고 새벽녘에

집에 들어와 화장실에서 술을 토하면, 어머님이 제 등어리를 두드
려주면서 "목사야, 정신차려라" 그러셨습니다. 그러면 저는 "어머
니, 술깹니다"라고 말하기도 했었습니다. 그래도 어머님은 끝까지
아들이 목사되게 해달라고 기도하셨는데, 정말 제가 목사가 되었
습니다.

목사가 된 뒤에도 지금까지 기도하시면서 제 목회생활을 염려해
주십니다. 지금도 늘 꾸지람하시기를 "목사가 기도생활이 없어 가
지고, 그래 목회해서 되겠나?"하십니다. 한번은 제가 "어머님, 나
가면 사람들이 모두 나를 존경한다고 하는데, 어머니는 왜 아들이
그렇게 못마땅하십니까?"라고 말씀드렸더니, "다른 사람들은 네
가 어찌하는지 모르니 존경하지. 알아봐라, 누가 존경하겠냐?
응? 멀리서 너를 보니 존경하지, 나처럼 가까이서 보면 존경할 사
람 한 사람도 없단다"라고 말씀하셨습니다. 정말 어머님의 기도가
얼마나 뒤를 받쳐주는지 늘 감사하는 마음입니다.

여러분, 모두 자녀들을 기도로 밀어주시기 바랍니다. 자꾸 S대
학교 가거라, 300점 받아라고 다그치지 마십시오. 300점 받으려면
부모의 머리도 그만큼 좋아야 하는 것인데, 부모는 그렇지 못하면
서 자식들 보고 300점 받아오라고 어거지를 쓰면 어떻게 되겠습니
까? 귀한 자식 버리게 됩니다. 그저 기도로 살고 분수대로 살아라
라고 말하면서 기도로 밀어주기만 하면 될텐데, 우리 부모들은 너
무 극성이어서 자식들을 병들게 하고 있습니다. 여러분의 자녀가
아닙니다. 누구의 자녀입니까? 주님의 자녀입니다. 주님이 담당
하시도록 맡기시고 기도로 기르고, 기도로 밀어주시기 바랍니다.
기도라는 것은 세상살이에서 뒤로 후퇴하는 것이 아니고, 앞을 향
해 진격하는 것이라고 하였습니다.

구약의 민수기는 영감이 넘치는 귀한 책인데, 성도님들이 신앙

생활을 하면서 민수기를 잘 모르고 지나치는 것 같습니다. 민수기는 우리의 신앙생활에 영감을 주는 매우 중요한 양식입니다. 민수기 12장 16절 말씀에 "그 후에 백성이 하세롯에서 진행하여 바란 광야에 진을 치니라"라고 기록되어 있습니다. 여기에 바란 광야가 나오는데, 이 바란 광야는 이스라엘 백성들에게 있어서 아주 중요한 지점입니다. 왜냐하면 바란 광야만 넘어서면 꿈에도 그리던 가나안 땅이 펼쳐지기 때문입니다. 가나안 땅에 들어가는 길목까지 바로 온 것이었습니다. 그런데 이스라엘 백성들이 여기서 잘못되어 버렸습니다. 그래서 그 험한 40년 광야생활이 시작되었습니다. 그 바란 광야에서 무슨 일이 있었습니까?

민수기 13장 1절 이하의 말씀을 보면, 이스라엘 12지파에서 각 한 사람의 대표를 뽑아서, 이들 12명을 가나안 땅에 보내어 정탐하게 하였습니다. 가나안 땅은 비어있는 땅이 아닙니다. 거기엔 이미 온갖 족속이 터를 잡고 살고 있었습니다. 그러므로 이스라엘 백성은 가서 싸워서 이 땅을 얻어내어야 했던 것입니다. 지금 우리의 신앙생활도 그러합니다. 예수 믿고 은혜받고 성령충만한 것이 저절로 얻어지는 것으로 오해하는 이들이 많습니다. 성령충만한 신앙생활, 은혜충만한 교회는, 땀과 눈물을 흘리고 고난과 역경을 극복하고 넘어서는 대가를 치른 후에야, 비로소 얻어지는 것입니다. 쉽게 얻어지고, 쉽게 성령충만하게 되는 것이 결코 아닙니다. 이스라엘 백성들이 가나안 땅에 들어간 것은 빈 땅을 맨손으로 얻었던 것이 아니라, 목숨 걸고 피흘리고 싸워서 점령하여 얻었던 것이었습니다. 이것은 지금도 우리에게 주시는 영적인 법칙입니다.

가나안 땅을 정탐하러 갔던 12명의 정탐군이 40일만에 돌아왔는데, 전혀 상반되는 두 가지의 보고가 나왔습니다. 10명은 그 땅이 형편없다고 했고, 2명은 주님이 주신 땅이니 들어가서 여호와 이름으로 승리하자고 보고했습니다.

민수기 13장 30절을 보면, "갈렙이 모세 앞에서 백성을 안돈시켜 가로되 우리가 곧 올라가서 그 땅을 취하자 능히 이기리라"고 하였습니다. 반면 다른 10명의 보고는 31절에서 33절까지에 기록된 바와 같이 "우리는 능히 올라가서 그 백성을 치지 못하리라 그들은 우리보다 강하니라 하고 이스라엘 자손들 앞에서 그 탐지한 땅을 악평하여 가로되 우리가 두루 다니며 탐지한 땅은 그 거민을 삼키는 땅이요 거기서 본 모든 백성은 신장이 장대한 자들이며……… 우리는 스스로 보기에도 메뚜기 같으니 그들이 보기에도 그와 같았을 것이라"고 하였습니다.

여기에서 이스라엘 백성들의 비극이 생겼습니다. 가나안 사람들이 메뚜기라고 이름붙인 것이 아니라, 자격지심으로 열등감에 빠져서 스스로가 메뚜기라고 본 것이었습니다. 그래서 가나안 사람들이 어찌나 무섭게 보였던지, 들어가면 자기네들은 모두 죽게 된다, "아이구, 망했네!"하면서 스스로 지레 겁먹었던 것이었습니다.

우리 신앙인들이 이 메뚜기 정신에 빠지면 큰일납니다. 우리의 적이 아무리 무기가 좋고 강대하다 할지라도 "하나님이 함께 하시니, 하나님의 이름으로 승리하자"하는 것이 신앙인의 자세인데, 이스라엘 백성들은 안타깝게도 그러지를 못했습니다. 요즈음 신앙인들 가운데서도 가끔 이와 같은 생각에 빠진 사람들을 보게 됩니다. 이같은 비신앙적 자세와 생각, 그리고 사고방식을 고치지 않으면 성령의 능력이 임하실 수 없습니다.

제가 작년 미국을 다녀왔었는데, 그곳 교포들 중에는 이 메뚜기 정신에 빠져버린 사람들이 있었습니다. 미국엘 왔더니 인종차별이 심하여 살기가 어렵다고 푸념하는 것을 보고 제가 "성도님, 미국 땅에 왔으니 과감하게, 용기있게 신앙으로 이기십시오"했더니, "아이구, 목사님. 인종차별이 얼마나 매서운지 아십니까?"라고 하기에, "그렇다고 왜 기가 죽습니까?"라고 말했습니다. 그 분은 저보고 인종차별을 당해 보지 않아서 그렇지, 한번 당해 보면 눈물 이 확 쏟아진다고 하기에, "그것은 신앙인의 정신 상태가 아닙니 다"라고 일러주었습니다.

저도 미국 갔다가 딱 한번 인종차별을 당해보았습니다. 워싱턴 DC에서 개최된 레이건 대통령 초청 조찬기도회에 초대받고 가서, 국제무대에서 설교도 한번 해보았습니다. 그때 용감하게 저의 소 신을 마음껏 피력해보기도 했습니다.

그런데 그 설교를 하기 전날 아침식사 때였습니다. 각국 대표들 과 미국의 지도자들 등 1,800여 명이 모여서 식사를 하는데, 한 식 탁엔 7명씩 앉게 되어 있어서, 식사 때마다 자리가 바뀌게 되니 자 리에 앉을 때면 으레 자기 소개를 하였습니다. 그래서 제 옆에 앉 은 미국 신사에게 한국에서 온 김진홍이라고 저를 소개하였습니 다. 그리고 악수하자고 손을 내밀었더니 이 미국신사의 손이 나오 지 않고 어깨가 뒤로 젖혀졌습니다. 앉은 키가 제 선 키만한 사람 이 저를 내리깔고 보았습니다. 처음에는 이상하게 생각하여 제 말 을 알아듣지 못해서 그런가 했는데, 가만히 보니 제가 노랗다고 인 종차별하여 무시하는 것을 알게 되었습니다. 제 생김새가 별로 볼 품이 없는 데다가 황인종이었으니, 그 양반 보기에는 한심했던가 봅니다. 속으로 '그래도 그렇지, 나도 내 동네 가면 왕초인데 이 명청이 같은 인간이 나를 인종차별하다니'하고 생각하니 은근히 화가 났습니다. 그렇지만 예수 믿는 사람이 당당하고 담력이 있어 야지, 기 죽을 것 뭐 있습니까? 예수님이 내 주인인데 빌빌하는 것은 주님께 영광이 안되지 않습니까?

그래서 제가 그 양반을 딱 쳐다 보고서는 "당신 노란색 안 좋아하나?"하고 못하는 영어로 물었더니, 그 사람이 깜짝 놀라서 "뭣?"했습니다. 제가 다시 "나도 흰색 안 좋아한다"고 그랬더니 이 사람이 얼굴이 시뻘게졌었습니다. 노랗다고 무시하여 인사도 받지 않았는데, 그런 말을 듣고서 안절부절 어쩔 줄을 몰라했습니다. 옆에 있던 다른 사람들이 배꼽을 잡고 웃으니, 이 양반 얼굴이 더욱 시뻘겋게 되어 저를 노려보기에 저도 같이 쳐다보았습니다. 자기가 저를 어떻게 하겠습니까?

예수 믿는 사람, 즉 주님의 백성은 어떤 자리에서도 담력이 필요합니다. 성령이 우리와 함께 계시는데 언제나 당당해야 합니다. 이것은 교만과는 다릅니다. 예수 믿는 사람은 당당하고 떳떳하고 자기의 소신과 주견과 생각을 분명하고 자신있게 가져야 합니다. 이것이 신앙인의 바른 모습입니다. 괜히 기가 죽고 움츠러들어서 메뚜기 정신을 가지는 것이 신앙적인 자세가 되지 못합니다.

그런데 이스라엘 백성들이 바란 광야에서 메뚜기 생각에 빠져버렸습니다. 보고가 두 패로 갈라졌을 때 이스라엘 백성들이 어느 쪽을 받아들였습니까? 민수기 14장 1절에 "온 회중이 소리를 높여 부르짖으며 밤새도록 백성이 곡하였더라 이스라엘 자손이 다 모세와 아론을 원망하여 온 회중이 그들에게 이르되 우리가 애굽 땅에서 죽었거나 이 광야에서 죽었으면 좋았을 것을, 어찌하여 여호와가 그 땅으로 인도하여 칼에 망하게 하는고?"라고 하였습니다. 이스라엘 백성들이 이제 망했다고 밤새워 통곡했습니다. 애굽 땅에서 그대로 종살이 했으면 목숨이나마 유지할 것을, 가나안 땅에 가서 우리가 몰살하는구나 하면서 밤새워 곡했습니다. 민수기 14장 26절 말씀부터 읽겠습니다.

"여호와께서 모세와 아론에게 일러 가라사대 나를 원망하는 이 악한 회중을 내가 어느 때까지 참으랴 이스라엘 자손이 나를 향하여 원망하는 바 그 원망하는 말을 내가 들었노라 그들에게 이르기를 여호와의 말씀에 나의 삶을 가리켜 맹세하노라 너희 말이 내 귀에 들린대로 내가 너희에게 행하리니……."

여러분, 이 말씀이 대단히 중요합니다. 주님께서 무엇이라고 말씀하셨습니까? 밤새워 울며 불며 망했다고 하는 백성들에 대해서, 너희 말이 내 귀에 들리는 대로 해주겠다고 하셨습니다. 망한다, 망한다는 말이 내 귀에 들리면 망하게 해주겠고, 살겠다, 살겠다는 말이 들리면 또 살게 해준다고 말씀하셨습니다. 그런데 이스라엘 백성들은 밤을 새우면서 "망했네, 망했네!"라고 했습니다. 그러자 여호와께서는 "그래 좋다. 그렇게 망하는 것이 밤새 소원이라면 망하게 해준다"는 것입니다.

이 말씀이 왜 중요한지 아십니까? 그것은 지금 우리들에게 주시는 말씀입니다. 지금도 주님께서는 "너희 말이 내 귀에 들린대로 내가 너희에게 해주신다"고 말씀하시고 계십니다. 우리가 기도하는 것, 꿈꾸는 것, 대화하는 것, 이 모두를 그대로 이루어주신다고 했습니다. 여러분의 가정에서 부부간의 대화가 무엇입니까? "망했네, 망했네"하십니까? 여러분이 무슨 대화를 하느냐? 어떤 기도를 하느냐? 무엇을 꿈꾸느냐? 주님께서 그대로 이루어 주신다고 말씀하셨습니다. 얼마나 중요한 말씀입니까? 그래서 우리의 기도가 중요한 것입니다.

이스라엘 백성들한테 여호와께서 어떻게 해주셨습니까? 민수기 14장 32-34절 말씀을 봅시다.

"너희 시체는 이 광야에 엎드러질 것이요 너희 자녀들은 너희의
패역한 죄를 지고 너희의 시체가 광야에서 소멸되기까지 40년을
광야에서 유리하는 자가 되리라 너희가 그 땅을 탐지한 날수 40
일에 하루를 1년으로 환산하여 40년간 너희가 너희의 죄악을 질
지니 ……."

그래서 40년 광야생활이 나왔습니다. 40일이 40년이 되어 그 동
안 광야에서 모두 죽게 하였습니다. 갈렙과 여호수아, 그리고 당시
에 인격적 책임이 없는 20세 이하의 자녀들만이 가나안 땅으로 들
어갔습니다. 이 얼마나 중요한 사실입니까? 요즈음 말로 하면 부
정적 사고를 하는 기성세대들은 다 죽어버리고 새로운 생각, 새로
운 기도, 새로운 꿈, 새로운 비전을 가진 새 시대, 새 백성들이 새
역사를 만든다는 이야기입니다. 가나안 땅은 새로운 생각, 새로운
기도, 새로운 포부를 가지는 사람들이 차지하게 되어 있습니다. 매
사에 기도나 생각이 "안된다, 안된다"하는 사람들은 광야에서 다
쓰러져 죽도록 하였습니다. 여러분은 지금 결정하셔야 합니다. 민
수기 14장 28절을 다시 읽겠습니다.

"여호와의 말씀에 나의 삶을 가리켜 맹세하노라 너희 말이 내 귀
에 들린대로 내가 너희에게 행하리니."

**2. 두번째, 기도는 하나님께 무엇을 달라고 요구하는 것이 아니
라 주님의 뜻을 듣는 것이며, 그 뜻에 순종하여 이를 행하는 것입
니다**

우리가 초신자일 때는 무엇을 달라는 기도를 많이 하였습니다.
그러나 은혜가 깊어갈수록 달라고 요구하지 않고, 주님이 원하시

는 것이 무엇인가를 기다리며 듣는 기도를 하게 됩니다. 예수님께서는 우리에게 아주 훌륭한 기도를 가르쳐 주셨습니다.

누가복음 22장 41－42절 말씀을 보면 "저희를 떠나 돌 던질 만큼 가서 무릎을 꿇고 기도하여 가라사대 아버지여 만일 아버지의 뜻이어든 이 잔을 내게서 옮기시옵소서 그러나 내 원대로 마옵시고 아버지의 원대로 되기를 원하나이다"라고 예수님께서 기도하셨습니다.

예수님께서 십자가에 달려 돌아가시던 전날 밤 자신의 생각으로는 십자가의 죽음을 원하지 않지만, 그러나 자신의 요구, 자신이 원하는 것보다 더 중요한 것은 아버지의 뜻이라고 기도하신 것입니다. 이것이 진정한 기도입니다.

여러분, "나를 통해서 주님이 이루시고자 하는 것이 무엇입니까? 깨우쳐 주시옵소서. 나는 부족하지만 내가 주님의 일에 어떻게 쓰여야 하겠습니까? 내가 무엇을 해야 합니까?"하고 듣는 기도를 하시는 기도인이 되기를 바랍니다. 달라고 요구하는 기도가 아니라, 듣고 여기에 순종하는 기도를 하시는 여러분이 되시기 바랍니다.

3. 마지막으로, 기도의 응답은 환경을 변화시켜 주시는 것이 아니라, 기도하는 사람을 변화시켜 주시는 것입니다

예를 들면 사업에 실패한 사람이 열심히 기도하면 하나님께서 사업을 대신해주시는 것이 아니라, 실패한 사업에 용기와 투지, 집념을 가지고 끝가지 싸워서 다시 일으켜 세울 수 있는 신념, 집념 그리고 투지를 주시는 것이 기도의 응답입니다. 환경을 변화시켜 주는 것이 기도의 응답이 아니라, 사람을 변화시켜 주시는 것입니다. 우리가 물질이 필요해서 하나님께 간절히 기도하면 하나님은 돈을 갖다주는 것이 아니라, 돈을 벌 수 있는 사람으로 만들어 주십니다. 절약과 인내와 지혜를 주셔서 그러한 능력을 갖게 해주십니다. 이 얼마나 귀하고 중요한 일입니까?

저는 청계천 빈민촌에 설교하러 들어갔다가 얼마 뒤에 너무 지쳤었습니다. 환자는 많고, 돈은 없고, 너무 힘이 들어 한번은 졸도한 적이 있었습니다. 정신을 잃었다가 깨어난 후 병이 들어, 한 열흘 동안 심한 고열로 몹시 앓았습니다. 병이 드니 마음이 약해져서 그만 빈민촌을 떠나야겠다는 생각이 들었습니다. 더이상 견딜 힘도 없었고, 거기 있다간 그대로 병들어 죽어버릴 것만 같아서 빈민촌을 떠나야겠다고 결심하고, 제가 달았던 활빈교회 간판을 제 손으로 내렸습니다. 그리고 짐을 모두 묶어 놓고 생각하기를, 신학교 기숙사로 짐을 옮긴 뒤에 활빈교회 교인들에게 도저히 감당할 수 없어서 나왔다는 사실과 함께, 교회로 쓰던 집은 노인회관이나 어린이집으로 써달라고 엽서에 써서 부치리라 마음먹고, 짐을 싣고 갈 용달차를 부르려고 교회문 앞에 나왔더니, 앞마당엔 아이들이 바글바글 모여서 놀고 있었습니다. 어린아이들이 보는 앞에서 차마 짐 싣고 떠날 수가 없었습니다.

그 빈민촌에 교회가 생기면서부터 아이들이 교회를 얼마나 좋아했던지 모릅니다. 교회에 와서 노래도 배우고, 사탕도 갈라먹고, 연극도 하면서 꿈의 보금자리인 양 교회를 사랑하고, 고구마 삶아오고 누룽지 긁어와서는 "전도사님, 전도사님"하고 따르던 그 천진스런 아이들을 버리고 떠나려 하니, 양심의 가책을 받아 짐싸들고 나갈 수가 없었습니다. 그래서 아이들이 흩어지기를 기다리는데 그날따라 더 많은 아이들이 자꾸만 모여들고 있었습니다. 안되겠구나 생각하며 아이들이 집으로 모두 돌아갈 저녁 시간을 기다리기로 하였습니다.

그때까진 시간이 남았기에 마지막으로 그 동네를 한 바퀴 돌아보기로 하였습니다. 이 집 저 집 들여다보면서 '이 사람들은 갈 곳이 없어서 청계천의 썩고 냄새나는 그 물가에서 살고 있는데, 나는 갈 곳이 있다고 떠나는구나' 생각하니 양심의 가책이 되고 얼마나 죄송스럽게 느껴졌던지……. '이러다간 마음이 약해져서 되지 않겠다. 독한 마음 먹고 떠나야지, 이빨 물고 떠나야지' 하면서, '저녁 때까지 기다릴 것 없다. 지금 가 버리자' 하고 교회로 돌아오고 있었습니다.

한 집 앞을 지나는데 방문 앞에 흩어진 신발이 제 눈길을 끌었습니다. 아이들이 3살에서 13살까지 5명이 있고, 그 부모는 청계극장 뒷골목에서 포장마차를 하는 집이었는데, 낮시간에 애들 신발이 방문 앞에 모두 놓여있으니 무언가 이상한 생각이 들어서 방문을 열어보았습니다. 그랬더니 5명의 어린이가 모두 중병걸린 환자처럼 축 늘어져서 누워 있었습니다. 깜짝 놀라서 "어디 아프냐?" 하며 방에 들어가 머리를 만져보았더니, 열은 없는데 아이들이 기가 죽고 허기져 있었습니다. 그런데 제일 큰애가 일어나 앉으면서 "선생님, 배고파요. 엄마 아빠가 사흘 전에 장사나가서 안 들어와서 굶었어요"라고 말했습니다. 부모가 이유없이 사흘 동안이나 들어오지 않으니, 이 애들이 굶어서 축 늘어져 있었던 것입니다. 형이 배고프다고 하니, 네 명의 동생들도 다 일어나서 훌쩍거리며 울고 있었습니다. 배고파서 우는 애들의 눈을 가만히 보다가 제가 현기증을 느꼈습니다.

사흘을 굶었으니, 얼마나 배고프겠나 하고 눈물 흘리는 아이들의 모습을 가만히 보았더니, 3살 짜리 막내애가 눈물을 뚝뚝 떨어뜨리는데, 그 눈물 떨어지는 그 얼굴에 예수님의 얼굴이 나타났습니다. 그때 저는 분명히 보았습니다. 1초나 넘게 번뜩 예수님의 얼굴이 나타났다가 사라져서 제가 깜짝 놀라고 커다란 충격을 받았습니다.

  '예수님께서 여기 계시는구나. 예수님은 신학교에 계시는 것이 아니라, 배고파 우는 어린아이의 눈물 속에 계시는구나. 예수님의 은혜로 구원받고 생명받은 내가 힘들다고 여기를 떠나려고 하는데, 예수님은 여기 배고파 우는 어린아이의 눈물 속에 계시는구나' 라고 깨닫고 머리 숙여 가만히 묵상하였습니다.

  우리 주님께서 제 마음을 흔들었습니다. "나는 너를 위해 십자가에서 죽었고, 지금은 이 배고파 우는 어린아이의 눈물 속에 있다. 네가 이 어린아이의 눈물 속에 있는 나를 도와주고, 나를 해방시켜라. 네가 나를 떠날 수 있느냐?" 하시는 주님의 음성을 마음 속으로 듣고서, "주님, 제가 잘못 생각했습니다. 저는 돈도 없고 힘도 없고 아무 것도 없지만, 배고파 우는 어린아이의 눈물이 있는 한 이 마을을 떠나지 않겠습니다"하고 기도했습니다.

  그리고는 아이들한테 잠시만 기다리라 하고는 곧바로 교회로 달려가서 간판부터 다시 걸고 짐을 풀어놓고서, 가게로 가서 물국수 200원 어치를 사다가 끓여서 여섯 그릇을 만들어 그 애들과 함께 한 그릇씩 먹었습니다. 그리고 나서 그 애들의 부모를 찾으러 나갔습니다. 청계극장 뒷골목 그 장사터를 찾아갔더니, 빈터만 남아 있고 그 부모는 거기 없었습니다. 그래서 옆에 있던 다른 장사꾼에게 물어 보았습니다.

  "여기서 장사하던 젊은 부부 어디 갔습니까? 사흘을 안 들어와서 아이들이 굶기에 이렇게 찾아왔습너다" 했더니, "사흘을 안 들어왔으면, 사흘 전에 후리가리가 있었으니, 아마 경찰서에 있는가 봐요" 했습니다.

  여러분, '후리가리'가 무엇인지 아십니까? 길가에서 허가없이 장사하는 사람을 무허가 장사한다고 경찰이 단속하는 것을 말합니다. 이렇게 경찰이 잡아가면 판사가 재판을 하여 벌금형을 선고하는데, 돈이 없으면 하루에 500원씩 깎아주는 구류를 살아야 합니다. 동대문 경찰서에 찾아갔더니 그 애들의 부모가 지하실 유치장에 있었는데, 각각 9,000원씩 벌금을 받았습니다. 3,000원씩은 내고 6,000원씩이 남아서 12일을 유치장에서 살아야 했던 것입니다.

이들이 들어가는 시간부터 "순경 아저씨, 우리 애들 그냥두면 굶어 죽소. 우리 동네 활빈교회라는 교회가 있으니, 연락만 해주면 돌봐줄 것이요. 연락 좀 해주시오" 했었는데, "그 교회 전화 있어?"라고 묻기에 "전화 없습니다" 했더니, "전화 없으면 누가 연락해?"라고 말하면서 아무도 연락해주지 않았습니다. 그러니 그 부부가 얼마나 속이 탔겠습니까? 3살에서 13살까지 다섯 아들을 둔 부모의 마음이 어떠했겠습니까?

사흘만에 애들을 데리고 유치장에 면회갔더니, 그 엄마가 쇠창살 안에서 애들을 보고 미친듯이 다리를 뻗치고 "아이고, 내 새끼들아! 어미, 아비 못 만나 굶었제?" 하고 울음을 터뜨리자, 아이들도 "엄마!"하고 소리지르며 울기 시작하고, 그 남편은 그 광경을 차마 보지 못하여 뒤로 돌아서서 울고 있었습니다. 이들 온 가족의 통곡소리가 울려퍼지자 순경은 시끄럽다고 고함을 지르고, 그래서 난장판이 되었습니다.

저는 그때 그 자리에서 주님께 감사기도를 드렸습니다. 그 난장판에서 무엇이 감사하겠습니까? 제가 감사기도를 드린 것은 "병들고 힘이 들어 빈민촌을 떠나려 했을 때에, 배고파 우는 어린아이의 눈물을 통해서 제가 죽어야 할 자리를 다시 깨닫게 해주시니 감사합니다. 제가 어렵다고 빈민촌을 떠나려 했을 때, 자식을 굶겨야 했던 부모의 탄식을 통해서 제가 있어야 할 자리를 깨닫게 해주시니 감사합니다. 저는 힘도 없고, 돈도 없고 아무 것도 가진 것이 없지만 배고파 우는 어린아이의 눈물이 있는 한, 그 눈물 속에 예수님이 계시는 한, 여기 이 동네에 남아 있겠습니다."라고 기도했었습니다.

그 이후 13년이라는 긴 세월이 흘렀습니다. 그때 울던 아이들 중에 한 아이가 지난 해 대학에 들어갔습니다. 그 뒤에 주님께서 우리에게 돈을 주신 것이 아니었습니다. 눈물 흘리면서, 그 가난 속에서도 예수님을 주인으로 모시고 "예수님이 희망이다, 믿음으로 살자"하고 믿음으로 극복해왔는데, 그 아이가 대학에 들어가자 우리 교회 교인들이 장학금을 모아서 등록을 해주었습니다.

그때 제가 그 아이에게 말하기를 "가난한 농민인 우리 교인들이 너에게 대학등록금을 준다. 왜 주는지 아느냐? 너희들은 활빈교회의 살아있는 역사요, 증인이다. 13년 전 내가 힘든다고 빈민촌을 떠나려 했을 때 너희들이 배고파 울던 그 눈물 속에서 예수님을 만났다. 그 예수님께서 지금까지 우리를 도와주셨고, 그래서 벌써 네가 대학에 들어가는구나. 너는 이 장학금을 받아서 너 혼자 잘 먹고 잘 사는 사람이 되려 하지 말고, 아직도 이땅에 이 세계에 너희들이 어렸을 때처럼 배고파 우는 어린아이의 눈물이 있으니, 그 눈의 눈물을 씻어주는 사람이 되어라. 예수님의 사람이 되어라. 사명자가 되어라고 교인들이 네게 장학금을 주는 것이다"라고 했습니다. 그리고 너와 나, 우리 모두는 이땅에서 예수님의 이름으로, 진리로, 복음으로 이땅 위에 있는 가난과 슬픔과 탄식을 몰아내고, 희망과 꿈과 예수님 사랑의 나라를 만드는 데 뽑힘 받은 사람들이라고 말해 주었습니다.

얼마나 감사한 일입니까? 기도는 우리의 환경을 변화시켜 주시는 것이 아니라, 사람을 바꾸어 주시는 것입니다. 이것이 기도의 응답입니다. 여러분, 우리가 어려움에 처했을 때에 "주님이시여, 우리 환경이 답답합니다. 바꾸어 주십시오"라고 기도하지 맙시다. 어떠한 환경, 어떠한 좌절, 어떠한 역경 속에서도 이것을 믿음으로, 신앙으로, 기도로 이겨나갈 수 있는 사람이 되기 위하여, 능력과 투지, 신념을 주시기를 기도하여야 할 것입니다. 여러분은 진실로 기도의 사람이 되시기를 바랍니다.

마지막으로 사도행전 3장 6절을 읽고 말씀을 마치겠습니다. 예수님의 제자 시몬 베드로가, 성령충만한 은혜를 받기 전에는 아무런 힘도 없고 능력 없는 사람이었는데, 오순절 성령충만한 역사를 받고 변화된 뒤에는 얼마나 담대해졌습니까?

성령으로 능력받고 변화된 베드로가 예루살렘 성전에 기도하러 올라가는데, 나면서부터 앉은뱅이었던 사람이 돈 한 푼 달라고 구걸했습니다. 그때 베드로가 무엇이라고 말했겠습니까? 사도행전 3장 6절을 읽겠습니다.

"베드로가 가로되 은과 금은 내게 없거니와 내게 있는 것으로 네게 주노니 곧 나사렛 예수 그리스도의 이름으로 걸으라 하고 오른손으로 잡아 일으키니 발과 발목이 곧 힘을 얻고 일어서서 걸으며 그들과 함께 성전으로 들어가면서 걷기도 하고 뛰기도 하며 하나님을 찬미하니."

여러분, 오늘 한국 교회가 이 말을 다시 할 수 있어야 하겠습니다. 우리 주위에 예수를 알지 못하고 가난과 질병, 절망과 좌절에 빠져 스스로 일어나지 못하는 백성들 앞에 오늘 우리가 무엇을 전해 주어야 합니까? 교회가 물질로, 정치로 우리 백성을 살리는 것이 아닙니다. 교회는 가지고 있는 것, 즉 나사렛 예수 그리스도의 이름, 그 복음, 그 사랑 그리고 성령의 능력으로써 우리 백성들 심령 속에 진리의 혁명, 성령의 역사, 참된 복음의 능력을 전함으로써 새 나라, 새 백성, 새 사회, 새 역사를 일으키는 사명을 감당해야 합니다.

그러기 위하여 주님 앞에 합심하여 기도하는 우리가 되어야 하겠습니다. 인생을 걸고, 생명을 걸고, 기도하는 여러분 모두가 되시기를 바랍니다.

기도

주님 은혜를 감사드립니다.

주님이시여, 베드로가 성전 문 앞에 앉아있던 앉은뱅이에게 "은과 금은 내게 없지만 내게 있는 것으로 네게 주노니 나사렛 예수 그리스도의 이름으로 걸으라"고 하면서 그 손을 잡아당겼을 때에 그 발과 발목이 힘을 얻어 앉은뱅이가 일어나 뜀뛰며 여호와를 찬양하였습니다.

주여, 기도드리옵나니 오늘 고개 숙인 충성된 주님의 백성들에게 은과 금은 없을지라도, 우리 교회가 경제나 물질이나 돈이나 정치로서는 이 백성들을 도울 수는 없을지라도, 그러나 우리가 가지고 있는 것, 예수님의 복음의 능력, 그 이름, 성령의 역사, 사랑의 복음으로써, 스스로 일어설 줄 모르고 안타까이 헤매는 백성들의 발과 발목에 힘을 주고, 절망하는 자에게 희망을, 가난한 자에게 웃음과 행복을 주는, 복음의 역사를 일으키는 사명, 새 하늘과 새 땅의 밝은 소망을 주는 그 사명을 감당하는 교회가 되게 하여 주시옵소서.

주여, 기도드리옵나니 우리가 기도하기를 쉬는 죄를 범했던 것을 용서하여 주시옵소서. 우리가 나라와 백성들을 위하여 기도하기를 쉬는 때가 있었으니 그것이 곧 죄입니다. 주여, 회개하옵나니 용서하여 주시옵소서.

주여, 기도드리옵나니 회개하는 우리의 마음을 받아 주시옵고, 이제부터 우리가 가슴을 열고 무릎꿇고, 살아계신 주님 앞에 기도하는 교회가 되게 하여 주시옵소서. 우리의 기도는 주님께 무엇을 달라고만 하는 기도가 아니라, 주님의 뜻을 듣고 이에 순종하는 기도가 되게 하여 주시옵소서. 기도를 통하여 우리의 사람됨과 인격, 그리고 우리의 가정이 새롭게 변하는 기도의 역사가 일어나게 하여 주시옵소서.

주여, 기도드리옵나니 우리의 기도는 험한 세상에서 탄식하는 백성들 앞에 복음으로써 전진하고, 앞으로 앞으로 나아감으로써 승리를 쟁취하는 기도가 되게 하여 주시옵소서. 우리의 기도가 응답받아서 이 백성들에게 새 희망과 새 역사를 주며, 이 백성 모두가 주 예수 안에서 새로워진 새 사람 되게 하여 주시옵소서.

예수님의 이름 받들어 기도드렸사옵니다. 아멘.

말씀

"하나님이 가라사대 말세에 내가 내 영으로 모든 육체에게 부어 주리니 너희의 자녀들은 예언할 것이요 너희의 젊은이들은 환상을 보고 너희의 늙은이들은 꿈을 꾸리라 그때에 내가 내 영으로 내 남종과 여종들에게 부어 주리니 저희가 예언할 것이요"(행 2:17 − 18)

말씀에 의한 창조의 역사

창세기 1장 1절에 "태초에 하나님이 천지를 창조하시니라"라고 말씀하셨습니다. 이 말씀은 하나님께서 맨처음에 우주를 창조하셨음을 분명히 밝혀주시는 것으로, 우주의 역사는 하나님의 창조로부터 시작되었음을 말해주시는 것입니다.

창조 이전의 완전한 무(無)의 상태, 진공, 공허, 무의미는 창조의 시작과 함께 서서히 사라졌습니다. 말씀의 역사는 창조의 진통인 카오스(chaos) 즉 무질서와 혼돈을, 코스모스(cosmos) 즉 질서로 만들었습니다. 그러기에 코스모스라는 말은 오늘의 우주를 뜻하기도 합니다. 아무것도 없던 무(無)에서 유(有)를 만드시고, 무질서에서 오늘의 정연된 질서를 이루는 그 긴 역사의 과정을 일관하여 지배했던 것은 말씀(logos)이십니다. 이 말씀은 창세 이전부터 존재하여 천지의 창조를 주관하셨고, 오늘에 이르기까지 일점

일획의 변함도 없이 지금 이 순간도 역사하고 있는 것입니다.

따라서 말씀에 의한 창조의 역사는 창세기 1장 1절에서 끝난 것이 아니라 지금도 계속되고 있는 것입니다. 이전 영어성경에는 창세기 1장 1절에 "God created …"라고 하여 '창조했다'는 과거형을 흔히 썼습니다만, 리빙 바이블(Living Bible)에는 "God began creating …"라고 하여 "창조를 시작하셨다"고 번역되어 있습니다. 창조의 역사는 끝나버린 과거사가 아니고, 오늘까지도 계속되고 있습니다. 지금도 말씀을 통해 무질서가 질서가 되고, 무의미가 의미로 되며, 절망이 희망으로, 탄식이 기쁨으로 변하는 역사가 일어나고 있는 것입니다.

저는 일반적인 목회와는 좀 다른 목회를 해왔습니다. 인생 밑바닥에서 험한 생활을 해온 사람들과 같이 지내왔습니다. 그러니 자연히 신앙생활에서도 일반적인 교회와는 다른 형태가 되어 좀 거칠게도 되고, 상식적으로는 납득하기 어려운 큰 사건도 일어나곤 했습니다.

주민회장 선거로 생긴 사건

저는 빈민촌 사람들을 이끌고 지금 살고 있는 남양만에 내려와서 마을을 이루고 교회를 세워서, 교회가 중심이 되어 마을을 발전시키는 일을 힘써왔습니다. 우리가 세운 마을이 15개 마을인데, 잘 살아보자고 마을마다 주민회를 만들고, 그 15개의 주민회를 합쳐서 남양만 전체 주민회를 조직하여 회장, 부회장을 선출했고, 그들을 중심으로 모두들 열심히 일했습니다.

그러나 시간이 흐름에 따라 파가 갈라져서 주류, 비주류가 생겨났습니다. 주류는 청계천 빈민촌에서 함께 넝마주이하며 오늘까지 지내온 사람들이고, 비주류는 남양만에 내려와서 합류하여 같이 살게 된, 나중에 들어온 사람들이라 부를 수 있습니다. 회장은 주류에서 뽑히고, 부회장은 비주류에서 뽑혔습니다. 농촌의 작은 주민회이지만 그 회장의 지위가 상당한 자리로 되었습니다. 군수 어른이 새로 부임하면 반드시 저희 교회를 찾아와서 제게 인사를 합니다. 제가 잘나서가 아니라 옛날 같은 데모를 다시는 하지 말아달라고 부탁하는 것입니다. 그리고 돌아가는 길에 반드시 주민회장을 만나보고 갑니다. 때로는 여러 가지 선물을 들고 오기도 했습니다. 또 예산도 차츰 많아지게 되니 주민회장 자리를 서로 경쟁하게 되었습니다.

2년마다 선거를 치루는데, 한 번은 선거를 두 달 앞두고 부회장이 현직 회장에게 도전하는 그런 분위기가 되었습니다. 주류측은 숫자가 적었고, 비주류측은 현지에서 들어온 사람들이어서 숫자가 많았습니다. 그래서 정상적으로 투표하면 현직 회장의 낙선이 전망되자 그만 이 회장이 아주 못할 짓을 하게 되었습니다.

회장, 부회장 모두 제가 전도해서 세례주고 집사로 세운 사람들이었습니다. 그런데 어느 날 부회장인 박 집사가 행방불명이 되어버렸습니다. "이 사람 어디 갔나?" 하고 회장인 윤 집사도 찾으러 다녔습니다. 그러나 찾지를 못하자 경찰에 신고도 하고, 백방으로 수소문하였지만 부회장의 행방은 어디서고 찾을 수 없었습니다. 박 집사가 실종된 지 두 달이 지난 어느 날 강아지 한 마리가 마을 뒷산에 올라가 앞발로 땅을 팠는데, 땅 속에서 옷자락이 나왔습니다. 지나가던 동민들이 이상히 여겨 그곳을 깊이 파 보았더니, 실종되었던 박 집사의 시체가 나왔습니다. 경찰이 와서 수사해본 결과 회장인 윤 집사가 그 박 집사를 죽여서 시체를 거기 묻어 두었다는 것이 밝혀졌습니다. 저는 그 장례식을 치르던 날처럼 제 평생에 목사된 것을 후회해본 적이 없었습니다.

　7, 8년 전 우리가 청계천에서 넝마주이할 때, 더운 여름철에 쓰레기통을 뒤지면 가끔 시체가 나왔습니다. 부패하여 형체를 잘 알아볼 수 없는 그러한 시체들을 파출소에 신고하면 주로 신원미상으로 처리되어 그냥 묻어버렸었습니다. 그래서 그때 우리들이 사용했던 평범한 욕설이 "이 녀석 묻어버린다"였습니다. 넝마주이 세월을 다 끝내고 농촌으로 와서 새로운 생활을 시작했는데, 옛날에 입으로 지껄이던 그 욕설대로 정말 죽여서 묻어버리고 말았습니다.

　그 장례식 날 부인이 죽은 남편의 시체를 보고 그 자리에서 돌아버렸습니다. 부인은 옷을 벗어던지고, 웃으며 꽃 따러 다니고, 그 집 아이 넷이 아버지의 관을 붙들고 통곡을 하는데, 제가 얼마나 눈물이 나고 탄식이 나던지, '내가 괜히 목사가 되어 이 꼴을 보는구나. 목사 그만 두고 시골에 가서 농사나 지을까? 사라져 버릴까?'하며 온갖 생각을 다 했습니다.

　살인을 했던 회장의 딸이 시집을 갔었는데, 아버지의 살인 사실이 밝혀지자 살인자의 딸이라고 두 달만에 친정으로 쫓겨왔습니다. 그래서 제 옷자락을 붙들고 통곡하면서, "목사님, 우리 아버지가 그런 짓을 했더라도 내가 애기라도 낳은 뒤였으면 좋았을텐데, 내 청춘은 어떻게 합니까?"하니, 저도 눈물을 참지 못해 같이 울면서 "주님, 왜 저를 목사되게 하셔서서 이런 것을 다 경험하게 하십니까?"하고 주님을 원망했습니다. 그 경황에서 그래도 장례식을 치르는데, 예수를 믿지 않는 동민들이 이를 보고 야유하고, 욕하며 떠들어대었습니다.

　장례식을 마치고, 그 무질서와 혼돈, 뒤죽박죽이었던 상태를 떠나서 산에 들어갔습니다. '내가 목사를 그만둬 버릴 것이냐? 계속 할것이냐? 그만 두고 산에 묻혀서 농사나 지을까? 도시에 가서 이름없이 장사나 할까? 하면서, 이 생각 저 생각을 다 해보았습니다. 그러다가 요한복음 1장 1절을 깊이 묵상하게 되었습니다.

> "태초에 말씀이 계시니라 이 말씀이 하나님과 함께 계셨으니 이 말씀은 곧 하나님이시니라."

태초에 말씀이 계시니라

여기 요한복음 1장 1절의 태초는 창세기 1장 1절의 태초보다 더 앞서 있었던 태초입니다. 창세기의 태초는 말씀으로 천지를 창조하던 태초이고, 요한복음의 태초는 천지창조 이전에 말씀만이 있었던 태초이기 때문입니다. 천지가 있기 전에 이미 말씀이 있었다는 요한복음 1장 1절의 깊은 뜻을 하루 종일 산 속에서 묵상하다가 드디어 새로운 용기를 얻어서 다시 목회에 도전했습니다.

요한복음은 철학을 좋아하는 헬라인을 위해서 씌어진 복음이라고 합니다. 요한복음을 쓰신 저자는 헬라철학에 깊은 조예를 가졌던 분이었습니다. 그래서 헬라철학의 중요한 개념을 성경의 말씀으로 바꾸어 놓았습니다. 이것은 요한복음 저자의 크나큰 공적입니다.

희랍철학의 가장 중요한 두 가지 개념이 요한복음 1장 1절에서 성경말씀으로 들어왔는데, 그것은 '태초'라는 말과 '말씀'이라는 말입니다. 이것은 우주만물의 근본을 뜻합니다. 그리고 말씀은 헬라어로 로고스(Logos)라고 하는데, 이 말은 진리를 뜻합니다.

헬라철학은 우주만물의 근본, 즉 아르케가 무엇인가를 논의하는 것으로 출발하여 많은 철학자들의 깊은 연구를 통해 발전되어 왔습니다. 그런데 요한복음의 저자는 "우주의 근원에 진리가 있었다", 즉 로고스가 바로 아르케라고 말함으로써, 학문적 개념이었던 이들 두 개념을 종교적 개념으로 승화시켜 성경의 말씀으로 옮겨놓았습니다. 오랜 세월에 걸쳐 아르케가 무엇인가를 논의했던 수많은 희랍철학자들의 주장은 이제 역사의 화석으로 남은 채 생명력을 잃고 소멸한 지 오래 되었지만, 그러나 유일하게 요한복음의 저자가 말한 아르케론(論)은 성경의 일부로서 오늘까지 기독교 중심사상의 하나가 되어 구원의 진리로 역사하고 있습니다.

헬라철학에서 아르케라는 말에는 4가지의 뜻이 있었습니다. 요한복음 1장 1절이 제대로 번역되려면 이들 4가지 뜻을 모두 번역해 주어야 하는데, 성경에서는 한 가지 뜻만을 번역해 놓았습니다. 저는 그날 이 말씀을 깊이 묵상하면서 그 네 가지 뜻을 모두 생각해 보았습니다.

첫번째 아르케의 뜻은 기초(foundation)입니다. 따라서 요한복음 1장 1절은 "모든 것의 기초에 진리, 말씀이 있었다"는 뜻이 됩니다. 저는 그날 소나무 밑, 바위 위에 앉아서 제 목회의 기초에 하나님의 말씀, 진리(logos)가 있지 못하고, 가난한 사람들 데리고 먹고 사는 것, 마을 개발하는 것들만이 있었기 때문에 그러한 비극을 당할 수밖에 없었음을 깨닫고 회개하였습니다. 제 목회의 기초에, 이 모든 것의 기초에 언제나 진리의 말씀이 있어야 함을 다시 한번 깨닫고, 그러지 못했던 자신을 회개하였습니다.

두번째 아르케의 뜻은 모든 사물의 핵심(core), 알맹이, 속, 중심입니다. 제가 활빈교회를 세워서 그때까지 15년 동안 목회를 해오면서 목회의 속과 중심에 은혜로운 그리스도의 복음이 있어야 했는데, 그러지를 못하고 주민조직, 지역 사회개발 같은 것이 속 중심에 있었습니다. 그래서 저의 목회는 생명의 열매, 성령의 열매를 맺지 못하고 죽이고 죽는 비극의 열매를 거두었다고 반성하였습니다.

세번째 아르케의 뜻은 우주 만물의 궁극적 가치, 최고의 가치(ultimate concern)입니다. 따라서 요한복음 1장 1절은 "만물의 궁극적 가치는 진리, 말씀이니라"라는 뜻이기도 합니다. 제 목회의 궁극의 목표, 최고의 목표, 최고의 이상에 생명과 진리의 말씀이 있어야 했는데, 야심과 꿈, 자신의 계획이 거기 있었으므로 아무런 열매를 맺지 못했다고 회개하였습니다.

네번째 아르케의 뜻은 맨처음, 태초(In the beginning)입니다. 우리 성경의 요한복음 1장 1절은 이 네번째 뜻만이 분명히 드러나 있습니다.

저는 그날 소나무 밑에서 이 말씀을 조용히 묵상하면서 그때까지의 빈민선교와 농민선교의 방법을 깊이 반성하면서 제 목회가 생명의 말씀, 그리스도의 진리의 말씀 위에 바로 서있지 못했던 것을 회개하였습니다. 그리고 "이제부터 내 목회는 그 기초에 말씀이 있어야겠다. 내 목회의 가장 속 중심에 은혜의 복음이 있어야겠다. 내 목회의 궁극적 목표는 그리스도를 높이는 것이 되어야겠다. 처음부터 끝까지 예수 그리스도의 말씀이 있어야겠다. 말씀으로 천지를 창조하시던 역사가 나의 목회에 있어야겠다"고 새로운 결심을 하였습니다. 창세기 1장 2절을 읽겠습니다.

"땅이 혼돈하고 공허하며 흑암이 깊음 위에 있고"

하나님께서 천지를 창조하실 때에는 혼돈(chaos), 무질서, 뒤죽박죽이 있었습니다. 그러나 하나님의 말씀이 역사하시면서 무질서가 질서로 되고 무의미가 의미로 바뀌고, 절망이 희망으로, 탄식이 기쁨으로 변했습니다. 말씀의 역사에 관한 제 개인의 간증을 하는 것을 이해하시기 바랍니다.

삶을 바꿔놓은 한 가지 질문

저는 1966년에 대구 계명대학교 철학과를 졸업했습니다. 모교에서 저를 참 잘 봐주어서 저를 조교로 있게 하고, 교비유학생으로 선발해서 학위를 받아오면 모교의 강단에 서라고 하였습니다. 학교에서 유학 보낼 준비를 하면서 한편으로는 제게 철학과 1학년들에게 철학개론을 강의할 시간까지 주었습니다. 그해 5월 경 25세된 어린 조교인 제가 영문과 학생들 교실에 들어가서 철학개론을 열심히 강의하고 있었습니다. 그런데 한 학생이 수업시간 중에 제게 질문을 했습니다. "교수님, 진리가 무엇입니까? 한 마디로 말씀해 주십시오."

저는 기독교 가정에서 태어나 어려서부터 유년주일학교, 중등부, 고등부 회장, 교회 반사, 성가대 등을 하면서 자라났습니다. 교회에 다니고 믿는 것을 당연한 일로 알고 지내왔었습니다. 그런데 대학에 들어가면서 그 신앙을 잃어버렸습니다. 교회를 다니는 것이 지겨워졌습니다. 성경을 읽어도 믿어지지를 않았습니다. 예수님이 물 위를 걸아가셨다는 등 납득할 수 없는이야기들만이 씌어져 있는 것 같았습니다. 그리하여 어려서부터 착실히 지켜왔던 신앙생활이 흔들리기 시작했고, 더욱이 대학에 들어가서 철학을 공부하면서 마침내 신앙을 완전히 잃고 말았던 것입니다. 그렇게 된 다른 하나의 이유는 교회를 다녀보니, 사랑은 말뿐이고 실제는 인정이 메마르고 위선이 심하다고 느껴졌기 때문이었습니다. 이러한 여러 가지 사정으로 똑똑한 청년은 교회를 다녀서는 안된다고 생각하여 교회를 나가지 않게 되었습니다.

그래서 저는 절에 나가기 시작했습니다. 하루는 제가 보현사 주지스님을 찾아가 큰 절을 올리고서 "스님, 제가 부처님의 법을 배우러 왔습니다"라고 말했더니, 어디서 왔느냐고 물으시기에 시내

모대학 철학과를 다니는 학생인데 여태까지 열심히 교회를 다니다가 기독교가 미신이라고 생각되어 그만두고, 부처님의 법이 깊이가 있음직하여 배우러 왔다고 말했습니다. 실제로 철학에서는 불교를 좋아합니다. 그 주지스님이 제 말을 듣고 나서, 참 잘했다고 하시면서 기독교가 국민학교라면 불교는 대학과 같은 것이라고 말해주었습니다. 그리고서 금강경을 주면서 읽으라고 하셨습니다. 그것을 가지고 와서 밤새워 열심히 읽었더니, 무엇인가 깊은 것이 있는 듯했고, 알 듯 모를 듯 무언가 잡힐 것만 같았습니다. 다음날은 또 다른 경을 읽으며 열심히 따라 외웠더니, 제 두상이 법상이어서 크게 법을 깨칠 상이라고 칭찬해 주었습니다.

그럭저럭 제가 불교에 제법 깊이 들어가고 있는 것 같았습니다. 시내 각 대학에서 불교학생회를 조직하고 제가 학술부장을 맡아서 기독대학에서 법회를 열고, 스님을 모셔다가 불교의 설법을 들으면서 열심히 도를 닦았습니다. 여름방학 때는 합천 해인사의 대법당에 들어가 참선을 하고 불경을 공부하면서는 곧 부처가 될 것만 같았습니다.

그러나 다시 속세에 내려오면 고민은 심해지고, 그 무엇도 잡히지를 않았습니다. 그렇게 대학생활을 보내고 있었는데, 그때 유명했던 효봉스님이 입적하시게 되었습니다.

이 효봉스님은 대단하신 분이었습니다. 일제시대에 고등고시를 합격하여 한국인으로서 판사가 되었습니다. 이분이 어느날 재판에서 살인수에게 사형을 선고하였는데 사형이 집행된 뒤에야 그 진범이 잡혔습니다. 당시 젊었던 효봉스님은 자신의 오판으로 무고한 사람을 죽게 한 것에 대하여 심한 충격과 양심의 가책을 받아 판사직을 버리고 삼천리를 유람하였습니다. 그러다가 금강산에서 머리를 깎고 스님이 되셨습니다. 그 뒤 열심히 불도에 정진하여 한국 불교계의 지도자격인 큰 스님이 되셨습니다. 젊은 불제자들은 효봉스님을 아주 존경하였습니다. 그 효봉스님이 입적(운명)하시던 날 아침엔 단정히 꿇어 앉으셔서, "내가 오늘 간다"고 하셔서 밑의 상좌들이 "스님, 몸도 불편하신데 어디 가십니까?"하고 물어보기도 했다 합니다. 그런데 그날 낮에 돌아가셨습니다.

그런데 저한테 문제가 일어났습니다. 그것은 효봉스님이 입적하실 때, 마지막 하신 말씀이 "무(無)"라고 하셨는데, 이 한 마디 말씀을 듣고 같이 불교를 공부하던 친구들이 "야! 큰 스님이 다르다. 확실히 무(無)지 뭐" 하고 모두들 감동했었는데, 저는 성질이 별나서인지 아무런 감동도 받지 못했기 때문입니다. 그래서 이것이 문제가 되기 시작했는데, 아무리 생각해도 무(無)라고 하는 것은 완전히 손해보는 것만 같은 기분이 들었습니다. 사람이 일평생 도를 닦았으면 마지막에 무엇인가를 찾아서 "유(有)"라고 해야 옳을텐데, 아무 것도 없다고 한다면 밑지는 것 아니겠나 하는 갈등이 심하게 일어났습니다. 만약 말 그대로 무(無)라면 도 닦는 것 일찌감치 치워버리고 고기도 먹고, 장가도 가고, 좀 신나게 살다가 갈 것이지, 매일 고사리 먹고 염불하며 고생스럽게 살다가 죽으면서 "무(無)"라는 외마디를 남길 것인가 생각해 보았더니, 이것 안되겠다는 생각이 들었습니다.

이럭저럭 대학을 졸업하고 대학에 남았지만, 기독교 신앙도 떠났고 불교마저 그만 두고 혼자 방황하면서, 철학공부나 하겠다고 이런 책 저런 책 잔뜩 공부만 했지, "이것이 진리이다"라고 인생을 걸고 제가 말할 만한 것이라곤 아무것도 없었던 때에 1학년 학생으로부터 그런 질문을 받았던 것입니다.

제가 가진 진리가 없었기 때문에 다른 사람의 진리를 빌려서 설명해줄 수밖에 없다고 생각되어, 독일의 철학자 중 임마누엘 칸트의 「순수이성 비판」이라는 책의 첫부분에 나와 있는 진리의 정의를 그대로 그 학생에게 설명해 주었습니다. 그러나 그 설명을 다 듣고 난 그 학생이 다시 일어나서 말하기를 "교수님, 그것은 철학자들이 밥먹고 살려고 괜히 어렵게 만들어낸 소리 같습니다. 그런 진리가 내게 무슨 상관이 있겠습니까? 그런 진리 말고, 내가 그것을 위해 살다가 그것을 위해서 죽을 수 있는 진리를 설명해 주십시오" 라고 하였습니다. 저는 커다란 충격을 받았습니다.

사실은 제 자신도 바로 그러한 진리를 찾고자 기독교로, 불교로 찾아다니면서, 방황하고 있었던 터인지라, 솔직하게 저도 그런 진리를 알지 못해서 찾고 있다고 대답하였더니, 다시 그 학생이 "교수님, 철학은 진리를 찾는 학문이라고 전제하고 수업을 시작했는데, 진리를 모르시면서 어떻게 가르치십니까? 종강합시다"하고 말하자, 모든 학생들이 다 웃었지만 저는 아주 당황하고 충격을 받았습니다.

연구실에 돌아와서 동서고금의 철학자들이 쓴 책들이 가득 쌓인 것을 한참 동안 들여다 보면서 생각해 보았습니다. 내가 이 책들을 읽고, 공부하고, 가르치며 평생을 철학교수로 살아간다면, 지금은 몰라도 30년, 50년 뒤에는 내가 그것을 위해서 살다가 그것을 위해서 죽을 수 있는 그러한 진리를 찾을 수 있을까? 지금은 내가 아직 어려서 대답하지 못했다 할지라도 60, 70의 노교수가 되었을 때, 어린 학생들이 "진리란 무엇입니까?" 하고 묻는다면 그때는 칸트 이야기를 하겠나, 공자 이야기를 하겠나, 누구 이야기를 하겠는가를 깊이 생각해 보았습니다. 온갖 생각을 해본 끝에 철학교수직이 보장되다시피했던 저의 인생길을 바꾸기로 하였습니다. 미국에 유학가서 철학박사가 되어 모교에 돌아오는 그 길은 지금까지 철학자들이 걸어온 방황의 길 같이만 느껴졌기에, 내가 살아가야 할 길은 내 인생의 체험을 통해서 진리를 터득하는 길이어야 한다고 생각하여 그러한 길을 모색하기로 하였습니다.

그래서 여름방학이 시작되기가 바쁘게 학교에는 아무런 이야기를 하지 않은 채 대학을 떠나 무작정 서울로 올라갔습니다. '내가 내 인생의 경험 속에서 내 삶의 의미를 한번 찾아보아야지. 내가 아직은 젊으니, 몇 년 더 방황한대도 후회할 것이 없을거다' 이렇게 생각하고 방황길에 나섰던 것입니다. 지금 생각하면 성령의 역사이고 인도였지만 그때는 매우 심각했었습니다.

진리를 찾아 떠난 방황의 길

대구 촌사람이 서울에 올라와서, 서울역 뒤에 있는 만리동 고개 꼭대기에 국민학교가 있었는데, 그 국민학교 담벼락에 앉아서 아이스 케이크 장사를 시작했습니다. 그것을 통해 인생경험을 쌓고, 체험을 통해 제가 한 세상 살아가야 하는 이유와 의미를 터득해 보겠다고 아이스 케이크를 팔게 되었던 것입니다. 그 장사로 돈 모으려는 생각은 아예 하지를 않았기 때문에, 그 가파른 고개에 행상꾼들이 올라오면 불러서 아이스 케이크를 하나씩 권했습니다. 그 더운 날씨에 아이스 케이크를 주면서 쉬어 가라고 했으니, 그들이 얼마나 반가웠겠습니까? 그러다 보니 서로 친해져서 거기를 지나칠 때면 쉬어 가기도 하고, 이야기도 나누면서 많은 친구들이 생겨났습니다.

하루는 제 나이 또래되는 젊은 사람이 손수레에 강냉이를 싣고서 고물수집한다고 그 고갯길을 땀흘리면서 올라오고 있었습니다. 제가 또 그 사람을 불렀습니다. "여보, 이리 와서 아이스 케이크 하나 드시고 쉬어 가시오"그랬더니 제 옆에 앉아서 아이스 케이크를 먹으며 쉬게 되었습니다. 그런데 그 사람이 끌고 다니는 손수레의 강냉이 자루 옆에 독일어로 된 책이 한 권 있는 것이 눈에 띄었습니다. 철학을 전공한 제가 잘 알고 있던 책으로 독일의 마틴 하이데커라는 유명한 철학자가 쓴 「형이상학이란 무엇인가」라는 책이었습니다. 철학자만 보는 전문서적이 어떻게 엿장수의 강냉이 자루 옆에서 굴러다니는가 하는 의아스러운 생각이 들었지만, '아마, 책표지가 아주 좋은 책이어서 빼놓은 모양인가 보다. 내가 아이스 케이크를 많이 주고, 저 책을 얻어야겠구나'하고 생각하였습니다. 엿장수하는 젊은이가 읽을 책은 아닐테니까 말입니다.

그래서 제가 "보시오. 당신 저 하이데커 책 보는 것 아니지요? 내가 아이스 케이크 몇 개 드릴테니 저 책 나한테 선물하시오"라고 했더니, 그 사람이 눈이 휘둥그래지면서 "당신, 이게 하이데커 책인 줄 어떻게 아시오?"하고 묻기에 저는 더 놀라서 "아니, 그러면 당신도 이게 하이데커 책인 줄 알고 갖고 다니시오?" 했더니, 그렇다고 대답하기에 그만 두 사람 모두 함께 놀랐습니다.

그래서 서로 다시 인사를 했는데, 알고 보니 그 친구는 서울대학교 철학과를 나온 사람이었습니다. 졸업 후 시내 어느 여자고등학교에서 독일어 교사를 했었는데, 여고생들이 독일어를 열심히 배우지 않기에 나중에는 흥미가 없어져서 "der, des, dem, den, 될대로 되어라"하고 사표를 내어버리고 나왔다고 했습니다. 다행히 자기는 유산이 좀 있어서 먹고 살기는 어렵지 않아, 인생 수양삼아 엿장수하며 그렇게 다닌다는 것이었습니다. 고물이 들어오면 들어오고, 말면 말고……

두 사람 마음이 얼마나 통했겠습니까? 아이스 케이크통이며 엿장수의 손수레를 그냥 놓아둔 채(설사 누가 줏어간대도 개의할 것이 없었습니다) 함께 대폿집에 들어갔습니다. 왕대폿잔을 앞에 놓고 인생을 논하는데, 그 친구가 말하기를 "내가 이 세상을 한 번 살아가야 하는데, 내가 살아야 하는 존재의미, 어떻게 살아야 하는지의 존재방식을 내게 가르쳐주는 사람이 있으면, 나는 그 사람을 위해 평생 머슴을 살겠다"고 했습니다. 그리고 하는 말이 "머슴은 있는데 주인이 없도다"고 말했습니다. 여러분, 얼마나 심각한 이야기입니까? 그날 우리는 "찾을 길 없는 미지의 주인을 위하여 건배!"하면서 막걸리 잔을 비우고, 불러도 대답없는 주인을 몇 번이고 소리쳐 부르면서 젊은이의 고뇌를 술잔과 함께 나누어 보았습니다.

그렇게 하여 헤어진 후 20년 세월이 가까워오는데, 얼마전 그 친구를 만나보니 그는 아직도 주인을 찾지 못해 방황하고 있었습니다. 저는 그 2년 뒤에 예수님을 주인으로 만나 그 예수님의 머슴되기로 결심하고, 지금까지 예수님의 머슴으로 행복하게 살고 있습니다. 그런데 그 친구는 저보다 훨씬 똑똑하고 유식하고 뛰어났었는데 주인을 찾지 못해 지금도 TV장사를 하고 있습니다.

우리는 예수님을 주인으로 만난 사람들입니다. 예수님을 주인으로 모신 사람들입니다. 그것이 우리에게 얼마나 큰 행복인가를 우리는 알아야 하겠습니다. 주인을 찾지 못한 영혼들이 이 세상에 얼마나 많습니까?

진리의 신을 찾아 간 교회

그날 저녁 그 친구와 헤어진 뒤에 술이 얼근히 취한 채로 아이스케이크통을 둘러메고 어려서 다니던 교회를 문득 생각하였습니다. '어머니는 지금도 나를 목사 되게 해주십사 하고 기도하시는데, 우리 어머니가 믿는 하나님 한번 찾아가 보자'고 마음먹고 교회를 찾아갔습니다.

그날이 마침 수요일이어서 서울역 부근에 돌로 지은 교회를 찾아가 뒷좌석에 앉아서 기도했습니다. "신이시여! 우주를 다스리는 진리의 신이시여! 당신이 존재하신다면 오늘 저녁 저에게 당신의 존재를 알려주십시오. 당신이 있다는 것만 알려주시면 좋은 신이든, 나쁜 신이든 무조건 당신의 머슴이 되겠습니다. 오늘 저녁에 목사님의 설교를 통해서 저에게 나타나 주시옵소서. 방황하는 제 자신이 이제 너무도 괴롭습니다"하고 간절히 기도했습니다. 그리고 목사님의 설교를 정신을 집중해서 기다리고 들었습니다.

그런데 하필이면 그날 목사님의 설교는 건축헌금 내라는 설교였습니다. 그 교회가 건축공사하다가 예산이 떨어졌던가 봅니다. 다윗의 성전건축, 솔로몬의 성전건축 이야기를 장황하게 늘어놓고서 돈낼 것을 요구하고 있었습니다. 가는 날이 장날이라고 제가 얼마나 실망했는지 모릅니다. "하나님이 있는지 없는지 알려줘야 헌금을 할텐데……. 돈 많이 거두어 가지고 좋은 예배당 짓고, 잘 먹고 잘 살아라"하고 나왔습니다.

저는 그때 받은 충격 때문에, 2년 뒤 예수님을 만나고 신학교를 가고, 빈민촌에서 목회를 시작해서 오늘까지 강대상 위에서 돈 이야기한 적이 없습니다. 빈민촌에서 때로는 빈 속에 굶으면 허기진 배를 움켜잡고 물 한 잔 들이키고 설교할지언정, 교인들 앞에 물질 이야기한 일은 없습니다.

설교를 들으려고 모인 영혼들은 진리를 사모해서 자기 가슴 깊은 곳에 불붙여주기를 온 몸으로 요구하는데, 설교자가 집 짓는다, 버스 산다 하면서 헌금내라는 설교만 하면 어떻게 되겠습니까? 이것은 너무도 박자가 맞지 않는 것입니다. 예수님을 바로 알려주기만 하면, 은혜를 깨닫게 해주기만 하면, 진리를 알려주기만 하면 헌금이 문제이겠습니까? 십일조가 문제이겠습니까? 생명까지도 서슴없이 바치는 것이 은혜받은 사람의 본성입니다. 예수님의 은혜를 바로 알고, 진리를 깨달은 사람이 돈을 아낍니까? 생명을 아낍니까? 인생을 아낍니까? 진리를 깨달으면 인생 전체, 목숨까지 바치는 것이 신앙인 것입니다.

신앙은 죽고 사는 문제입니다. 진리를 깨달은 사람에겐 예수님 자신, 진리 자체가 귀중한 것이지, 그 이외의 다른 것은 모두 지나가는 것일 뿐 미련을 갖지 않습니다. 그런데도 예수님 자체, 진리 자체를 깨닫도록 해주지 아니하고 집 짓는다, 버스 산다면서 돈만 내라고 하니, 오늘날의 교회는 외형만 갖추었을 뿐 아무런 힘을 낼 수 없는 것입니다. 이 점에 대해서 우리 교회들이 한번 반성하고 생각을 고쳐야 할 때가 되었다고 저는 생각합니다. 교회마다 물질 이야기만 하니 생각있는 사람들이 교회에 왔다가 발걸음을 돌립니다.

제가 그날 저녁 그 교회에서 실망하고 발길을 돌린 후 다시 2년을 더 방황했습니다. 여름이 지나가자 아이스 케이크가 팔리지를 않았습니다. 그래서 장난감 장사를 했습니다. 긴 막대기에 바람개비나 나팔 등을 달고서 주택가를 다니면서 나팔을 "삐익"하고 불면 아이들이 모였습니다. 모여든 아이들은 장발장 같은 재미있는 동화를 열심히 들려주면 무척 좋아했습니다. 동화가 한참 무르익어 갈 때 이야기를 딱 그치고, "아저씨 배고프니 너희들 이것 하나씩 사라"고 하면 모두들 한 개씩 사 주었습니다. 그것으로 밥 먹고 잠자리를 해결하였습니다. 그런데 가을이 지나고 겨울이 오니, 날씨가 추워져서 아이들이 집 밖으로 나오지를 않았습니다. 안되겠다 싶어서 화장품 장사를 시작했습니다. 쥬리아 화장품 회사에 들어가서 화장품을 팔러 집집을 다녔습니다. 그런 세월을 2년 간 보내었습니다. 마음 속엔 고민과 고통이 생겨나고, 불면증과 위장병에 시달리는 괴로운 나날일 뿐이었습니다.

예수님과의 만남

그러던 어느날 길에서 계명대학 철학과 선배를 만났습니다. 홍응표 형님이었는데, 학교시절부터 열심히 개인전도를 하셨습니다. 학교 시절 제가 도서실에서 열심히 공부하고 있으면, 제게 달려와서 "어! 김 군, 급한 일이 있어. 뒤뜰 잔디밭으로 좀 나와봐"하여 저는 또 무슨 급한 일인가 하여 나가보면 한다는 말이 "김 군, 거듭났나? 예수를 구주로 영접했나?"하고 묻는 것이었습니다. 얼마나 화가 나고 우스웠던지, "형님, 좀 모자라는 거 아니오? 지능지수 60 아니오?"라고 말하면서, 저는 그 선배가 너무도 모자라고 어리석다고 생각하였습니다. 칸트를 공부하고 형이상학을 공부하는 철학도에게 어울리지 않는 우스꽝스러운 이야기를 듣고, 그 형의 지능을 의심하였습니다.

그런데 2년을 방황하는 중에 다시 그 형을 만나게 되었습니다. 저를 만나자 무척이나 반기면서 다방으로 데려갔습니다. 그러더니 또 예수님 이야기를 꺼내는 것이었습니다. "자네 예수를 구주로 믿는가?" 하고 묻기에 "선배님, 여전하십니다" 그랬더니, "내야 이것 아니면 죽지"하고는, "나는 자네에게 예수님을 소개하고 싶은 뜨거운 열심이 있다네. 자네가 오해만 하지 않고 일주일에 한 번 나하고 예수님 이야기를 하는 것을 허락한다면, 한 달 생활비를 주겠네"라고 말했습니다. 그 선배는 전도하는 데 그렇게도 열심이었습니다.

저는 그 선배의 성의가 너무 고마워서 68년 여름부터 한 주일에 한 번씩 만나서 성경공부를 하기로 하였습니다. 맨 처음에 로마서를 공부하였습니다 .우리말 성경, 영어 성경, 그리고 독일어 성경을 갖다 놓고, 일본의 유명한 성경학자 내촌감삼(內村鑑三)이라는 분이 쓴 「로마서 강해」를 읽으면서 로마서를 공부하였습니다. 어느덧 여름이 가고, 가을도 지나고, 초겨울에 접어들었습니다. 68년 12월 4일이 되었는데, 그날 저녁엔 또 한 분의 계명대학 선배 최광수 형이 찾아왔습니다. 그래서 우리 세 사람이 함께 성경공부를 하게 되었는데 그날은 에베소서를 읽을 차례였습니다.

그런데 에베소서 1장 7절을 읽을 때에 제 영혼이 예수님을 만났습니다. "우리가 그리스도 안에서 그의 은혜의 풍성함을 따라 그의 피로 말미암아 구속 곧 죄사함을 받았으니 ……"라는 에베소서 1장 7절 말씀은 제가 예수님을 만나고, 제 영혼이 구원함을 받고, 생명을 얻게 한 굉장한 말씀입니다. 그 두 분 선배님과 이 말씀을 한 번 읽고 지나갔는데 제 눈 앞에 무엇이 번쩍했습니다. 그래서 이 말씀을 두번째 다시 읽었습니다. 그때에 제 눈에서 비늘이 떨어지고, 제 머리에 지진이 일어났습니다. 제 영혼이 혁명을 체험한 것이었습니다. 예수님께서 2000년 전에 십자가에서 흘리신 그 피로 말미암아 제가 구속 곧 죄사함을 이미 받았다고 했습니다.

이 말씀이 저를 뒤집어 주었습니다. 인생에 무슨 의미가 있느냐? 그 존재의미를 찾겠다고 그토록 헤매고 다녔는데, 철학 속에서도, 자신 속에서도, 방황 속에서도, 시장의 밑바닥에서도 찾을 수 없었던 삶의 그 의미를 제가 미신이라고 내어던져 버렸던 예수님의 성서 안에서, 예수님 안에서, 그리스도 안에서 삶의 참 의미가 있다는 것을 그때 깨달았던 것입니다.

'예수 안에서'라는 말은 사도 바울의 주제(Key Word)입니다. 사도 바울은 모두 6장으로 된 이 에베소서에서 37번이나 반복해 가면서, '그리스도 안에서', '예수 안에서', '그 안에서'라고 거듭거듭 강조하였습니다. 저는 그날 저녁 이 말씀을 통하여 예수 그리스도 안에서 제가 살아가야 할 의미, 진리, 생명이 있음을 깨닫게 되었습니다. 그 은혜의 풍성함을 따라, 2000년 전에 흘리신 그 피로 말미암아 제 허물과 죄, 고뇌와 방황을 이미 해결해주셨음을 믿게 되었습니다. 저의 방황과 고뇌의 밑바닥에는 죄가 있었던 것입니다. 그런데 저의 이 죄가 예수님께서 십자가에서 흘리신 피로 인하여 모두 사함을 받고 이미 해결되어 버린 것을 이 말씀을 통해서 분명히 깨닫게 되었습니다.

그토록 명확하고 분명한 것을 제가 어려서부터 교회를 다녔으면서도 모르고 있었다니……, 너무도 감격했습니다. 온 우주보다 예수님이 커져 버렸습니다. 그리고 예수님 안에서 안식의 몸으로 이미 들어와 있는 저 자신을 알게 되었습니다. 그래서 그날 저녁 제가 "내 죄 사함 받고서 구주를 안 뒤 나의 모든 것 다 변했네. 지금 나의 가는 길 천국길이요 주의 피로 내 죄를 씻었네. 나의 모든 것 변하고 그 피로 구속받았네. 하나님은 나의 구원 되시오니 내게 정죄함 없겠네"라는 찬송가를 수십 번 불렀습니다. 얼마나 감격스러웠던지 모릅니다.

다음 날 아침 일어나 밖에 나가보았더니 나뭇잎마다 예수님의 은혜를 말해주는 것 같았습니다. 보는 사람의 얼굴이 모두 천사의 얼굴처럼 보였습니다. 그리고 사람을 만날 때마다 '저 사람은 예수를 만났는가? 저 사람의 영혼은 어떻게 되었는가' 하는 생각이 들었습니다. 그리고 뜨거운 사명감을 느껴 신학교에 들어갔습니다. 한편 예수님께서 저를 위해서 돌아가셨는데, 저도 예수님을 위해서 무엇인가 조금은 해야만 되겠다고 생각하였습니다. 예수님께서 가난한 사람들에게 아름다운 소식을 전하라고 하셨으니, 나도 빈민촌에 들어가 무엇이든 해보자, 활빈교회를 세우자, 그렇게 결심함으로써 무의미했던 삶에서 의미를 찾게 되었습니다.

말씀으로 변화된 한 부부의 이야기

창세기 1장 1-2절 말씀을 다시 읽겠습니다.

> "태초에 하나님이 천지를 창조하시니라 땅이 혼돈하고 공허하며
> 흑암이 깊음 위에 있고"

이 말씀은 단순하지만 의미가 너무도 깊습니다. 혹시 여러분의
심령과 가정에 혼돈과 무질서, 뒤죽박죽되어 있지 않습니까? 갈
길을 알지 못하고 여러분의 영혼이 방황하고 있지 않습니까? 예
수님을 만나서 질서와 은혜를 깨닫게 되기를 바랍니다. 여러분의
삶이 의미가 없어서 고통당하고 있지 않습니까? 살아계신 예수님
을 만나서 의미가 충만한 인생이 되기를 바랍니다.

한번은 제가 설교했더니, 이를 녹음한 테이프가 많이 보급되었
습니다. 많은 성도님들이 제 테이프를 잘 들어 주십니다. 그래서
어떤 성도님은 제 간증을 저보다 더 잘 알고 계시기도 합니다. 제
가 간증하는 것을 듣고서 순서가 바뀌었다느니, 또는 어떤 것이 빠
졌다고 말하기도 합니다. 그런데 한번은 낯 모르는 어떤 중년 부부
가 저를 찾아와서 눈물을 글썽이며 감사하다고 식사를 대접하겠다
고 하였습니다. 제가 어리둥절해서 어떻게 된 것이냐고 물어보았
더니 다음과 같은 이야기를 들려주었습니다.

그들 부부는 지난 해 이맘 때 한 집에 같이 살아도 남남처럼 1년
동안이나 서로 다른 방을 쓰면서 원수같이 지냈답니다. 그렇게 보
기 싫고, 손해본 것 같기만 하고, 딴 방을 써도 시원치 않고, 도저
히 더 이상 견딜 수가 없어서 합의이혼하기로 결심하고, 이혼서류
를 갖추어 차를 타고 구청으로 가는 길이었습니다.

이혼하기로 마음먹고 도장 찍으러 가는 판에 대화가 있을 리 없

고, 그러니 얼마나 따분하고 분위기가 어색하겠습니까? 그래서 말하지 않고 시간을 보내려고 그 전날 친구가 갖다준 카셋트를 남편이 틀었더니 설교가 나오는데, 그것이 마침 제가 한 설교였습니다. 차를 타고 가면서 그 설교를 듣고서 울기도 하고 웃기도 하면서 구청 앞뜰까지 갔었는데, 거기에 차를 세워놓고 남편이 하는 말이 "우리 이왕 도장 찍으러 온 것, 이 설교나 다 듣고 들어갑시다" 했고, 그 부인이 "좋습니다"고 했답니다. 설교를 다 듣고 나서 남편이 한숨을 쉬더니, "여보, 내가 당신한테 너무 잘못한 것 같애. 우리가 이 지경이 된 것이 모두 내 탓인 것 같애. 우리 다시 한 번 시작해봅시다. 도장 찍는거야 언제든지 할 수 있지 않소? 그러니 다시 한번 노력해 보고 그래도 정 안되면 그때 헤어집시다"라고 하였답니다. "나도 그 말하고 싶었는데, 자존심 때문에 말하지 못했는데, 좋습니다"라고 그 부인이 대답했고, 두 사람은 이혼서류를 그 자리에서 모두 찢어버렸습니다. 그러면서도 속으로 '필요하면 까짓 것 간단히 만들 수 있어'하고 중얼거렸답니다.

그 길로 돌아와 연애하던 때의 마음으로 다시 시작했는데, 그렇게 서로가 귀하게 여겨지고, 약점도 이해가 되어 "저 약점 때문에 내가 필요한 것 아닌가?"라는 생각이 들게 되었더랍니다. 부부관계가 그렇게 변하니, 눈치만 보며 기가 죽었던 두 아이들도 기분이 좋아서 토끼처럼 뛰놀며 좋아하고, 그동안 나가지 않던 교회에도 나가기 시작하니, 그 뒤 얼마나 행복해졌는지 모른다면서 저를 만나자 고맙다고 식사를 대접하는 것이었습니다.

말씀이 들어가면, 그리스도가 들어가면 절망이 희망으로, 무의미가 의미로, 무질서가 질서로 변화되는 것입니다. 여러분의 삶에, 가정에 예수 그리스도를 영접하시고 이같은 변화가 일어날 수 있기를 바랍니다.

인간을 만드신 이유와 목적

창세기 1장 27절 말씀을 읽겠습니다.

"하나님이 자기 형상 곧 하나님의 형상대로 사람을 창조하시되
……."

하나님께서는 인간을 창조하실 때 하나님의 형상대로 창조하셨
다고 했습니다. 이것이 우리들에게 무엇을 말해 주고 있습니까?
인간은 근본에 있어서 하나님의 모습대로 창조되었기 때문에 어떤
인생, 어떤 영혼도 하나님의 모습을 자기 영혼에서 되찾기 전에는
절대로 행복해질 수 없다는 사실입니다. 인간은 아무리 외적인 조
건을 모두 갖추었다 할지라도, 명예와 지위 그리고 재물 등 모든
것을 갖추었다 할지라도, 인간 본연의 모습인 하나님의 형상을 자
기 영혼에서 되찾기 전에는 절대로 안식할 수 없습니다. 아무리 높
은 사람, 아무리 존귀한 사람이라 할지라도 예수님이 없으면, 그의
뜻을 따라 살지 아니하면 불행해질 수밖에 없습니다. 아무리 밑바
닥에 떨어진 인생이라도, 버림받고, 조롱받고, 멸시를 당하고 있
을지라도 예수님을 만나면 새롭게 되고, 참다운 화평과 행복을 얻
을 수 있는 것입니다.

하나님께서 인간을 자기 모습대로 창조하신 위에 인간에게 무엇
을 주셨습니까? 창세기 1장 28절 말씀에 "복을 주시며 ……"라고
했습니다. 이 말씀이 중요합니다. 왜 하나님께서는 인간을 창조하
셨습니까? 인간을 만드신 이유와 목적이 무엇입니까? 하나님께
서는 인간에게 복을 주시려고 인간을 창조하셨다고 했습니다. 하
나님께서 인간을 창조하신 뒤에 가장 먼저 주신 것이 축복이었습
니다. 이것이 왜 중요합니까? 우리가 예수 믿는 것은 행복에의 지

름길임을 가르쳐주고 있기 때문입니다. 예수를 믿으면 가정이 행복해지고, 하나님께서 본래 우리에게 주셨던 그 축복과 행복을 다시 받을 수 있게 됩니다.

그런데 우리 나라의 교인들은 신앙을 너무 율법화시켜 괴롭게 믿고 있습니다. 예수 믿는 것은 즐겁고 행복하고 멋진 인생을 누리는 것인데, 무언가 잘못된 기준 위에서 신앙생활을 하고 있으니, 예수 믿는 것이 힘들어지고 어렵게 되어 너무너무 어려워졌습니다. 얼마나 애석하고 통탄스러운 일이겠습니까?

제 신학교 동기 중의 한 분이 목회를 하는데 새벽기도회를 하루에 두 번 한다고 했습니다. 왜 그러느냐고 했더니, 새벽 4시 반에 나오지 못하는 사람을 위해서 5시 반에 한 번 더 한다고 아주 자랑스럽게 말했습니다. "전 교인 새벽기도 출석!"하고 독려하면 멀리서 택시를 타고 오는 등 야단이라고 하기에, 듣고 나서 제가 "야! 너희 교회 교인들 불쌍하다, 불쌍해. 신앙 좋고 동시에 새벽잠 없는 사람들은 새벽기도회에 나오게 두더라도, 신앙이 적거나 새벽잠 깊은 사람은 푹 자도록 둘 일이지, 무얼 그렇게 새벽기도를 깡다구로 두 번씩이나 하느냐?"고 했더니, 그 친구 한다는 말이 교인들을 꽉 잡아매어야 한다고 주장했습니다.

성경 66권에 교인들 꽉 잡아매란 말이 어디 있습니까? 반대로 확 풀어놓으란 말은 있습니다. 그렇지 않습니까? 예수님께서 마태복음 11장 28절에서 무어라고 했습니까? "수고하고 무거운 짐 진 자들아, 다 내게로 오라. 내가 너희를 푹 쉬게 하리라"고 하지 않았습니까? 여기 '푹'자는 원래 없습니다마는 제가 넣었습니다. 아마 예수님의 본 뜻도 '푹'자를 넣고 싶어하셨으리라고 짐작합니다. 예수님 안에서 안식하고 삶을 즐기고 행복해지는 것이 인간창조의 근본이고 복음의 내용인 것입니다. 여러분, 이것이 아니라면

복음, 복된 소식이 무엇이 되어야 하겠습니까?

제가 예수를 게으르게 믿자고 말하는 것은 아닙니다. 제가 게으르게 예수 믿자고 주장할 것 같으면 15년 동안 그렇게 험한 목회의 길을 걸어오지 않았을 것입니다. 게으르다는 것과 행복스럽고 쉬운 것과는 질적으로 차이가 있고, 근본적으로 다른 것입니다. 복음에 접근하면 할수록 신앙생활은 즐겁고 쉽고 행복해지는 것입니다. 왜 신앙생활을 억지로 율법적으로 눈치보면서 까다롭게 해야 합니까? 그렇게 해야 할 이유가 어디 있습니까? 그것은 예수님께서 우리를 위하여 이루어놓으신 구원에 대한 확실한 깨달음이 없기 때문입니다.

복음은 무엇인가?

이사야서 53장 4-5절 말씀은 구약의 요한복음 3장 16절이라고 부릅니다. 어느 성경학자는 요한복음 3장 16절과 이사야서 53장 4-5절, 이 두 구절만 있으면 성경책이 없어져도 기독교는 무너지지 않는다고 말하였습니다. 이 말씀은 복음 중에서도 예수님께서 이루어놓으신 구속사실의 핵심이라고 말합니다. 이사야서 53장 4-5절 말씀을 읽겠습니다.

"그는 실로 우리의 질고를 지고 우리의 슬픔을 당하였거늘 우리는 생각하기를 그는 징벌을 받아서 하나님에게 맞으며 고난을 당한다 하였노라 그가 찔림은 우리의 허물을 인함이요 그가 상함은 우리의 죄악을 인함이라 그가 징계를 받음으로 우리가 평화를 누리고 그가 채찍을 맞음으로 우리가 나음을 입었도다."

중요한 말씀입니다. 이것이 왜 복음 중의 복음입니까? 예수님께서 우리의 질병과 고통을 지셨습니다. 예수님께서 우리의 슬픔을 당하셨습니다. 이를 믿으십니까? 믿는 우리에겐 기쁨만 남아 있습니다. 슬픔은 예수님이 모두 지고 가셔서 끝났습니다. 과거완료입니다. 이제 우리에게 남은 것은 기쁨과 축제뿐입니다. 그래서 교회는 초상집이 아니라 결혼하는 잔칫집과 같다고 합니다. 또 예수님께서는 찔림을 당하고 죄악을 지셨습니다. 그래서 우리의 허물과 죄가 없어지고 용서함을 받았습니다. 누구에게 그렇게 이루어졌습니까? 믿는 사람에게입니다. 조건은 단지 이 한 가지입니다. 믿는 사람에게는 그 죄가 모두 이미 해결되어 버렸다고 하였습니다. 여러분, '아멘'하십니까? 여기에 '아멘' 하는 것을 거듭났다고 하고, 성령 받았다고 합니다.

예수님께서는 다시 징벌을 받으셨습니다. 그래서 하나님과 우리 사이에 평화가 이루어졌습니다. 옛날에는 죄 때문에 원수로 지내왔었는데, 예수님께서 피흘려 돌아가심으로써 원수였던 관계를 화해시키시고 평화를 주셨습니다. 그래서 믿는 사람들이 가는 곳마다 평화를 만들어내는 것입니다. 마태복음 5장의 여덟 가지 복 중에, 평화를 만드는 자는 복이 있고 하나님의 아들이라 일컬어진다고 하였습니다. 그리스도인들은 평화를 만드는 사람들입니다. 예수님께서는 다시 채찍에 맞으셨습니다. 그래서 우리를 다 낫게 해주셨습니다.

우리 교단에 한 선배 목사님이 40일 금식기도를 하셨는데, 40일 금식기도를 마치시고 그 다음날 돌아가셨습니다. 그래서 그 교회 교인들이 무척이나 슬퍼하였습니다. 저는 그 이야기를 듣고서 '그 참 이상하다, 40일 금식을 성공했는데, 바로 다음날 돌아가셨다니 참 애석한 일이다. 왜 40일 금식했을까? 예수님께서 40일 금식을 다 해주셨는데, 힘도 별로 없으면서 뭘 재탕하다가 죽었을까?'하는 생각이 들었습니다.

40일 금식이 좋지 않다는 것이 아닙니다. 할 만한 능력과 체력이 있으면 하는 것이 얼마나 좋겠습니까? 그러나 무리하게 욕심내어 하다가 다음날 죽을 짓은 하지 않는 것이 좋습니다. 그것이 순교입니까, 무엇입니까? 40일 금식하고 그 다음날 죽은 분은 주님 앞에 가서 칭찬을 듣겠습니까? 제 생각은 반대입니다. 주님께서 "야! 어찌 그렇게도 생각이 모자랐느냐? 내가 40일 금식기도를 마치고 사탄의 시험도 다 물리쳐 놓았는데, 너는 내가 준 복음을 양들한테 전하기만 하면 되었을 것을, 그것을 모르고 왜 굶다가 죽어 왔느냐?"하시면서 꾸지람하실 것으로 믿습니다. 물론 비유로 말씀드린 것으로, 40일 금식기도 자체를 반대하는 것은 아닙니다. 있지도 않는 율법을 스스로가 만들어 억지로 지키는 것이 복음입니까? 아닙니다. 그것은 율법이 될 수는 있어도 복음은 아닙니다.

저는 1년에 꼭 한 번 금식합니다. 제 자신과 목회를 위해서 금식하는데 10일 이상 하지 않습니다. 10일 이상 하니 배고파서 못하겠습니다. 그래서 제 믿음에는 열흘이 적당하다고 생각합니다. 우리 교인들이 금식하겠다고 하면 저는 열흘 이상은 못하게 합니다. 5일이나 7일 정도로 하라고 제가 권합니다. 또 욕심내지 말고 처음 한다면 3일 정도가 알맞겠고, 그 다음엔 5일 정도 하는데, 3일이든 5일이든 첫날 기도응답 받으면 그것으로 끝내라고 말합니다. 예수님께서 응답하셨는데 더 굶을 것 없다고 저는 가르칩니다.

어떤 부흥사님이 이력서에 쓰기를 40일 금식기도 3회라고 써 놓았기에 저는 '별것 다 써놓았네. 그것보다야 '항상 잘 먹음'이라고 써두는 것이 훨씬 좋겠다'고 생각했습니다. 여러분, 복음이 무엇입니까? 그것은 예수를 믿기 때문에 우리의 인생, 가정, 삶이 행복하고, 즐겁고 멋지게 나가는 것입니다. 그리고 이 사회, 이 역사를 바로 잡아주는 것입니다. 그것이 복음 아니겠습니까?

행복동 7번지

창세기 2장 8절 말씀을 보겠습니다.

"여호와 하나님이 동방의 에덴에 동산을 창설하시고 그 지으신
사람을 거기 두시고"

하나님께서는 인간을 창조하시고 축복하신 뒤에 에덴 동산을 만
들어 살도록 해주셨습니다. 에덴 동산의 '에덴'이란 말의 뜻은 '행
복'이라는 뜻입니다. 에덴이라는 말 자체가 행복입니다. 얼마나
중요한 뜻입니까?

우리 활빈교회의 15년 역사를 서울 할렐루야교회의 집사이신 나
연숙 씨가 드라마로 썼습니다. 그리하여 KBS에서 「고향」이라는
제목으로 일일연속극을 만들어 방영하였습니다. 그때 작가 나연숙
집사님이 드라마를 쓰기 전에, 현지에 찾아와서 우리 교인들과 함
께 예배도 드리고 여러 사람을 만나 이것 저것 상세히 물어서 각
배역의 성격을 설정하고, 온갖 자료와 정보를 얻어서 돌아갔습니
다.

그래서 첫회가 방영되자 우리 교인들은 연속극으로 나오는 자신
들의 지난 날 이야기에 특별한 관심을 갖고, 예배 마친 후에 함께
모여서 보았습니다. 그런데 활빈교회의 역사가 실제로 시작되었던
지역은 청계천 판자촌 송정동이라는 곳이었는데, 그 드라마에서는
행복동이라는 동네이름으로 나왔었습니다. "어떻게 해서 행복동이
라는 이름을 붙였을까? 우리가 사는 것이 행복해 보였나?"하며
우리 교인들이 궁금하게 생각하였습니다. 나중에 제가 작가한테

물어보았더니, "목사님, 제가 남양만에 가서 목사님과 교인들을 만나뵈었을 때, 가난하지만 예수님을 모시고 행복하게 사는 것을 보고 내 작품의 동네 이름을 행복동이라고 지었습니다"라고 하였습니다. 그래서 제가 "그것이 바로 에덴동산이라는 말과 같은 뜻이란 것을 아셨습니까?" 했더니, 몰랐다고 대답하였습니다.

에덴동산은 바로 행복동인 것입니다. 예수 믿는 사람의 주소는 행복동 7번지입니다. 무슨 시, 무슨 구, 무슨 동, 하는 것은 육신이 사는 주소이고, 예수를 믿는 우리들이 영으로 사는 주소는 자세히 말씀드려서 '은혜도 신앙군 안식면 행복동 7번지'라고 합니다. 이것이 복음을 깨달은 사람의 주소인 것입니다. 반면에 예수님을 알지 못하는 사람들의 주소는 '살기도 괴롭군 죽으면·편하리'입니다.

행복한 신앙을 위한 세 가지 조건

여러분, 신앙이 무엇입니까? 신앙이란 자기를 행복하게, 또 가정을 행복하게 하는 것입니다. 하지만 여러분이 꼭 알아야 할 한 가지가 있습니다. 에덴동산에서 우리 조상들이 그냥 놀면서 행복을 누렸던 것이 아니라는 사실입니다. 에덴동산이 행복한 동산이 되려면 다음 세 가지 조건을 갖추어야 됩니다. 이것을 알지 않고서는 신앙생활의 행복을 누릴 수가 없습니다. 오늘 우리의 가정이나 교회가 에덴동산의 삶을 누리려면 옛날 에덴동산에 있었던 세 가지 조건을 반드시 갖추어야 되는 것입니다.

1. 올바른 관계

그 첫번째 조건은 '올바른 관계'입니다. 올바른 관계란 하나님과 나 사이, 나와 이웃 사이, 나와 자식, 나와 아내 또는 나와 남편과의 관계로서 이것이 바르고 옳게 되어야만 에덴동산이 될 수 있는 것입니다. 이러한 관계가 삐뚤어지고 하나님과 나 사이가 죄로 가로막히게 되면 인간은 불행해질 수밖에 없습니다. 그래서 하나님께서 타락한 인간에게 맨 먼저 물으신 역사적인 질문이 창세기 3장 9절에 있습니다.

　　"여호와 하나님이 아담을 부르시며 그에게 이르시되 네가 어디
　　있느냐?"

죄를 짓고 숨어 있던 아담에게 물으시기를 "네가 어디 있느냐?"라고 하셨습니다. 즉 하나님과의 관계를 물으신 것입니다. 하나님과 바른 관계에 있지 않으면 에덴동산은 있을 수가 없습니다.

하나님과의 관계가 제대로 된다 하여 그것으로 끝나는 것은 아닙니다. 또 하나의 관계가 더 있습니다. 하나님께서 인간에게 물어보셨던 두번째 질문이 창세기 4장 9절에 있습니다.

　　"여호와께서 가인에게 물으시되 네 아우 아벨이 어디 있느냐?"

하나님께서는 아우 아벨이 어디 있느냐고 물으셨는데, 이것은 인간관계를 말하고 있습니다. 올바른 이웃 관계, 올바른 인간관계가 깨어지면 성령의 역사는 멈추고 맙니다. 오늘날 교회에서 일어나는 문제 중의 많은 부분이 바로 이 문제, 즉 하나님과 나와의 관계만을 너무 내세워 인간관계를 소홀히 해버린 탓으로 일어나고 있습니다.

저는 어려서 경북 청송의 한 조그마한 마을에 있는 북동교회에서 자라면서 한 가지 설교를 잘못 들은 것이 있습니다. 시골 목사

님이 설교하시기를 "천국이 어디 있느냐? 하나님의 나라는 너희 속에 있느니라"고 하셨는데, 우리말 복음서에 기록된 그대로 '너희 속에'란 뜻으로 잘못 들었습니다.

그러나 신학교에 가서 그 본문을 원전으로 공부해 보고서 너무도 잘못된 해석임을 깨달았습니다. '너희 속에'는 'in your heart'가 아니라 'among you'였습니다. 즉 하나님의 나라는 교인 한 사람, 한 사람의 심령 속이 아니라 교인과 교인 간에, 목회자와 교인 간에, 아내와 남편 사이, 부모와 자식 사이 등 사람과 사람 간의 관계에 있다는 것입니다. 예수님께서는 하나님의 나라가 함께 모여, 함께 신앙고백하고, 함께 살아가고, 함께 용서하고, 함께 즐기는 그 인간관계 속에 있다고 말씀하신 것입니다.

우리는 신앙을 너무 하나님 앞에서만 주장하고 인간관계를 무시하고 있습니다. 하나님과 나와의 관계를 바로 세우고, 나아가 나와 이웃 간의 관계도 올바로 세움으로써 여러분의 가정과 삶이 에덴동산같이 되시기를 바랍니다.

2. 축복된 땅

에덴동산의 두번째 조건은 '축복된 땅'입니다. 에덴동산은 축복된 땅입니다. 그래서 예수 믿는 사람에게는 조국이 중요한 것입니다. 우리가 사는 나라와 민족이 축복되지 않고서 예수 믿는 사람들만이 행복해질 수는 없습니다.

한국 기독교는 한 가지 약점이 있습니다. 즉 민족정신이 희박합니다. 한국 기독교는 서구 선교사 밑에서 자라면서 불행하게도 민족애와 애국심이 결여되어 버렸습니다. 우리 기독교는 3·1운동 이전까지만 해도 민족운동의 중심세력이었는데, 해방 이후로는 이상하게도 민족정신이 희박해졌습니다.

복음은 국경이 없습니다. 그러나 예수 믿는 사람에게는 조국이 있는 것입니다. 자기 민족에 대한 사랑과 애국심이 없는 교인은 복음 자체에도 충실하지 못한 것입니다. 분명히 복음은 국경이 없고, 온 인류의 구원입니다. 그러나 기독교인에게는 자신의 조국이 있고, 섬겨야 할 민족이 있습니다. 우리 교회는 이 나라와 이 민족의 장래를 책임져야 합니다. 나라의 장래와 역사는 교회가 책임지고 올바로 이끌어야 합니다. 교회가 역사와 장래를 책임지고 길을 말하지 않는다면, 우리 나라는 그 어디에 희망을 걸 수 있겠습니까? 그러므로 우리 교인은 민족의 희망이라는 책임의식을 갖고 민족에 봉사하고 백성을 섬겨야 할 것입니다.

지난번 선교 100주년 기념대회 때의 일입니다. 100억 원의 예산을 들여서 행사를 하면서, 빌리 그래함 목사를 모시고 100만 명이 집회하고, 100주년 기념회관 짓고 또 이러저러한 사업을 한다기에 우리 젊은 목사들이 선배 목사이신 어르신네들을 찾아갔습니다.

"100주년 기념대회라는 것이 교회만의 잔치가 아니고 이 백성, 이 민족의 잔치인데, 100억 예산을 들여서 빌리 그래함 목사 모시고 와서 100만 명 모아 집회하고 집짓는 것으로 끝내지 맙시다. 현찰 100억 원이 적습니까? 정말 엄청난 돈인데, 한 10억만 들여서 행사합시다. 그래서 나머지 90억 원을 절약하여 노동자들에게 복음 전하는 일, 농민들에게 예수님이 희망임을 전하는 일, 빈민들에게 예수님의 사랑을 전하는 일에 씁시다. 이 좁은 땅덩어리에 사람밖에 없는데, 사람 키우는 데 그 돈을 씁시다"하고 말씀드렸더니, 그 어르신네들이 "이 사람들아, 100주년이 또 오는가? 가면 다시 안 오는데……"라고 하시기에, "가면 다시 오지 않으니, 성대하게가 아니라 뜻깊게 치루어야 하지 않겠습니까?"라고 다시 말씀 올렸지만, "이 모든 것이 한국 교회를 위해서 하는 일이지, 어디 우리 위해서 하는 일인가? 우리가 이렇게 해두면, 자네들 대에서 잘 해 보게"하셨습니다. 우리들 대에서 잘 하려 해도 100주년은 지나가고, 200주년까지는 살 수 없습니다. 도대체 대화가 되지 않았습니다. 얼마나 답답하고 속이 탔던지 돌아나오면서 어찌할 바를 몰랐습니다.

민족의 잔치에 빌리 그래함 목사는 왜 모셔와야 합니까? 민족의 잔치에 아직도 남의 힘을 빌리고 미국인 목사의 설교를 들어야 합니까?

100년 복음역사에 세계적으로는 그렇게 유명하지 않더라도 얼마든지 자랑스러운 주님의 참된 일꾼들이 있습니다. 강원도 탄광에 가면 막장에서 석탄가루 마시면서 복음 전하는 목사님이 있습니다. 낙도에 가면 서울대학교에 대학원까지 나오고도, 빗물 받아 먹고 고구마 말린 것 먹어가면서 복음 전하는 목사님이 있습니다. 공장에 들어가서 노동자들과 함께 밤일하며, 라면 삶아 먹으면서 예수님 전하는 목사님 등, 자랑스런 주님의 일꾼이 이제 우리들에게도 얼마든지 있는 것입니다. 이러한 분들 중에 몇 분을 강사로 모셨으면, 우리가 얼마나 떳떳하고 자랑스럽고 좋았겠습니까? 그래서 "천만 성도가 예수님의 이름으로 단합합시다"하고 나갔더라면, 교회에 다니지 않는 백성들까지도 우리 교회를 신임하고, 의지하고, 지지하였을 것인데, 미국인 목사를 왜 초청한단 말입니까? 예수 믿는 사람이라면 민족의 얼이 있고, 배알이 있고, 뚝심이 있어야 하지 않겠습니까?

이제 한국 땅에도 인생을 걸고, 생명을 걸고, 뜻이 있는 복음을 전하는 목사들이 얼마든지 있는데, 그리고 이제는 한국 교회가 세계를 향해 뻗어나가야 할 때가 되었는데도, 아직도 정신 못 차리고 미국 목사 모셔와야 일이 되는 줄로 착각하고 있으니, 얼마나 한심하고 답답하고 속이 터집니까? 사람들 속에, 백성들 속에 예수 그리스도의 진리를 심고, 살아있는 사람들 속에 살아있는 교회를 건설하고, 역사를 만들며 책임지는 성숙된 교회가 되어야 하지 않겠습니까? 그래야만 축복된 교회가 되지 않겠습니까? 축복된 땅은 에덴동산이 이루어지는 중요한 조건입니다.

3. 보람있는 일

세번째의 조건은 '보람있는 일'입니다. 사람이 살아가는 데는 뜻있는 일이 있어야 합니다. 돈 있다고 행복합니까? 옛날부터 땀 흘려 일하지 않고 살아가는 사람을 불한당이라고 불렀습니다. 사람 취급을 하지 않았습니다. 인간은 자기가 보람을 거는 일에 땀흘리고 살아야만 행복해질 수 있습니다.

옛날 에덴동산에서는 나무 그늘 아래 앉아 먹고 놀았던 것으로 알면 큰 오해입니다. 그것은 성경을 잘못 보신 것입니다.

창세기 2장 15절 말씀에 "여호와 하나님이 그 사람을 이끌어 에덴동산에 두사 그것을 다스리며 지키게 하시고"라고 기록되어 있습니다. 하나님께서는 에덴동산을 다스리고, 지키고, 경영하고, 관리하는 일을 사람에게 맡겼습니다. 하나님께서는 우리에게 복을 주시되 그 복을 관리하라고 하신 것입니다. 우리에게 주신 축복을 우리는 지키고, 다스리고, 키우며 관리해야 합니다. 그래서 우리 삶이 행복해지면 열심히 하나님과 이웃을 섬기고 봉사함으로써 이 축복과 행복을 지켜가야 할 것입니다.

제가 빈민선교를 오래하면서 무척 가슴 아프게 느끼는 것은 빈민촌 사람들은 관리할 줄을 모른다는 것입니다. 다스리고 지켜서 관리해야 하는데 무엇이든 망해 버리고, 떨어먹어 버립니다. 망하는 데 이력이 난 전문가들입니다.

주신 축복을 관리하고 다스리지 못하는 사람은 그 축복을 누릴 자격이 없습니다. 인간이 에덴동산의 행복을 누리려면 보람있는 일을 하면서 이를 다스리고 관리하여야 합니다. 에덴동산의 축복은 관리함 없이는 지켜지지 않습니다. 인간은 하나님이 주신 여러 가지를 관리하여야 합니다.

먼저 우리는 건강을 관리해야 합니다. 늦잠 자고 허랑방탕하다가 몸 망치고 병든 후에 목사를 찾아와서 안수기도 해달라고 합니다. 그래가지고 되겠습니까? 건강은 평소에 관리해야 합니다. 식사 관리하고 수면 관리하는 등 건강을 관리해야 합니다.

그리고 우리는 재물을 관리하여야 합니다. 하나님께서 주신 재물을 관리하지 못하면 하나님께서는 그 재물을 거두어 가십니다. 관리하지 못하는 자에게 재물의 축복을 주시지 않습니다.

청계천에서 넝마주이할 때의 일입니다. 어느날 새벽 기도를 마치고 넝마주이를 나갔습니다. 교회 청년 한 사람을 데리고 뚝섬 쪽으로 길을 나섰는데, 가로등불 밑에 보니 조그마한 자루가 하나 길에 떨어져 있었습니다. "이사람아, 저것이 무슨 자루인가 가보게" 했더니, 그 젊은이가 달려가 그 자루를 열어보았습니다. 그것은 놀랍게도 현찰이 잔뜩 든 돈보따리였습니다. 이것을 보더니 깜짝놀라며 갑자기 눈이 뒤집혀진 모양이었습니다. 넝마주이 망태기를 훌렁 벗어던져버리고, 그 돈자루를 들고, "팔자 폈다"하면서 도망가듯 달려가버렸습니다.

그 길로 술집에 가서 "아가씨들, 다 나와 봐, 1번부터 7번까지 다 나와 봐"하면서 잘 먹지도 못하는 술을 마시고, 돈을 물쓰듯 하면서 아가씨들에게 팁을 나누어 주었습니다. 그러다가 술이 가득 취하자 택시를 하루 대절하여 포장도 되지 않은 그 빈민촌을 온종일 빙빙 돌면서, 동네 꼬마들을 향해 "오빠라고 불러 봐"하고서는,

그렇게 불러 주면 5,000원씩 나눠 주었습니다. 그리고 나서 술에 취한 채 정신을 잃고 길바닥에 쓰러져 잠을 잤습니다. 그러니 돈자루를 그냥 두겠습니까? 이 사람이 빼가고, 저 사람이 빼가고……, 그래서 금방 빈 자루가 되어 버렸습니다.

술에서 깨어난 뒤 그때서야 텅 빈 자루를 보고, "아이쿠, 내 돈 어디갔나? 내 돈!"고 탄식해봤지만, 이미 사라져버린 돈은 찾을 길이 없었습니다. 그 다음부터는 일하러도 나가지 않고, 그냥 외상술만 마시고 있었습니다. "이 사람아, 자네 돈자루 때문에 사람 버렸네. 일 나가자"고 제가 말했더니, "형님, 내가 얼마전에 재벌이었는데, 어디 일 나가게 됐어요?"하기에, "일 나가지 않으면 어떻게 할거야? 이 사람아, 다시 일 나가야 또 돈자루를 줍든지 할 것 아닌가?"라고 말해봤지만, 고개만 내저을 뿐 정신을 차리지 못하고 있었습니다.

그러다가 엉뚱한 생각을 하여, 한 건 한다면서 남의 집 담을 넘어가다가 현장에서 잡혀서 결국 징역살이하게 되었습니다. 제가 교도소로 면회가서 성경, 찬송과 영치금을 넣어주면서 "이 사람아, 자네 돈보따리 줍더니 신세 망쳤네"라고 했더니, "글쎄요 형님, 그때 주웠던 돈을 형님 드릴 것을……"하고 후회하기에 제가 타이르기를 마음 가라앉히고 넣어준 성경 깊이 읽고, 앞으로는 길에 돈이 떨어져 있어도 발길로 차 버리고, 한 푼 두 푼 신념으로 모으도록 해야 한다고 말했습니다.

축복은 누릴 수 있는 인격과 신앙을 갖추었을 때 찾아오는 것입니다. 그러지 못했을 때 많은 돈이 생기면, 그것 때문에 집안을 망치고, 가정이 깨어지고, 건강을 버리는 등 돈이 오히려 화근의 씨앗이 되는 경우를 흔히 봅니다.

행복은 관리해야 한다

저는 특별히 농촌교회에 시무하고 있어서 농촌생활에 시달리는 여
전도회 회원들의 얼굴을 유심히 봅니다. 고된 농사일에 쪼들려 지
치고 피곤하여 몸을 제대로 가누지 못해, 주일날 교회에 나올 때도
화장을 했는가 말았는가 아무렇게나 하고 옵니다. 여름이 되면 대
충 화장한 것이 땀과 범벅이 되어 얼굴에 대서양 지도를 그려놓은
듯하여 민망스럽고 보기에 딱합니다.

그래서 저는 예수 믿는 사람은 하나님이 주신 자신의 아름다움
을 관리할 줄 알아야 한다고 말해 줍니다. 하나님이 주신 예쁜 얼
굴을 다듬고 화장하여 가꾸어야 하는데, 힘들고 피곤하다 하여 버
려두면 그 예뻤던 얼굴이 어떻게 되겠습니까? 시집 올 때는 분명
히 어여쁜 아가씨였는데, 지치고 짜증나는 살림살이에 애기 두엇
낳고 나면 그만 할머니가 되어 버립니다. 중년이란 걸 모르고 지나
칩니다.

보기에 너무 딱해서 여전도회원들에게 제가 말하기를 “여성은
자신의 아름다움을 관리할 줄 알아야 한다. 예수 믿으면 날씬해지
고, 예뻐져야지, 그러지 않고서야 어디 전도의 길이 열리겠는가”
라고 했더니, 여전도 회원들이 “목사님, 관리하라, 관리하라고 매
일같이 말만 하시지 말고 화장하는 법을 가르쳐 주십시오”라고 하
기에 제가 좋다고 하여 가르쳐 주기로 하였습니다.

앞에서 말씀드린 바 있듯이 제가 옛날에 화장품을 팔러 다니면
서 미용지도를 해본 경험이 있기 때문입니다. 그래서 어느 집사님
댁에 모두 모아 놓고, 제가 화장법을 장황하게 설명해 주었습니다.
다 듣고 난 여전도회 회원들이 “목사님, 설교보다 은혜가 낫습니
다”해서 모두들 즐겁게 웃어 보았습니다. 하나님이 주신 젊음과 아
름다움을 가꾸고 관리하려고 노력한다는 것, 이것이 얼마나 행복

하고, 삶을 윤택케 하고, 또 중요한 일이겠습니까?

우리 교회 교인들은 오이를 재배합니다. 그래서 한번은 제가 남자 집사님들을 모두 모아 놓고서 오이의 용도 3가지가 무엇이냐고 물었습니다. 그랬더니 첫번째는 먹는 것이고, 두번째는 서울 용산 시장에 내어다 파는 것인데, 세번째는 아무리 생각해도 모르겠다고 하였습니다. 그래서 제가 오이의 세번째 용도는 부인 얼굴 맛사지 해주는 것이라고 가르쳐 주었더니, "오이를 가지고 맛사지를 합니까?"하면서 모두들 놀란듯이 의아해 하였습니다. "오이를 그렇게나 재배하면서 오이 맛사지를 모른 채 결혼생활을 하니, 그 가정이 어떻게 축복되겠는가? 오늘 내가 오이 맛사지 시범을 보여 줄 테니 이번 주일 오기 전에 모두가 집에서 부인 얼굴 맛사지 해주세요"라고 제가 말하면서 그 자리에서 집사님 한 분을 나오게 하여 시범을 보여 주었습니다. 마친 후 다시 한번 제가 오이 맛사지 숙제를 꼭 해오라고 강조했더니, "목사님, 뭘 그런 걸 다 하라고 하십니까?"하고 말하기에 제가 "그런 것이라니, 그것이 중요한 일인데, 예수를 믿는 성도의 가정은 웃음이 있고, 즐거움이 있어야 한다. 예수님은 제자들의 발도 씻겨주셨는데, 부인들을 그렇게 일 시키면서 부인을 위해 오이 맛사지도 못해주느냐? 해야 한다"라고 말했습니다.

그런데 이같은 일은 그냥 두면 되지 않습니다. 확인을 해야 합니다. 그래서 다음 날 심방 가방에 오이를 넣어다니면서 각 가정을 일일이 찾아갔습니다. "이 집은 했어요?"하고 물으면, "목사님, 뭘 그런 걸 다 합니까?"하고 말하는 교인에겐 오이를 직접 건네주면서 "하시오. 기술이 없어도 좋으니 성의껏만 하시오"했더니, 한 집 두 집 하기 시작하여 그럭저럭 모두들 대충 다 하게 되었습니다.

그 다음 주일이 되자 교회 분위기가 얼마나 변했던지요? 여전
도회원들이 예배시작 전에 사택에 찾아와서 얼굴이 상기된 채로
"목사님, 지난 주 저희는 꿈속을 헤맸습니다"하고 갑자기 소녀가
된 듯이 얼굴을 붉히며 말하기에, 왜 그러냐고 했더니, 남편이 오
이 맛사지를 해준다고 해서 돌았나 하고 말했는데, 목사님의 지시
라 해서 못이기는 척하고 맛사지를 했다면서, 결혼 후 처음으로
'결혼 잘했다'고 생각하였다고 했습니다. 그것을 얼마나 행복해
했던지요? 그날따라 주일헌금이 보통 때보다 월등히 많았습니다.
　이것이 무엇을 말합니까? 예수 믿는 성도의 가정은 웃음이 있
고 행복해야 한다는 것입니다. 보람있는 일을 하면서 기쁘고, 즐겁
고, 행복한 삶을 관리하고 가꾸어 나가는 것, 이것이 바로 에덴동
산입니다.

비전과 꿈을 관리해야 한다

우리가 관리해야 할 중요한 것 한 가지가 더 있습니다. 우리 성도
의 가정은 꿈을 관리해야 합니다. 비전과 꿈, 미래에 대한 설계를
관리해야 한다는 것입니다. 특별히 자식을 키우는 부모로서, 신앙
인의 부모로서 자녀들에게 다른 것보다 꿈을 심어 주고 비전을 갖
도록 해주어야 합니다. 비전이나 꿈은 인간적인 것이 아니라 성령
받은 사람에게 주시는 하나님의 선물인 것입니다.
　성경 말씀 사도행전 2장 17절을 읽겠습니다.

"하나님이 가라사대 말세에 내가 내 영으로 모든 육체에게 부어
주리니 너희의 자녀들은 예언할 것이요 너희의 젊은이들은 환상
을 보고 너희의 늙은이들은 꿈을 꾸리라."

예언이 무엇입니까? 성령받은 사람의 예언이 무엇입니까? 한국 교회는 아직도 전통적 무속신앙의 영향을 완전 탈피하지 못해서 예언을 비성서적으로 이해하는 경향이 있습니다. 그래서 우리 교인들은 잘못 배워서 무당들의 점치는 예언과 성령받은 사람의 예언을 혼동하고 있습니다. 토정비결 보듯이 예언을 생각하고 있습니다.

"우리 아들이 내년에 ㅅ대학교에 들어갈까요, 못 들어갈까요? 예언 좀 해 주십시오"하는 부모들이 있습니다. 그것은 예언이 아니고 상식입니다. 학력고사 성적이 잘 나오고, 내신성적이 좋으면 되는 것이지, 거기 무얼 예언할 것이 있습니까?

성령받은 사람이 하는 예언은 성경말씀에 따른 예언인 것입니다. 첫째 하나님의 뜻을 받들고 둘째 길 없는 시대에 길을 말해 주는 것이 성령받은 사람의 예언임을 분명히 아서야 합니다. 우리 자녀가 성령받아서 예언자가 된다는 것은 나라와 백성이 길을 잃어버렸을 때에, 세계가 잘못되어 길을 잃어버렸을 때에 "내가 길이요, 진리요, 생명이라"고 말씀하신 예수님의 그 말씀을 받들어서 "예수님이 길이다, 예수님이 살 길이다"라고 길을 말해주는 것이 예언입니다. 우리 교회는 우리 자녀들을 그러한 예언자로 길러야 합니다. 우리 나라가, 우리 사회가 길을 잃어버렸을 때에 길을 뚫고 만들어내는 그러한 예언자, 개척자들을 우리는 자녀들 중에서 배출해 내어야 할 것입니다.

성령받은 청년들이 환상을 본다고 했습니다. 여기 환상이란 말은 비전(vision)을 뜻하는 말로서, 공동번역 성경에는 '계시의 영상'이라고 번역되어 있습니다.

성령받은 청년들이 보는 환상, 즉 비전이 무엇입니까? 잠언 29장 18절 말씀에 비전이 갖는 의의와 중요성이 분명하게 기록되어 있습니다.

"묵시가 없으면 백성이 방자히 행하거니와."

여기에서 묵시는 비전, 즉 계시의 영상을 말합니다. 비전이 없으면, 밝은 장래가 약속되어 있지 않으면, 백성들이 망할 짓을 한다고 했습니다. 우리 시대, 우리 역사에 성령받은 사람들이 비전을 제시하고 백성들에게 길을 열어 주지 못하면, 그 백성들이 망할 짓을 골라서 한다고 하였습니다.

저는 대학교나 신학교에 가서 설교를 할 때, "여러분, 데모하지 마십시오"라는 부탁을 꼭합니다. 그러면 학생들이 "쥐약 먹었다"는 등 온갖 야유를 보냅니다.

저도 옛날에는 데모를 많이 했습니다. 데모하고, 징역살고, 두들겨맞고, 죽을 고비를 넘기면서 그 가운데서 성경 말씀 읽고, 성령 체험하고, 말씀 속에서 진짜로 해야 될 데모를 제가 찾았습니다. 내일을 향한 비전이 없으니 우리 청년들이 분신자살을 하고, 자신을 학대합니다. 비전이 없으면 사회는 비뚤어지고, 나라는 망할 짓을 골라서 합니다. 백성들이 망할 짓을 하는 이 현실에 나라를 살리는 밝은 비전을 우리 성령받은 사람들이 제시해야 합니다. 그래서 저는 학생들에게 데모하지 말라고 하면서 제가 감옥에서 찾아낸, 성경에서 말한 데모를 하라고 꼭 말해줍니다. 고린도전서 2:4에 데모하라는 말씀이 나옵니다.

"내 말과 내 전도함이 지혜의 권하는 말로 하지 아니하고 다만 성령의 나타남과 능력으로 하여."

이 말씀에서 ‘다만’이 무슨 뜻입니까? 그것은 다른 대안이 없다는 뜻입니다. 사람의 수단과 방법이 아니라, 유일한 길은 ‘성령의 나타남’이라고 하였습니다. 이 말을 제가 가진 영어 성경에서는 ‘the demonstration of the Holy Spirit’라고 하였습니다. 즉 유일한 방법은 성령의 데모라고 한 것입니다. 이 성령의 데모가 아니면 나라의 역사와 장래를 기대할 수 없는 상황에 우리들은 지금 와있다고 저는 믿습니다.

그러면 성령의 데모가 무엇입니까? 방언을 하고 병을 고치는 것이 성령의 데모입니까? 그것은 성령의 은사입니다. 성령받은 사람의 증상인 것입니다. 성령의 데모의 본질적인 뜻은 진리의 영이신 성령을 받아서 진리의 말씀에 순종하며 말씀으로 사는 삶을 말합니다. 인생을 걸고 진리로 살아가는 삶, 생명을 걸고 말씀으로 살아가는 삶, 그것이 성령의 데모의 본질인 것입니다. 목사는 목사로서, 학생은 학생으로서, 교사는 교사로서, 군인은 군인으로서 진리의 영이신 성령을 받아서 진리의 말씀에 인생을 걸고, 생명을 걸고 살아가야 하는 것입니다.

우리나라에는 천만 성도가 있다고 합니다. 천만 성도가 말씀 안에서 진리로 살아가는 진리의 데모, 성령의 데모를 하게 되면, 그때부터 우리나라는 새로운 역사가 시작됩니다. 여러분, 여러분이 계신 지금 그 자리에서 진리의 데모, 성령의 데모를 바로 할 수 있어야 하겠습니다.

이스라엘 백성들이 광야에서 완전히 망하게 되었을 때에 여호와께서 비전을 주었습니다. 그리하여 이스라엘 백성들이 다시 살아났습니다. 민수기 21장을 보면 이스라엘 백성들이 광야에서 어려움에 부딪히자 하나님과 지도자 모세를 원망하였습니다. 그때 그들이 머물던 광야에는 불뱀이 창궐하여 많은 사람들이 물려서 매일 같이 죽어가고 있었습니다. 불뱀의 공포로 겁에 질리고, 죽음 앞에 직면한 이스라엘 백성들은 그들이 범죄하였음을 깨닫고 지도자 모세에게 여호와께 기도하여 이 뱀을 떠나게 하고, 살 길을 열어달라고 간청하였습니다. 모세는 이 죽어가는 백성들을 살리기 위하여 눈물로써 여호와께 기도하였습니다. 그때 여호와께서는 모세의 기도를 응답하시고 길을 열어 주셨습니다.

민수기 21장 8절에 "여호와께서 모세에게 이르시되 놋뱀을 만들어 장대 위에 달라 물린 자마다 그것을 보면 살리라"하시고, 21장 9절 말씀에 "모세가 놋뱀을 만들어 장대 위에 다니 뱀에게 물린 자마다 쳐다본즉 살더라"라고 하였습니다. 뱀에게 물리어 죽게 된 자마다 모세가 만든 장대 위에 높이 단 놋뱀을 믿고 쳐다본 사람은 모두 살아났습니다. 그러나 믿지 않고 쳐다보지 않은 사람은 다 죽었습니다.

그런데 그 구리뱀이 무엇이기에 사람을 살리게 되었습니까? 거기에 대하여 예수님께서는 니고데모에게 직접 말씀해 주셨습니다. 요한복음 3장 14-15절에 있습니다.

"또 모세가 광야에서 뱀을 든 것과 같이 인자도 들려야 하리니 이는 저를 믿는 자마다 영생을 얻게 하려 하심이니라."

이 말씀에서 모세가 사막에서 나무에 달았던 구리뱀이 십자가에 달리실 예수 그리스도를 나타내는 비전이라고 하였습니다. 광야에서 장대 끝에 달았던 구리뱀은 나무 십자가에 달리실 예수 그리스도를 나타내는 비전이기에 죽을 영혼을 살린 것이었습니다.

비전 받은 사람들이 해야 할 일

오늘 우리의 역사는 바른 길을 잃고, 백성들은 탄식하고 죄로 인하여 죽게 되었습니다. 이때에 십자가에 달리신 예수 그리스도가 살 길임을 선포하는 것이 비전 받은 사람들의 할 일입니다. 여러분은 "십자가에 달리신 예수를 바라보라. 살길이 있다"하고 담대히 선포하고 있습니까? 우리 청년들은 성령을 받고 십자가에 달리신 예수를 선포하는 비전을 보는 청년들이 되어야 하겠습니다. 그런데 우리 교회에서 길러낸 청년들이 그것을 보고 있습니까? 생명을 걸고 그 비전을 보고 있습니까? 인생을 걸고 그 비전을 백성들 앞에 선포하고 있습니까?

답답하게도 우리 교회 청년들은 기껏 한다는 것이 무슨 예산을 신청해서 친목회니, 환영회니 하면서 이곳 저곳으로 놀러나 다니고 있으니, 이같은 청년들에게서 민족의 살 길인 비전을 어떻게 기대할 수 있겠습니까? 우리 시대의 청년들이 성령을 받고 비전을 보고 백성들의 살 길을 열어야 하는데, 먹고 노는 것만 생각하고 돈 달라고만 하니 이러한 청년들에게 어떻게 나라의 장래를 맡길 수 있겠습니까? 왜 이렇게 되었습니까? 그것은 우리 지도자들의 책임이 큽니다. 저는 목사로서 그것은 목사의 책임이라고 언제나 서슴없이 말합니다.

선교 100주년 기념대회를 자꾸 말씀드려서 죄송합니다. 100주년 기념대회엔 5가지 커다란 사업이 있었는데, 그 중 다섯번째 사업이 민족의 비전 만드는 일이라는 것이었습니다. 100주년 사업에 실망하고 있었지만, 그래도 민족의 역사와 장래를 걱정하고 생각하는 좋은 사업도 있구나 하여 너무도 고마워 했었는데, 그 내용을 보고 나서 얼마나 실망했는지 모릅니다. 비전이 없으면 나라가 망한다는 것인데, 고작해서 만들어 낸 5가지 비전 사업의 내용이 겨우 100주년 기념 100원짜리 동전 만들기, 100주년 기념우표 만들기, T셔츠 만들기, 패넌트 만들기 따위였습니다. 이 따위들을 가지고 민족의 비전 만든다고 거창하게 발표하였습니다.

비전이 없으면 백성이 망한다고 하였는데, 기념동전, 기념우표…, 그런 것들이 없어서 나라가 망하겠습니까? 죽어가던 백성도 비전만 있으면 살아났었는데, T셔츠, 패넌트……, 이따위 것이 있다고 백성들이 살아날 수 있겠습니까?

민족과 사회, 그리고 나라와 백성이 흥하느냐 망하는냐, 사느냐 죽느냐 하는 것은 미래를 향한 밝은 비전이 있느냐 없느냐에 달려 있는 것입니다. 비전은 나라와 백성이 죽고 사는 문제입니다. 그런데 한국 교회가 힘을 합쳐서 내어놓는다는 비전이 고작 그 따위들이란 말입니까? 얼마나 답답합니까? 얼마나 한심스럽고, 속이 타는 노릇입니까? "이것은 예배당이 아니라 골빈당이다"라고 제가 탄식하였습니다.

어떻게 해서 이렇게 되어 버렸습니까? 그것은 우리 교인들이 목사들을 너무 잘 대접해주어서 그렇게 된 것입니다. 너무 받들기만 하여 생각 없이 만들어서 너무 잘 먹어 배에 살이 오르니, 그만 머리가 비어 버린 탓입니다. 이것은 정말 심각한 문제입니다. 너무도 생각 없고, 고민 없어서 민족의 내일을 위한 탄식을 잊어버리고, 골이 비어 버렸으니, 100주년의 비전이 우표나 동전, T셔츠가 되어 나오는 것입니다.

여러분이 섬기는 교회의 청년들에겐 비전이 있습니까? 여러분은 자녀들에게 길을 뚫고 만들어내는 예언자적 사명을 주고 있습니까? 여러분은 성령받은 성도들로서 내일을 향한 꿈을 가지고 있습니까? 얼마나 위대한 꿈을 꾸고 있습니까? 사도행전 2장 17

절 말씀을 그대로 실천할 수 있는 여러분과 여러분의 교회가 되기를 바랍니다. 교회마다 성전마다 옷깃을 여미고 겸손한 마음으로, 지금까지 실천하지 못했던 것을 주님 앞에 회개하면서 길 없는 백성 앞에 길을 열어주고, 갈 곳 몰라 헤매는 백성들 앞에 비전을 주고, 꿈이 없는 백성들에게 꿈을 심어줌으로써, 위대한 민족의 미래와 진리의 새 역사를 만드는 제단들이 되어야 하겠습니다.

우리 함께 사도행전 2장 17절 말씀을 읽겠습니다.

"하나님이 가라사대 말세에 내가 내 영으로 모든 육체에 부어 주리니 너희의 자녀들은 예언할 것이요 너희의 젊은이들은 환상을 보고 너희의 늙은이들은 꿈을 꾸리라."

기도

주님 은혜를 감사드립니다.

우리로 하여금 말세에 성령을 부어주시고, 길 없는 시대에 길을 찾아주는 예언자적 사명을 주심을 감사드리옵나이다. 우리로 하여금 길 없는 시대에, 실망에 빠져 좌절하고 있는 시대에, 다투고 분쟁하고 있는 시대에 성령받은 우리들이 미래를 향한 비전을 볼 수 있게 하심을 감사드립니다.

꿈이 없는 시대에 성령받은 우리들이 교회마다, 제단마다, 심령마다 꿈을 꿈으로써, 그 꿈이 이루어지는 위대한 내일을 바라보게 하여주시옵소서. 모세는 광야에서 백성들이 죽게 되었을 때에 여호와의 말씀을 받들어 장대 위에 구리뱀을 달아서, 십자가에 달리실 예수 그리스도의 비전을 선포함으로써 죽음에 빠진 백성들을 구하였습니다.

  우리 한국 교회가 우리 시대에 백성들 앞에, 십자가에 달리신 예
수 그리스도가 살 길임을 선포하는 비전 있는 교회가 되게 하여 주
시옵시고, 이 사업에 모든 성도들이 힘과 정력 그리고 인생을 바치
게 하여 주시옵소서. 이 일을 위하여 교회마다 사명을 다하고, 성
전마다 모든 것을 바쳐서 그리스도의 비전을 선포할 수 있는 새로
워지는 교회가 될 수 있게 하여 주시옵소서.
  예수님의 이름 받들어 감사하며 기도드렸사옵나이다. 아멘.

내 주를 가까이

"야곱이 브엘세바에서 떠나 하란으로 향하여 가더니 한 곳에 이르러는 해가 진지라 거기서 유숙하려고 그곳의 한 돌을 취하여 베개하고 거기 누워 자더니 꿈에 본즉 사닥다리가 땅 위에 섰는데 그 꼭대기가 하늘에 닿았고 또 본즉 하나님의 사자가 그 위에서 오르락내리락하고 또 본즉 여호와께서 그 위에 서서 가라사대 나는 여호와니 너의 조부 아브라함의 하나님이요 이삭의 하나님이라 너 누운 땅을 내가 너와 네 자손에게 주리니 네 자손이 땅의 티끌 같이 되어서 동서남북에 편만할지며 땅의 모든 족속이 너와 네 자손을 인하여 복을 얻으리라 내가 너와 함께 있어 네가 어디로 가든지 너를 지키며 너를 이끌어 이 땅으로 돌아오게 할지라 내가 네게 허락한 것을 다 이루기까지 너를 떠나지 아니하리라 하신지라 야곱이 잠이 깨어 가로되 여호와께서 과연 여기 계시거늘 내가 알지 못하였도다 이에 두려워하여 가로되 두렵도다 이곳이여 다른 것이 아니라 이는 하나님의 전이요 이는 하늘의 문이로다 하고 야곱이 아침에 일찍이 일어나 베개하였던 돌을 가져 기둥으로 세우고 그 위에 기름을 붓고 그곳 이름을 벧엘이라 하였더라 이 성의 본 이름은 루스더라"(창 28:10—19)

제가 가장 좋아하고 그래서 부를 때마다 영감을 받는 찬송을 가지고 은혜를 나누고자 합니다. 모든 찬송이 영감이 있는 찬송입니다마는 그러나 그 가운데서도 특별히 자신에게, 자기 가정에 영감을 주는 찬송이 있습니다. 원래 찬송이란 기도에 곡을 붙여놓은 것입니다. 그러므로 기도하는 것과 찬송하는 것은 꼭같은 마음의 자세인 것입니다. 저는 많은 찬송 중에서 364장을 어려서부터 열심히 불러 왔습니다.

"내 주를 가까이 하게 함은 십자가 짐 같은 고생이나……."

이 찬송이 작사·작곡된 이래로 많은 성도들이 이 찬송을 통해서 영감을 받았던 간증의 기록이 있습니다. 세상을 살다 보면 낙심할 때가 있습니다. 사람의 일이란 자기 마음대로 되지 않습니다. 사람 한 평생 사는 것이 결코 자기 뜻대로, 설계대로만 되지는 않습니다.

평신도만 그러한 것이 아닙니다. 목사가 되어도 마찬가지입니다. 잘 한다고 실컷 했는데 나중엔 원망 듣습니다. 인생을 걸고 도와주었는데, 돌아오는 것은 원성과 원망이고, 그 때문에 오히려 피해를 입고 굴욕을 감수해야 합니다. 자존심은 땅에 떨어지고 명예는 짓밟히고, 모욕 당하고 좌절해버릴 것만 같은 어려운 위기에 빠지기도 합니다. 그럴 때에 우리에게 새로운 힘과 용기를 주는 가장 좋은 찬송이 364장 「내 주를 가까이 하게 함은」이라고 저는 믿고 있습니다.

저의 신앙 경험을 통해서 늘 그렇게 믿어 왔고, 그래서 답답한 일이 일어나기만 하면 저는 364장 찬송을 불러봅니다. 저는 올겐을 연주하지 못합니다마는 364장, 이 찬송에 한해서는 악보 없이도 연주할 수 있습니다. 그것은 수없이 거듭된 연습을 하였기 때문입니다. 저는 이 찬송을 부를 때마다 은혜 받습니다. 저만 그런 것이 아니고, 기록을 보면 많은 신앙의 선배들이 이 찬송을 통해서 위로를 받고, 용기를 얻었던 간증들이 있습니다.

찬송가 364장을 통해 새 삶을 얻은 사업가

실제로 있었던 이야기 중에서 미국의 어느 중소 도시에서 일어났던 30대의 젊은 실업가의 얘기를 소개하고자 합니다. 그는 30대에 크게 성공하여 한 개의 회사만이 아니라, 무려 다섯 개의 회사를 거느리면서 장래를 촉망받는 예비 재벌이 되었습니다. 신문과 방송에도 보도되고, 지역사회에서 인정받는 저명인사가 되어, 장래 미국 사회의 경제계를 움직여 갈 커다란 별이라고 칭찬을 듣고, 실업계의 각광을 한 몸에 받게 되었습니다. 스스로도 그렇게 성장하리라는 확신 속에 커다란 꿈과 야망을 키워왔습니다.

그런데 어느날 갑자기 뜻하지 않았던 사고가 발생하였습니다. 한국식으로 말씀드리면 부도가 났습니다. 그래서 기업이 흔들리기 시작했습니다. 사고는 연쇄적으로 사고를 불러일으켜 자꾸만 규모가 커져나가더니, 급기야는 감당할 수 없으리 만큼 부채가 커져버렸고, 그래서 드디어 기업이 망하게 되었습니다.

기업이 망하면 기업가가 자살하는 경우를 흔히 보게 됩니다. 얼마전 우리 나라에서도 그러한 사고가 일어났었습니다. 해운업을 하던 어느 회사에서 경영진의 부조리와 부정, 불법이 탄로나면서 회사가 망하게 되자, 자기 회사 건물 창문에서 뛰어내려 자살한 사건이 발생하였습니다. 이 청년 실업가도 그렇게 자살할 수밖에 없는 궁지에 몰리게 되었습니다. '내 평생 저 부채를 해결할 수 없을 테니, 죽음으로 결말짓겠다' 이렇게 결심하고, 그 도시 변두리를 흐르는 강가로 나갔습니다. 강물에 투신 자살한다는 생각을 하게 된 것이었습니다.

강가엔 갈대 숲이 우거져있었습니다. 이를 헤치고 강물에 다다랐습니다. 구두를 벗어 놓고 그것으로 투신 자살한 흔적으로 삼으리라 생각했습니다. 그러고는 조용히 강물로 걸어 들어갔습니다. 강물 언저리는 별로 깊지 않았습니다. 그때 돌연 어린 소녀가 부르는 찬송소리가 들려왔습니다. 그것이 바로 364장 "내 주를 가까이 하게 함은 십자가 짐같은 고생이나……"하는 이 찬송이었습니다.

그 도시 변두리에 여느 때 같으면 어린 소녀가 나올 일이 없었는데, 그날따라 어쩐 일인지 어린 소녀가 강둑에 앉아서 찬송을 부르고 있었습니다. 이 세상을 등지고 떠나는 마지막 길에 바쁠 것도, 시간을 재촉할 아무런 이유도 없었습니다. 그래서 마음을 가라앉히고, 조용히 그 찬송을 듣기로 하였습니다.

"……내 일생 소원은 늘 찬송하면서 주께 더 나아가기 원합니다." 그 소녀가 부르는 찬송 소리를 듣고 자신도 모르는 사이 따라 불렀습니다. 그러는 중에 어린 시절 다녔던 고향 교회가 머리에 떠올랐습니다. 주일날이면 엄마의 손을 잡고 교회를 가던 생각이며, 엄마의 무릎에 앉아 찬송을 따라 부르던 아주 어릴 적 생각들이 주마등처럼 스쳐지나갔습니다. 그리고 몇 해 전 어머님께서 돌아가시면서 "아들아, 신앙생활 잘 하다가 오너라. 천국에서 다시 만나자"하시던 마지막 유언을 생각하였습니다. 그 순간 눈물이 흘렀습니다.

어려서 고향에서 어머니의 치마자락을 붙들고 어리광할 때, "내 고생하는 것 옛 야곱이 돌베개 베고 잠 같습니다"하고 부르던 성도들의 찬송 소리를 들으면서 꿈을 키우며 자랐는데, 지금은 그 찬송을 들으며 죽으러 들어가야 하는가 생각하니 얼마나 가슴이 메어졌겠습니까? 믿음과 용기로 도전하고, 불굴의 투지로 기업을 일으켰던 어제까지의 용기와 투지는 어디가고, 실패하여 스스로 죽음을 택하고 말았는가를 생각하니 타는 가슴 어찌할 바를 몰랐습니다. 장래가 촉망되는 청년실업가라고 부러움을 받아왔었는데, 지금은 세인의 눈을 피해 남몰래 죽어야 하는가를 생각하니 미칠 것만 같았습니다. 그러자 어머님이 운명하시면서 마지막 하시던 말씀이 떠올랐습니다. 이제 사업에 실패하여 자살해버리면 천국에 계신 어머님을 뵈옵지 못하겠구나 하는 생각이 떠 오르자 가슴이 떨렸습니다.

"천성에 가는 길 험하여도 생명길 되나니 은혜로다"했는데, 자신은 생명길을 가지 못하고, 사망의 길을 가고 있구나 생각하니 눈물이 쏟아졌습니다. 마지막 절에 "야곱이 잠깨어 일어난 후 돌단을 쌓은 것 본받아서 숨질 때 되도록 늘 찬송하면서 주께 더 나아가기 원합니다"라고 하였는데, 영어 찬송에는 보다 더 실감나게 되었습니다. 'nearer to nearer', 주님께 '좀 더 가까이, 좀 더 가까이'라고 하여, 가까이 다가가는 과정이 영어 찬송에서는 매우 실감나게 표현되어 있습니다.

이제 사업에 실패하고, 인생에 패배하여 강물 속으로 죽음을 향해 nearer to nearer, 한 발자욱, 한 발자욱 다가가고 있었는데, '이것은 잘못 생각한 것이구나. 이 길로 계속 들어가면 살아서 실패자요, 죽어서도 영혼이 영원한 패배자가 되어, 나는 어머님 계신 천국에 들어갈 수 없겠구나' 하고 생각하면서 마음을 돌이켰습니다. 청년 사업가였던 자신은 그 자리에서 죽고, 예수님의 사업가로서 다시 태어나 새롭게 시작해야 되겠다고 생각하였습니다.

자신의 꿈과 야망을 위해 기업을 일으켜왔던 청년 사업가는 그 강물 속에서 죽고, 어릴 적 엄마의 손을 잡고 찬송 부르던 천진난만했던 어린이로 돌아가, 예수님의 사랑과 귀여움을 받는 그러한 사람이 되어 예수님의 사업을 하겠다고 결심하였습니다. 야곱이

광야길을 걸어가던 그러한 자세로 한 걸음, 한 걸음 나아가겠다고
굳게 다짐하였습니다. 그리하여 새로운 용기, 새로운 다짐, 새로
운 자세, 새로운 사람이 되어 강물에서 나왔습니다.

그 길로 회사 사무실에 돌아와 기도하고 나서 모든 채권자에게
연락을 했습니다. 몇 날 몇 시 자신의 회사로 나와 주십사 하고 통
보를 했습니다. 그러나 그 회사가 이미 기울어져 돌이키기 어렵다
는 소식을 알고 있던 채권자들은 모두 회사의 파산과 이에 따른 채
무정리를 하려는 것으로 예상하고 모두 모였습니다. 돈 빌려준 사
람들의 기세가 얼마나 대단합니까?

저도 수년 전에 큰 부채를 져본 적이 있었는데, 빚진 죄인이란
실로 형용키 어려우리 만큼 대단한 것이었습니다. 그래서 성경에
기록된 예수님의 말씀처럼, 사랑의 빚 이외엔 아무것도 빚지지 말
라는 말씀을 뼈저리도록 실감나게 느꼈습니다. 저는 하나님의 백
성인 우리 교회 교인들이 물질 때문에 고개 숙이고, 비굴해지고,
굴욕을 당하지 않도록 해주십사 하고 늘 기도하고 있습니다. 하나
님의 사람이 세상 빚에 몰리어 쫓겨다니면, 하나님의 영광을 가리
게 됩니다. 빚에 쪼들리고 앞 길이 막혀 세상살이가 짜증을 넘어
고통스러워지면 영적으로 메마르게 됩니다. 그래서 저는 그 청년
실업가 앞에 나타난 채무자들의 그 기세와 표정을 꿰뚫어보듯 실
감나게 느낄 수 있습니다.

빚쟁이들이 얼마나 살벌하고 등등한 기세를 보였겠습니까? 하
다못해 전화 한 대라도 들고 가겠다는 매서운 눈초리로 그 청년을
쏘아보지 아니했겠습니까? 그것이 어떤 돈인데 내가 그 돈을 떼
일까보냐 하며, 아귀다툼을 하듯이 독한 마음으로 대어들지 아니
했겠습니까? 그런데 젊은 사장이 나타나더니, 그 앞에 눈물을 죽
죽 흘리며, 자신의 간증을 했습니다.

"제가 여러분을 오늘 이 자리에 모이시게 한 것은, 며칠 전 제가 도저히 견딜 수 없어서 죽음으로써 끝맺으려고 강가로 나갔다가, 강물에 들어섰을 때 어린 소녀가 '내 주를 가까이 하게 함은'하고 부르는 그 찬송을 듣고, 그 찬송을 따라 부르다가 성령께서 내 마음을 움직이고 감화시켜 주시고, 변화시켜서 새로운 힘과 용기를 불어넣어 주셨습니다. 그래서 나는 그 날 그 강물에서 죽고, 하나님께 쓰임받는 새 사람이 되려고 결심하고 다시 나왔습니다. 제가 오늘 여러분을 모신 것은 제가 하나님의 일을 하기 전에, 먼저 여러분들의 부채를 갚겠다는 것을 여러분께 약속드리려 한 것입니다. 생명 걸고 기업을 일으켜 여러분들의 부채를 갚고, 그 다음 기업을 통해서 하나님의 쓰임을 받는 사람이 되려고 합니다. 여러분의 이해와 기도를 부탁드립니다"하고 자살의 시련을 넘긴 간증을 했습니다.

그러자 그렇게 등등한 기세로 윽박지르듯 노려보던 그 빚쟁이들이 오히려 은혜를 받고, 기세를 누그러뜨렸습니다. 기독교가 사회 기강의 바탕을 이루는 미국의 풍토였기 때문이었던가 봅니다. 그러더니 채권자 한 사람이 일어나 말했습니다. "사장님 큰일날 뻔했습니다. 성령께서 도와주셨습니다. 죽음을 이기고 새 용기도 갖고, 새 출발 하시게 되었다니 감사합니다" 그러고서 여러 채권자를 향하여 "여러분, 하나님의 은혜입니다. 우리 모두 하나님의 백성들 아닙니까? 젊은 사장에게 한 번만 더 기회를 주어봅시다. 그리하여 하나님 앞에 쓰임받도록 우리가 밀어줍시다. 내가 먼저 10,000달러를 내어놓겠습니다. 빈 손으로야 어떻게 시작하겠습니까? 조금씩 모아서 다시 일어서도록 도와줍시다. 젊은 사장이 죽었으면, 우리 빚은 받을 길 없었던 것 아닙니까? 그를 살려야 우리 빚도 받을 수 있지 않겠습니까?"라고 했더니, 다른 분들도 모두 "좋습니다. 찬성합니다"해서, 1만 달러, 5천 달러, 3천 달러…
…, 이렇게 그 자리에서 10만 달러를 모았습니다. 그래서 젊은 사
장에서 주면서 그 뜻을 이루도록 하라고 격려해 주었습니다.

그 사장이 도와주는 채권자에게 감사하고, 그 감사와 감격을 용
기와 투지로 승화시켜 전력을 다해 기업을 일으켰는데, 3년 지나
지 않아서 그 많던 부채를 모두 갚게 되었습니다. 그러고 나서 나
머지 자신의 인생과 기업을 하나님의 사업을 하는 데 바쳤습니다.
모든 수익금을 선교재단에 헌납하여 선교비로 쓰도록 하였습니다.
그 재단은 지금도 선교재단으로 살아서 하나님의 사업에 쓰임받고
있습니다.

찬송이 주는 영감과 능력

이것이 바로 찬송이 가지는 영감입니다. 찬송은 절망에 부딪혀 있
는 영혼에게 새로운 용기를 줍니다. 원래 은혜받는 영혼이 감격해
서 작사·작곡한 것이 찬송이 된 것입니다. 원래의 그 감격, 그 영
감이 찬송을 통해 이를 부르는 우리에게 그대로 전달되고, 되살아
나게 됩니다.

그러기에 우리 성도들은 가정이나 직장에서 찬송가를 가까이하
고, 이를 생활화할 필요가 있는 것입니다. 그런데 많은 성도님들이
찬송가가 주는 영감과 위로를 잘 모르고 지나치는 경우가 흔히 있
습니다. 안타까운 일입니다.

저는 교회에서 그 영감어린 찬송을 예배시간에 형식적으로 한
번 불러버리고 지나치는 것을 아쉽게 생각합니다. 그래서 저희 교
회에서는 찬송을 부르다가 은혜받으면, 장로교회의 예배형식을 넘
어서서 3번, 4번, 5번… 계속 부르는 때가 있습니다. 어떤 설교보
다도, 어떤 기도보다도 마음을 비우고 함께 부르는 찬송은 그 신앙

공동체에 얼마나 큰 마음의 위로와 감격을 주는지 모릅니다. "내 주를 가까이 하게 함은…" 하는 이 찬송이 그러한 찬송 중의 하나입니다.

저는 어렸을 때 아버님께서 일찍 돌아가셨습니다. 저의 어머님은 제가 여섯 살 되었을 때 혼자 되셔서 3남 1녀를 홀로 키우셨습니다. 아버님이 남기신 유산이라고는 재봉틀 하나밖에 없었는데, 경상북도 청송 산골짝에서 어머님께서 삯바늘질 하시면서 저희 남매들을 키워 주셨습니다.

밤에 잠을 자다가 눈을 떠보면 언제나 어머님께서는 삯바느질하고 계시는 것을 보았습니다. 2시, 3시까지 바느질 하시느라 고생하시면서 우리를 키우셨는데, 어머님께서 졸음이 오면, 언제나 저를 깨워서 찬송 한 곡 부르라 하셨습니다. 3형제 중에 하필이면 중간인 저를 늘상 깨우시곤 했습니다. 그래서 저는 불평이 대단했습니다. "어머님, 좀 골고루 깨우세요. 왜 저 혼자만 늘상 깨우십니까?" 그러면 "얘야, 너는 장차 목사 될 사람 아니냐? 어서 일어나 찬송 불러라" 그러셨습니다. 자다가 일어나 눈을 비비면서 "어머니, 무슨 찬송 부르라는 겁니까?" 하면, 어머니께서는 언제나 "늘 부르던 것 있잖어? 그걸 불러라" 하셨는데, 바로 그 찬송이 '내 주를 가까이 하게 함은' 하는 찬송이었습니다. 이 찬송가를 어머님께서 좋아하셔서 언제나 저에게 부르라고 시키셨습니다. 그래서 불러드리면 시원하다는 말씀을 해주셨습니다. 그때는 제가 불평이 심했었는데, 그러나 그 덕택에 이 찬송만은 1절부터 4절까지 외울 수 있게 되었습니다. 국민학교 시절부터 밤 길을 걸을 때면 처음부터 끝까지 빠짐없이 이 찬송을 불러보곤 했습니다.

제가 여러해 전 감옥에 있을 때, 독방에서 지내자니 외롭고 적적하고 답답하여 한 번은 이 찬송을 혼자서 불렀습니다.

"내 고생하는 것 옛 야곱이 돌베개 베고 잠 같습니다. 꿈에도 소
원은 늘 찬송하면서 주께 더 나아가기 원합니다."

그랬더니 옆방에서 벽을 쾅쾅치면서 "선생님, 그 찬송가를 좀 더
높이 불러주시오"하는 요청을 해왔습니다. 제가 깜짝 놀라서 "누
구시기에 찬송가를 높이 불러달라고 하시오?" 했더니, 울면서 말
하기를 "실례지만 찬송을 부르는 이는 뉘십니까?" 하기에 나는 활
빈교회의 교역자인데, 정치범으로 들어와 독방에 있자니 적적하기
도 하고, 교인들도 보고 싶고 해서 찬송가로 내 마음을 달랜다고
했더니, 그 청년이 다시 울면서 말했습니다. "선생님, 저는 목사의
아들입니다"하기에 "왜, 정치범입니까?" 했더니, "아닙니다. 부
끄럽습니다. 폭행범으로 들어왔습니다. 술 마시고 사람을 때리고
주먹을 휘둘러 고소당하여 들어왔습니다"라고 말했습니다.
제가 부르는 찬송을 듣고서 회개하였던 것입니다. "선생님의 찬
송을 들으니, 가슴이 찢어지는 것 같습니다. 우리 아버지, 어머니
가 이 개망나니 아들 때문에 식음을 전폐하고 기도하신다는 소식
을 듣고 괴로워하고 있었는데, 선생님의 찬송을 들으니, 더더욱 제
가슴이 찢어지는 것 같습니다" 하면서 회개하고 있었습니다.
그 청년이 지금까지 우리 교회와 관계를 맺고 있습니다. 그 뒤
형기를 모두 마치고 나와서 얼마나 성실한 사람으로 변했는지 모
릅니다. 이것이 바로 찬송이 가지는 힘이고, 능력이라 믿습니다.
찬송은 길잃고 헤매는 영혼에게 길을 보여 주고, 힘잃고 좌절하여
탄식하는 영혼에게 새로운 용기를 솟아나게 해줍니다. 여러분, 이
같이 놀라운 찬송가의 능력이 여러분 가정에, 심령에 임하시기를
바랍니다.

찬송을 통해 붙들어주시는 하나님

제가 남양만에서 선교하다가 실패한 적이 있습니다. 보통 실패한 정도가 아니었습니다. 두레마을이란 생활공동체를 시작하였었는데, 얼마 가지 않아서 온갖 문제가 발생하여 더이상 운영할 수 없게 되었습니다. 뜻을 같이하여 모였었지만, 실패하게 되자 서로를 원망하기 시작했습니다. 나중엔 지도자인 목사를 원망하면서 윽박지르기 시작하는데, 두레마을을 깨어버리자고 하기에 제가 타이르며 끝까지 지켜나가자고 하였습니다. 이것은 작은 출발이었지만, 그러나 한국 농촌에 새 희망과 가능성을 일깨워주는 시도이므로 어떤 고난과 역경이 닥쳐와도 끝까지 노력하여 성공시켜야 한다고 주장했습니다. 그랬더니 "김 목사가 박태선처럼 우리를 꾀어다가 망하게 만든다"고 하면서 우— 달려들더니, 저에게 몰매를 때렸습니다. 그때 제가 눈을 감고 맞았습니다. 교인들이 저를 때리는 것을 눈뜨고 볼 수가 없었기 때문입니다

몰매가 끝났을 때 제가 계속 눈감고 있으면서 말했습니다. "저를 때린 분은 모두 나가 주십시오. 서로 얼굴을 보면 멋적고 미안할테니, 제가 눈뜨기 전에 나가 주시오" 했습니다. 한참 있다가 눈을 뜬 뒤에 "나를 때린 사람은 모두 밖으로 나갔구나"라고 말하여, 큰 죄나 지은듯 미안해하는 그들을 달랬습니다. 사실 때린 사람들은 거기 그대로 있었습니다.

입술이 터지고, 몸은 쑤시는데, 그러자니 가만히 앉아 있기도 괴로웠습니다. 더더욱 괴로운 것은 미안쩍어 어쩔 줄 모르는 그들 얼굴을 마주보는 일이었습니다. 그래서 제가 일어섰습니다. 울적한 심정을 달랠 겸 혼자서 달밤에 걷기 시작했습니다.

바다를 막아 이룩한 남양만의 직경이 17km입니다. 입이 터져서 피가 흐르기에 제가 그것을 빨아 먹으면서 왕복 34km를 걸었습니

다. 그때 시편 37편 23－24절을 묵상했습니다.

"여호와께서 사람의 걸음을 정하시고 그 길을 기뻐하시니 저는
넘어지나 아주 엎드러지지 아니함은 여호와께서 손으로 붙드심
이로다."

하나님을 믿는 우리가 자기 마음대로 삶을 사는 것 같아도 5년,
10년이 지난 뒤에 과거를 돌아보면 자기 마음대로 산 것은 아무 것
도 없음을 깨닫게 됩니다. 하루 하루, 한 달 한 달 사는 것은 자기
뜻대로 사는 것 같은데, 즉 자신이 잘해서 성공하고, 못해서 실패
한 것 같은데, 이상하게도 10년, 20년의 긴 세월을 돌아보면 자기
마음대로 한 것이 없습니다. 하나님의 손 안에서 모든 것이 이루어
졌음을 신앙고백을 통해 깨닫게 됩니다.
시편 37편에서는 "여호와께서 사람의 걸음을 정하시고 그 길을
기뻐하시니"라고 했습니다. 우리가 하나님의 은혜 가운데 살아온
길을 하나님은 기뻐하십니다. 성도의 순종하는 삶을 하나님은 기
뻐하십니다. 그렇지만 여호와께서 기뻐하는 삶을 살아가고, 그 길
을 걸어가는 사람은 모든 것이 잘 되기만 합니까? 모든 것이 성공
하고 뜻대로 이루어지게 됩니까? 그렇지 않습니다. 하나님께서
정하시고 기뻐하시는 길을 걸어가는 사람도 실패하고, 좌절하고,
낙심하게 됩니다. 시편 37편 24절을 읽겠습니다.

"저는 넘어지나 아주 엎드러지지 아니함은 여호와께서 손으로
붙드심이로다."

하나님께서 기뻐하는 길을 걸어가는 사람도 넘어진다는 것입니

다. 하나님의 은혜로 살아가는 사람도 실패하고, 좌절하고, 벽에 부딪친다는 것입니다. 성령받은 사람은 그 하는 일이 모두가 잘 되고 순탄해야 될 것 같은데 그렇지 않다는 것입니다. 은혜받은 사람도, 성령받은 사람도, 사명받은 사람도 넘어지고, 낭패하고 좌절한다는 것입니다. 중요한 것은 좌절하고 낭패하고 탄식하지만, 그러나 믿는 자는 여기에서 아주 엎드러지지 않는다고 하였습니다.

믿지 않는 사람도, 믿는 사람도 실패하고 좌절하고 탄식하지만, 그러나 다른 점은 그 다음 단계입니다. 성도는 실패와 좌절, 낭패와 탄식, 그것으로 인생이 끝나지 않는다고 하였습니다. 왜 그렇습니까? 여호와께서 손으로 붙들어 주시기 때문입니다. 넘어지고 실패하고 탄식하지만, 여호와께서 붙들어주심을 믿는 그 믿음으로 힘과 용기를 얻습니다. 넘어진 것으로 인생이 끝나지 아니하고, 다시 은혜 충만한 삶으로, 더 깊은 깨달음으로 보다 참된 삶의 감격이, 그 앞에 그 골짝 그 언덕 너머에 기다리고 있음을 믿음으로, 영의 눈으로 바라볼 수 있게 되는 것입니다.

제가 이 말씀을 묵상하면서 그 벌판 왕복 34km를 말없이 걸었습니다. 새벽 3시 경 교회로 되돌아와 피아노 앞에 앉아서 이 찬송 '내 주를 가까이 하게 함은'을 불렀습니다. 그러자 감격이 북받쳐 울음을 터뜨렸습니다. "내 고생하는 것은 옛날 야곱이 광야에서 돌베게 베고 자던 그날 밤과 같습니다. 야곱이 잠을 깨어 일어나 그 돌로 제단을 쌓은 것 본받아서, 숨질 때 되도록 찬송 부르면서 주님 앞에 한 걸음, 한 걸음 가겠습니다." 이렇게 찬송을 불렀습니다. 그러고서 저는 은혜를 받았습니다. 가슴이 뜨거워졌습니다.

내 주를 가까이 하게 함은
십자가 짐같은 고생이나

내 일생 소원은 늘 찬송하면서
주께 더 나가기 원합니다

내 고생하는 것 옛 야곱이
돌 베개 베고 잠 같습니다
꿈에도 소원이 늘 찬송하면서
주께 더 나가기 원합니다

천성에 가는 길 험하여도
생명길 되나니 은혜로다
천사 날 부르니 늘 찬송하면서
주께 더 나가기 원합니다

야곱이 잠깨어 일어난 후
돌단을 쌓은 것 본 받아서
숨질 때 되도록 늘 찬송하면서
주께 더 나가기 원합니다.

저는 이 찬송을 부를 때마다 은혜받고, 영감을 받습니다. 이 찬송가를 부를 때면 언제나 그 배경이 되는 본문 말씀 창세기 28장 10-19절을 생각합니다. 이 말씀과 찬송가 364장은 짝을 이루고 있습니다. 다시 한번 본문 말씀을 읽겠습니다.

"야곱이 브엘세바에서 떠나 하란으로 향하여 가더니 한 곳에 이르러는 해가 진지라 거기서 유숙하고 그 곳의 한 돌을 취하여 베개하고 거기 누워 자더니."

하나님이 야곱을 축복하신 까닭

야곱이 브엘세바를 떠나 하란으로 향해 갔습니다. 인생은 누구나 브엘세바를 떠나 하란을 향해 가는 야곱과 같습니다. 모든 사람은 떠난 곳이 있습니다. 저는 46년 전에 경북 청송에서 떠났습니다. 그래서 지금은 경기도 화성군 남양만이라는 곳에 있습니다. 여러분 각자가 떠난 장소와 시간은 다릅니다. 지금은 우리가 한 곳에 모였습니다.

야곱은 브엘세바를 떠나 하란을 향해 먼 길을 떠났습니다. 인적 없는 광야의 한 지점에 이르렀을 때, 서산에 해는 지고 적막이 몰아치는 어두움이 깊어지자 여행 길에 지친 몸을 누이고, 돌베개를 베고, 짐승들의 울음 소리를 자장가 삼고, 하늘의 별을 이불 삼아 고독과 공포를 달래면서 조용히 잠을 청했습니다.

야곱의 이 여행 길은 희망을 갖고 당당하게 떠나는 그러한 축복스런 여행이 아니었습니다. 죄를 짓고 떠나온 것이었습니다. 아버지를 속이고, 형을 속였습니다. 아버지께 사기쳐서 형의 복을 가로채었던 것입니다. 이것이 탄로나자 목숨을 건지려고 도망가는 길이었습니다. 틀림없이 야곱의 심중에는 후회와 갈등, 회한과 탄식이 얼키고 설켜 있었을 것입니다. 목숨만은 건지려고 자신의 외삼촌에게 몸을 의탁하러 가고 있었지만, 외삼촌이 지금도 그곳에 살고 있는지, 살고 있다 해도 사기치고 도망쳐온 자신을 반겨줄지, 전혀 알 길이 없었습니다. 불안한 미래를 앞에 두고, 부끄럽고 죄지은 과거를 등에 졌으니, 외롭고 고독할 뿐 스스로도 떳떳하지 못했습니다.

이것이 어찌 옛날 야곱만의 모습이겠습니까? 우리 모두 그러한 처지에 놓여 있었습니다. 그래서 "내 고생하는 것 옛 야곱이 돌베개 베고 잠 같습니다"하고 우리는 찬송을 부릅니다.

그런데 야곱은 꿈에 하나님을 만났습니다. 하늘에 걸린 사다리를 보았습니다. 저는 어려서부터 교회를 다녔는데 성경 이야기를 배우면서, 야곱에 관한 한 가지 의문과 불만이 있었습니다. 하나님께서 왜 형 에서를 축복하지 아니하시고, 사기성이 짙은 동생 야곱을 축복하셨을까? 분명히 야곱은 사기성이 농후한 사람이었습니다. 그 형 에서는 당당한 사람이었습니다. 자신의 힘으로 사냥해서 부모 공양하고, 자기 노력으로 사나이답게 살아가던 사람이 에서였습니다. 그런데 하나님께서 사나이답고 당당한 에서를 축복하지 아니하시고, 왜 남자 중에 시원찮은 못난이, 꾀로 살면서 수단방법 가리지 않고, 목적 달성을 위해 아버지와 형을 사기친 그런 야곱을 축복하셨을까? 이것은 어려서부터 품었던 커다란 의문이었습니다. 외람된 말입니다마는 에서와 야곱 형제의 축복에 관한 한 하나님의 처사가 마음에 들지 아니했습니다. 이건 너무도 잘못된 처사가 아닌가? 이렇게 되면 오늘날의 교인들도 속이고 요령껏 잔꾀를 부려서 편법으로 복 받을 생각만 할 것이지, 누가 땀흘리고 노력하여 정정당당한 대가만을 받으려고 하겠나 싶어, 하나님의 처사가 잘못된 것이라고 생각하였었습니다.

그런데 저도 나이가 들면서 인생의 쓴맛, 단맛을 모두 겪고 나서 하나님께서 야곱을 축복하신 이유를 깨닫게 되었습니다. 경황없이 쫓기어 목숨만 건지려 도망가던 그날 밤, 뒤로 물러설 수도 앞으로 나아갈 수도 없이 벽에 부딪힌 절막한 환경, 그 극한 상황 속에서 야곱은 꿈에 하나님을 만났다는 사실에서 저는 하나님이 야곱을 축복하신 이유를 미루어 짐작할 수 있게 되었습니다.

여러분, 인간의 참 모습이 언제 나타납니까? 평소에는 화도 내고, 실망도 하고, 싸우기도 합니다. 평소에는 밝은 면, 어두운 면이 함께 뒤섞이어 착하기도 하고, 때묻기도 하면서 뒤죽박죽으로

살아갑니다. 착하다 하여도 오십 보 백 보이고, 몹쓸 녀석이라 해
도 사람이 하는 일은 거기서 거기일 뿐, 별반 차이가 없는 것입니
다. 그러나 사람은 벽에 부딪쳤을 때, 죽음을 앞두게 되었을 때,
자신의 힘으로 어쩔 수 없는 절박한 궁지에 몰렸을 때, 그 한계상
황에서 인간은 내면 가장 깊숙한 곳에 감추어져 있던 자신의 참 모
습이 드러나게 됩니다. 그러한 상황에서 야곱이 무엇을 꿈꾸었느
냐 하는 것으로 야곱의 본성이 명백히 밝혀졌다고 저는 생각합니
다.

저는 야곱과 같이 처절한 인생의 밑바닥에 떨어졌을 때 하늘에
올라가는 사다리를 꿈꾸지 못했습니다. 그 절박한 상황에서, 저는
하나님을 만나지 못했습니다. 인생의 최후처럼 느꼈던 그 절박한
상황에서 저는 풍성한 식탁에 온갖 맛있는 음식이 차려진 것을 꿈
꾸기도 했고, 감옥에서 추위에 웅크리고 떨었을 때 따뜻한 온돌방
을 꿈꾸기도 했습니다. 가장 어렵고 고통스러운 절박한 상황에서
저는 꿈에 어머님을 만나고, 형제는 보았어도 저를 돌봐주시는 하
나님을 만나지는 못했습니다. 이 점에서 야곱은 평소의 사기성과
잔꾀에도 불구하고, 그 심령 깊은 곳에 하나님을 사모하는 간절함
이 있었다고 저는 생각합니다.

야곱의 영혼 깊은 곳에 은혜를 사모하고, 하나님을 만나고자 하
는 간절함이 그의 참 모습을 이루고 있었다고 저는 해석합니다. 이
같은 야곱의 깊은 영성과 숨겨진 진실함을 보시고, 하나님께서는
그를 축복하셨다고 생각합니다.

하나님의 축복의 방법

야곱은 그날 밤 하늘에 걸쳐 있던 사다리를 보고, 그 사다리 위에
계시는 하나님를 보았습니다. 그 사다리를 천사가 오르락내리락하

면서 야곱을 하나님께 연결시켜 주었습니다. 창세기 28장 12−13
절 말씀을 읽겠습니다.

"꿈에 본즉 사닥다리가 땅 위에 섰는데 그 꼭대기가 하늘에 닿았
고 또 본즉 하나님의 사자가 그 위에서 오르락내리락하고 또 본
즉 여호와께서 그 위에 서서 가라사대 나는 여호와니 너희 조부
아브라함의 하나님이요 이삭의 하나님이라 너 누운 땅을 내가
너와 네 자손에 주리니."

여호와께서 그날 돌을 베고 자는 야곱에게 나타나셔서 "나는 여
호와니, 네 조부 아브라함의 하나님이요, 네 아버지 이삭의 하나님
이라"고 말씀하셨습니다. 이 말씀은 어제 오늘 갑작스레 야곱 보살
피는 하나님이 된 것이 아니라, 조상 때부터 대를 이어 오면서 역
사 속에서 야곱을 지키고 붙들어왔음을 말씀해주신 것입니다. 그
래서 기독교 신앙을 역사성 있는 신앙이라 부르고, 기독교를 역사
성 있는 종교라 부릅니다. 하나님은 우리가 하나님을 알기 이전부
터 우리의 하나님으로서, 역사의 흐름 속에 우리를 보살피셨다는
것입니다. 조상 때부터 너를 붙들어 대를 이으며 보살펴왔던 나 여
호와는 지금 너에게 축복을 줄 뿐 아니라, 네 자손에게까지 지금
네가 누워있는 땅을 축복의 땅으로 준다고 약속해 주셨습니다.
 이 약속의 말씀을 읽으면서 저는 깊은 명상을 해보았습니다. 그
누워있던 땅이 어떤 땅이었습니까? 본문 말씀을 읽으면서 저는
이상한 것을 발견합니다. 하나님께서 야곱에게 축복의 땅을 주시
려면, 물도 많고 곡식도 잘 되는 기름진 옥토를 주실 것이지, 어째
서 사막의 땅을 주셨을까? 축복의 땅이라는 그 광야는 사막으로
서 풀포기도 별로 자라나지 못하여 낮에는 내려쬐는 햇볕으로 견

딜 수 없을 만큼 뜨겁고, 밤이면 기온이 뚝 떨어져서 춥습니다. 기온의 급강하 현상 때문에 돌은 갈라지고, 풀마저 자라지 못하는데, 무서운 불뱀들은 득실거립니다. 왜 하나님께서는 야곱에게 축복을 주시면서 젖과 꿀이 흐르는 좋은 옥토를 주시지 않고, 그렇게도 바싹 메마른 땅을 주셨을까? 그 메마른 땅은 도무지 축복이라고 느껴지지 않는데, 그런데도 하나님께서는 축복으로 주셨습니다. 왜 그렇게 하셨겠습니까?

제가 추측하기에는 그것이 옛날이나 지금이나 마찬가지로 하나님께서 성도들에게 내리시는 축복의 원칙이 아닌가 생각해봅니다. 우리들에게 축복을 내리실 때 좋은 환경, 좋은 여건, 좋은 건강……등 모두를 최상의 조건으로 주시지 아니하시고, 나쁜 상태, 나쁜 환경, 나쁜 조건을 주셨습니다. 그래서 역경과 어려움, 실패와 좌절 속에서 주님 의지하고, 영으로 극복하면서 땀흘리고 노력해서 열매 맺고 싸워서 이김으로써 승리를 맛보게 하고, 여기에서 하나님의 역사하심을 봄으로써 영의 눈을 뜨고 은혜를 깨닫게 하는 것이 하나님의 축복의 방법이라고 저는 생각합니다.

특히 저는 빈민촌, 감옥, 농촌 개척지에서 험한 세월을 어렵게 살아오면서 그러한 하나님의 축복을 깊이 생각해 봅니다. 세파에 휩쓸려 인생을 실패하고 탄식과 상처로 얼룩진 사람들 속에서, 거듭된 실패로 좌절하고 낙오되어 자신을 괴롭히면서 하루를 살고, 주위의 사람들을 다시 괴롭혀 하루를 살아가던, 내일이 없는 사람들 속에서 살면서, 하나님의 은총은 좋은 환경에서 부어주시는 것이 아니라는 것을 알았습니다. 어려움 속에 가시밭 길을 걸어가면서 여기에 도전하여 길을 뚫고, 흘리는 땀방울 속에 보람을 쌓음으로써 옥토를 가꾸어내는 것이 하나님의 축복이 아닌가 하고 생각해 봅니다. 본문 말씀에 그런 뜻이 담겨져 있다고 저는 해석합니다.

기독교적 축복관

하나님은 그 축복을 창세기 28장 14절에서 계속하여 내려 주십니다.

> "네 자손이 땅의 티끌같이 되어서 동서남북에 편만할지며 땅의 모든 족속이 너와 네 자손을 인하여 복을 얻으리라."

하나님께서는 야곱에게 땅의 모든 족속이 네 자손을 통해서 복을 받는다고 말씀하셨습니다. 저는 이 말씀을 읽으면서 기독교적 축복관의 원형이 여기 담겨져 있다고 보는 것입니다. 복을 받기는 야곱이 받는데, 복을 누리고 사는 것은 야곱과 그 자손이 아니라 땅의 모든 족속이라고 하였습니다. 아직 하나님을 만나지 못하고, 아직 예수 그리스도의 사랑과 복음이 무엇인지 알지 못하는 다른 족속들이 복을 누리고 산다고 하셨습니다. 복을 받기는 내가 받는데, 그 복을 누리는 사람은 내가 아닌 다른 사람들이라는 것입니다.

이것이 바로 기독교적 축복관입니다. 이를 전해 주는 중개인일 뿐입니다. 복덕방 주인은 자기가 소개한 집에 들어가 살지 아니합니다. 소개받는 사람이 들어가서 살게 됩니다. 우리는 축복의 복덕방입니다. 내가 받은 복을 내가 누리고 살면 그 복은 기독교적이 아니고, 또 그러한 복을 받은 이도 크리스천일 수 없습니다. 이웃 사람, 나 아닌 다른 사람이 그 복을 누리도록 심부름 해주는 것이 크리스천입니다.

예수님께서는 마태복음 5장에서 "의에 주리고 목마른 자는 복이 있나니, 의를 위하여 핍박을 받는 자는 복이 있나니, 가난한 자는 복이 있나니, 애통하는 자는 복이 있나니 ……"라고 하여 우리가 생각하고 있는 복과는 전혀 다른 복을 가르쳐 주셨습니다. 한국 교회 강대상에서 설교되는 복과는 너무도 다른 복을 가르쳐 주셨습니다. 하나님께서 야곱에게 약속하신 복과 예수님께서 말씀하신 복은 모두가 상식을 뛰어넘는 고귀한 것입니다. 우리들의 생각과는 너무도 다릅니다. 우리는 하나님이 주시는 복을 우리가 누리고 살려고 급급합니다. 그러나 성경에는 그러한 축복은 약속되어 있지 않습니다. 성경에는 내가 받은 복을 다른 이에게, 이웃에게 전하라고 하였습니다. 심부름만 하라고 하였습니다.

그리고 나서 하나님이 야곱에게 주신 진짜 축복이 있습니다. 그것은 아주 신령한 축복이었습니다. 하나님께서는 복에 대해서는 심부름만 하게 하시고, 그 다음 야곱을 위하여 진짜 축복을 따로 마련해 주셨습니다. 창세기 28장 15절 말씀을 읽겠습니다.

"내가 너와 함께 있어 네가 어디로 가든지 너를 지키며 너를 이끌어 이 땅으로 돌아오게 할지라 내가 네게 허락한 것을 다 이루기까지 너를 떠나지 아니하리라."

여호와께서 야곱에게 허락하신 축복이 무엇입니까? 내가 너와 함께 있겠다고 하였습니다. 내가 너에게 현찰로써 축복을 주거나, 병고쳐 주고, 자식 잘 되고, 사업 잘되게 해주는 것이 아니라 항상 너와 함께 있겠다고 말씀하셨습니다. 험한 삶을 살든지, 평안한 삶을 살든지, 노동자로 일하든지, 농민으로 일하든지, 주부가 되어 일하든지, 감옥에 있든지, 빈민촌에 있든지, 농촌에 있든지, 언제든지 어디서나 여호와께서 함께 하신다는 것, 그 이상의 축복이 어디 있겠습니까? 성도에게 주시는 축복이라면 살아계시는 하나님이 항상 함께 계신다는 것, 그 이상의 축복이 있을 수 없습니다.

하나님이 함께 계시면 감옥도 천국이 되는 것입니다. 하나님이 함께하시지 않으면 아무리 좋은 자리도, 환경도, 삶도 모두 의미를 잃고, 탄식과 죄악의 소굴이 될 것입니다.

하나님이 나와 함께 계신다는 것, 이 얼마나 위대한 축복입니까? "내가 너와 함께 있겠다", 그것이면 끝나는 것인데, 우리 교인들이 이를 잘 깨닫지 못합니다. 무엇을 봐야 하고, 받아야 되고……. 여러분, 그것은 영적으로 너무도 어린 초신자의 얘기입니다. 은혜가 깊어지고 바로 깨닫게 되면, 하나님이 나와 같이 있다는 것, 그 이상 바랄 것이 무엇이 있겠습니까?

항상 함께 계시는 하나님

유명한 선교사 리빙스턴은 인생을 걸고 아프리카에서 선교했습니다. 노년에 영국 왕실에서 작위를 내리고 커다란 잔치를 베풀어 주었습니다. 신문 기자들이 몰려와서 리빙스턴 선교사에게 물었습니다. "그 어려운 아프리카 오지에서 독사에 물리고, 식인종에게 잡히는 등 생명 걸고 선교의 사명을 감당하셨는데, 성공하신 비결이 무엇입니까?" 그러자 리빙스턴이 유명한 말을 했습니다. "내가 일생 동안 묵묵히 선교 사업에 순종할 수 있었던 비결은 마태복음 끝장 끝절입니다." 신문 기자들이 성경을 압니까? 그래서 "마태복음 끝장 끝절이 무엇입니까?" 했더니, "성경을 찾아보세요"라고 대답하기에 갑자기 모두들 성경 찾느라고 요란했었다고 합니다. 마태복음 끝장 끝절, 즉 28장 20절을 보겠습니다.

"내가 너희에게 분부한 모든 것을 가르쳐 지키게 하라 볼지어다 내가 세상 끝날까지 하나님이 항상 함께 있으리라 하시니라."

세상 끝날까지 하나님이 항상 함께 계신다는 것 이것이 리빙스턴이 성공한 비결이라고 하였습니다. 식인종에게 잡혔을 때나, 독사에게 물렸을 때나 언제든지 마태복음 28장 마지막 절의 말씀과 같이 하나님이 항상 함께 하셨다고 고백했습니다.

기분 좋은 때만 성령이 나와 함께 계시는 것이 아닙니다. 기쁠 때나, 슬플 때나, 망했을 때도, 흥했을 때도 언제든지 하나님은 우리와 함께 계신다고 하였습니다. 좋은 일을 맞이하든지, 나쁜 일을 당하든지, 칭찬을 듣든지, 잘못하여 욕을 듣고 실패하게 될 때라도 언제든지 임마누엘 되신 주님이 여러분과 함께 하시기를 바랍니다. 얼마나 귀한 축복입니까?

그 축복의 말씀을 생각하면서 창세기 28장 16절 본문 말씀으로 돌아오겠습니다.

"야곱이 잠이 깨어 가로되 여호와께서 과연 여기 계시거늘 내가 알지 못하였도다."

야곱이 깨달았습니다. 하나님의 음성을 듣고 하나님이 어디 계시는가를 분명히 알게 되었습니다. 하나님은 야곱이 꿈에서 만나 본 뒤에만 함께 계시는 것이 아니라, 이전에 외롭다고 탄식하고 있었을 때도 하나님은 함께 계셨는데, 야곱이 이를 알지 못하였습니다. 오늘날도 마찬가지입니다. 하나님은 언제나 여러분과 함께 계시는데 이를 알지 못하고 있지 않습니까? 머리로만 이해할 뿐, 가슴으로, 믿음으로 깨닫지 못하고 있지 않습니까? 17절 말씀을 읽겠습니다.

"이에 두려워하여 가로되 두렵도다 이곳이여 다른 것이 아니라 이는 하나님의 전이요 이는 하늘의 문이로다 하고."

자신이 깨닫지 못하였을 때는 그곳이 물없는 사막이요, 황량한 광야로서 탄식하는 절망의 자리였는데, 하나님을 만나 은혜받고 사명을 깨닫고 나니, 이 자리가 하늘의 문이고, 하나님과 직통하는 자리이고, 하나님께서 친히 거하시는 전임을 알게 되었습니다. 내가 알지 못했을 때는 내 직장이, 내 가정이 형편없는 불만의 자리였는데, 내가 하나님을 알지 못했을 때는 내 남편이, 내 아내가 그렇게도 마음에 들지 아니했었는데, 은혜받고 하나님을 만나고 나니 내 가정이 천국이고, 내 남편, 내 아내를 하나님께서 주셨음을 알게 됩니다. 이 얼마나 귀한 깨달음입니까?

천국으로 들어가는 문

한 자매분이 결혼 잘못했다고 늘 불평하시면서 지내더니, 하루는 저를 찾아와서 "목사님 내 눈 내가 찔렀어요"하고 탄식하듯 말하기에 "왜 그러세요?"하고 물었습니다. "첫번 선본 남자가 좋았는데 ……, 우리 부모가 그렇게 권하는 것을, 내가 괜히 지금 애기 아버지가 좋다고 결혼하였더니, 이게 무슨 짓입니까? 내 눈 내가 찔렀습니다. 손은 갈쿠리같이 되고, 여자 손이 이게 무엇입니까? 농촌에서 매일같이 땅만 파고……. 첫번 선본 남자는 사업에 성공하여 지금 서울 어느 아파트에 산다는데……"라고 넋두리를 했습니다. 웃음이 나오는 것을 참고서 제가 말했습니다.

"자매님, 정신 차리세요. 애들 말로 주제파악을 하세요."

"목사님, 왜 그러세요? 제 주제가 무엇이 어때서요?"

"참 답답하네요. 내가 보기에는 지금 남편이 만점인데, 무엇을 더 바라세요? 고마운 줄 알아야지, 무슨 말을 그렇게 하세요?
남편 되시는 분 성질이 어찌나 좋았던지 별명이 공자님 아니세
요? 그 남편이 얼마나 좋은 분이세요? 일평생 얼굴을 찌푸려
요? 소리를 한번 크게 지르나요? 그 이상 어떻게 하라는 건가
요?"
"차라리 남자가 한 잔 먹고 소리도 지르고 한 대 쥐어 박는 게
좋지. 너무 박력없이, 눈을 감았는지 떴는지 모르니, 지루해서
못 살겠어요."
"좋습니다. 그러면 내가 남편되시는 분에게 부탁하겠어요. 시험
삼아 사흘 간만 밤낮 후둘겨 패라고. 사흘만 시험삼아 원·투를
하게 되면, '아이고, 옛날 남편이 좋아' 하고 통사정 할텐데…
…. 좋은 것을 좋은 줄 모르면 내 것이 아니예요. 첫번 선본 남
자 자꾸 들먹이지 말아요. 그 남자 예수 믿어요?"
"아니요, 예수를 믿지 않아요. 그래서 제가 결혼하지 않았지
요."
"그것 보세요. 예수 믿지 않고, 사업하여 돈 벌면 어디 가서 눈
물의 자식이나 데려오면 어쨌을 거요? 밤 한 시나, 두 시 되어
술 취하여 집에 들어오면 어떻게 했을 거요?"
"허기는 그래요, 제 남편은 예수 믿으니, 술을 마시나, 소리를
지르나, 그러니 내 복에는 맞지요."
"그렇게 알고 살아야지요. 하나님이 딱 맞다고 주신 남편을 두
고 다른 생각하면 안됩니다. 받은 것을 감사하게 생각할 줄 알아
야지요."
그렇게 일러준 후 오늘까지 잘 지내고 있습니다.
여러분 중에 엉뚱하게 처음 연애하던 사람 생각하는 분 계시지
않습니까? 남의 밥의 콩이 굵어 보인다는 속담처럼 남의 것은 좋

고, 내 것은 시들하게 생각하지 않습니까? 어떻게 평생을 연애하던 때의 기분 같이만 살 수야 있겠습니까? 은혜로 사는 것입니다. 누구나 인간이기에 약점도 있고, 단점도 있지만 받은 바 은혜를 감사함으로 깨달을 때, 우리의 믿음은 생활 속에 뿌리를 내리게 되는 것입니다. 이것이 우리 크리스천들이 추구하는 생활화된 신앙의 삶입니다. 자기 직장, 자기 가족, 자기 삶이 불편스러운 사람은 아직 은혜가 무엇인지, 감사의 생활이 무엇인지 알지 못하는 사람입니다.

야곱은 그때 이 은혜, 이 감사를 깨달은 것이었습니다. 어제 저녁 잠들기 전에는 피곤하고, 지치고, 외로웠는데, 꿈에 하나님을 만나고 나니 자신이 황량한 광야에 버려져있던 것이 아니라, 자신이 있던 그 자리가 하나님과 직통하는 하늘 문이었음을 깨달았습니다. 그곳이 짜증스럽고 탄식하는 그런 자리가 아니라, 하나님의 축복이 넘치는 은혜 충만한 자리임을 깨닫게 된 것입니다. 자신의 일생과 생명을 걸고 지켜야 할 사명의 자리였음을 알게 되었습니다. 이것이 신앙의 핵심이고, 위력인 것입니다. 깨닫기 전에는 지겹고 짜증나고 탄식스럽던 삶이, 은혜받고 깨달으면 넘치는 기쁨과 감사하는 삶이 됩니다.

은혜받아도 그 직장, 그 가정, 그 생활은 여전히 그대로인대 무엇이 변했습니까? 자기 자신이 변한 것입니다. 주위 환경 같은 외적 요소가 변한 것이 아니라, 자신의 내면 깊숙한 곳에서 변화가 일어난 것입니다. 이것이 은혜요, 깨달음입니다.

그래서 야곱은 이튿날 아침 일찍 일어나, 베고 잤던 돌로 기둥을 세우고 그 위에 기름을 붓고 그 곳을 벧엘, 즉 '하나님의 집'이라 불렀던 것입니다. 여러분의 가정이 모두 벧엘임을 깨닫게 되기를 바랍니다. 여러분이 섬기는 교회가 벧엘교회인 것으로 알기를 바랍니다.

우리는 찬송가 364장을 부르면서 이 본문 말씀을 묵상할 수 있어야 하겠습니다. 우리가 서 있는 그곳에 짜증과 피곤, 좌절과 탄식이 있을지라도, 그곳에서 하늘에 걸린 사다리를 볼 수 있는 영감이 있어야 하겠습니다. 성도들은 영의 눈을 뜨고 하늘에 걸린 사다리를 볼 수 있어야 하겠습니다. 그 사다리 위에 계시는 하나님의 음성을 들을 수 있어야 할 때입니다. 우리 앞에 놓인 이권, 경제……등과 같은 땅 위의 것만을 보지 않기를 바랍니다. 눈을 들어 하늘에 걸린 사다리를 보시기 바랍니다.

예수님께서 무엇이라 말씀하셨습니까? 어떤 자가 보라고 하셨습니까? "눈 있는 자 볼지어다"라고 하셨습니다. 누구나 눈이 있는데, 예수께서 말씀하신 눈은 어떤 눈입니까? 야곱이 땅 위만을 보았을 때, 그 곳엔 황량한 사막, 버려진 벌판에 탄식과 좌절, 피곤과 절망만이 있었는데, 그날 밤 영의 눈으로 하늘을 바라보았을 때 하늘에 걸린 사다리와 그 위에 계시는 하나님을 보았습니다. 현실이 아무리 각박하고 어렵더라도 하늘에 걸린 사다리를 볼 수 있는 눈을 가지시기를 바랍니다. 그리고 그 사다리에서 하나님과 우리 사이를 오가는 천사들의 움직임을 볼 수 있어야 하겠습니다. 그리고 내가 서 있는 이 위치가 하늘로 통하는 문임을 여러분 모두 깨닫게 되기를 바랍니다.

기도

야곱이 브엘세바를 떠나 하란을 향해 가듯이 저희들도 어딘가를 떠나 주님 나라를 향해 가고 있습니다.

주여, 기도 드리옵나니 야곱이 꿈에 하늘에 걸린 사다리를 보았듯이, 저희들도 저희 앞에서 하늘에 걸린 사다리를 볼 수 있는 눈을 열어 주시옵소서. 하늘에 계신 하나님의 음성을 들을 수 있는 귀를 열어 주시옵소서. 세상 삶에 지치고 짜증날지라도, 우리 몸이 피곤하여 낙심할지라도, 하늘에 걸린 사다리를 보고 그 위에 계신 하나님의 음성, '너 누운 땅을 내가 너와 네 자손에게 주리라'는 그 말씀을 듣고, 잠깨어 일어날 수 있는 저희들이 되게 하여 주시옵소서.

주여, 기도드리옵나이다. 저희들이 알지 못하였을 때는 이 자리가 외롭고 피곤하고 고통스런 자리였을지라도, 하나님께서 함께 하심을 깨달은 뒤에 하늘로 통하는 문이요, 은혜의 자리요, 사명의 자리인 것을 깨달음으로써, 저희들이 선 자리가 벧엘인 것을 알게 하여 주시옵소서. 저희들이 고생하는 것은 옛날 야곱이 돌베개를 베고 자던 그날 밤과 같습니다.

주여, 기도드리옵나니 꿈에도 소원이 늘 찬송하면서, 탄식과 한숨 대신에 늘 찬송하면서, 주님께 한 걸음 한 걸음 날마다 가까이 가는 삶이 되게 인도하여 주시옵소서. 천성에 가는 길이 험할지라도 생명 길이기에 은혜로 알고 걸어갈 수 있게 하여 주시옵소서. 천사가 부르는 그 음성을 들을 수 있게 하여 주시옵시고, 주님께서 내가 너와 세상 끝날까지 항상 함께 하신다는 그 말씀을 아멘으로 받아들일 수 있는, 신앙의 사람이 되게 하여 주시옵소서. 그리하여 날마다 주님께 한 걸음, 한 걸음 가까이 가게 하여 주시옵소서. 야곱이 잠깨어 일어난 후에 돌단을 쌓았던 것을 본받아서, 은혜의 단을 쌓고, 여기가 벧엘임을 고백할 수 있게 하여 주시옵소서.

주여, 기도드리옵나니 숨질 때 되기까지 이 땅에서 진실로 찬송하면서, 주님 앞에 가까이 갈 수 있는 은혜와 은총을 허락하시옵소서. 저희가 은혜를 사모하여 세상살이에 피곤한 육신을 무릅쓰고 이렇게 주님 앞에 나왔습니다. 이 피곤한 자리가 야곱의 사막이 되게 하지 마옵시고, 벧엘의 집이 되게 하시옵소서. 하나님을 잊고 탄식하는 자리가 되지 말게 하시옵고, 하나님을 만남으로써 감격과 찬양, 새로운 출발이 있는 은혜의 자리가 되게 하여 주시옵소서. 하나님께서 내 가정, 내 교회, 내 삶과 함께하시는 그 손길, 그 음성, 그 축복이 생활 속에서 날마다 확인되는 은혜를 허락하여 주시옵소서.

예수님 이름 받들어 기도드렸사옵나이다. 아멘.

건전한 신앙생활

"그 때에 내가 열방의 입술을 깨끗케 하여 그들로 다 나 여호와의 이름을 부르며 일심으로 섬기게 하리니 내게 구하는 백성들 곧 내가 흩은 자의 딸이 구스 하수 건너편에서부터 예물을 가지고 와서 내게 드릴찌라 그 날에 네가 내게 범죄한 모든 행위를 인하여 수치를 당하지 아니할 것은 그 때에 내가 너의 중에서 교만하여 자랑하는 자를 제하여 너로 나의 성산에서 다시는 교만하지 않게 할 것임이니라 내가 곤고하고 가난한 백성을 너의 중에 남겨 두리니 그들이 여호와의 이름을 의탁하여 보호를 받을찌라 이스라엘의 남은 자는 악을 행치 아니하며 거짓을 말하지 아니하며 입에 궤휼한 혀가 없으며 먹으며 누우나 놀라게 할 자가 없으리라"(습 3:9-13)

저는 평소에 건전함을 강조합니다. 상식적이란 것도 강조합니다. 물론 신앙생활에는 주관적인 신앙고백이 가장 중요합니다. 그러나 주관적인 신앙고백에도 객관성이 뒷받침 되어야 합니다. 우리들의 신앙생활 속에서도 그 신앙이 얼마만큼 객관적인 타당성이 있으며 얼마만큼 상식을 존중하는가 하는 문제는 늘 제기되어야 합니다.

진리의 3대요소

제가 대학에서 철학을 공부할 때 강의시간에 진리에 대하여 들었던 기억이 납니다. 어느 이론이나 학설이 진리냐 비진리냐를 판단함에는 세 가지 기준이 있어야 한다는 것이었습니다. 그 세가지 기준이란 객관성, 보편성 그리고 타당성이란 것이었습니다. 이 세 가지 객관성, 보편성, 타당성이 진리의 3대요소라 하겠습니다.

이점은 우리 크리스천들의 신앙생활에도 그대로 적용되어져야 합니다. 신앙고백의 세계가 아무리 주관적인 자기 내면의 세계일지라도, 같은 시대를 살아가는 다른 사람들에게 인정되어지는 객관성이 있어야 합니다. 몇몇 사람들이 모여서 그들끼리 좋은 것만으로 진리가 될 수는 없는 것입니다. 그리고 우리들의 신앙생활의 내용이 일반 상식적인 사람들도 그것에 공감하는 바의 보편성이 있어야 합니다. 상식적인 보통 사람들이 보고 거부감을 나타내는 신앙생활은 문제가 있다고 보아야겠습니다. 그래서 우리들의 신앙생활은 그러한 객관성과 보편성이 있어야 하는 동시에 타당성이 더해져야 겠습니다. 자기 혼자만이 이해할 수 있는 꿈 같은 소리를 늘어 놓으면서 같이 믿자고 한다면 곤란합니다. 물론 신앙의 세계와 상식의 세계와는 질적 차이가 있습니다. 신앙의 세계가 우리들의 상식으로 판단되어질 수 있다는 이야기는 절대 아닙니다. 신령한 영의 세계 또한 세상 사람들이 객관적으로 판단할 수 있다는 이야기도 아닙니다.

신앙의 세계가 상식이나 과학의 세계와는 질적으로 다름에도 불구하고, 우리 신앙인들이 그 신앙으로 살아가는 신앙생활만큼은 상식이 존중되어지고 객관적 타당성이 있어야겠다는 것입니다. 그렇지 않고 믿는 우리들 끼리만 "와와—"하고 우리 끼리만 뜨겁고 우리 끼리만 까무러쳤다 깼다 했지, 보통 사람들이 볼 때는 넌센스로 보이고 상식도 기준도 없는 것으로 보여진다면, 어떻게 건전한 신앙이라 하겠습니까? 그런데 우리들의 교회생활에는 불행하게도 상식이 존중되지 못하고, 객관적 타당성이 무시되어지는 경우가 허다합니다.

우리들은 어려서부터 교회생활에 익숙해서 자연스럽게 느껴지는 일들이, 교회 밖에 있는 일반인들에게는 잘 납득이 되지 않는 것입니다. 생각있는 청년들이나 지식인들이 보면 말도 안되는 소리인데, 우리 교인들에게는 전혀 문제가 되지 않는 것입니다. 오랜 교회생활에 익숙해져서, 틀린것인데도 불구하고 당연한 것으로 받아들여지는 것입니다. 말하자면 "가랑비에 옷젖는 줄 모른다"는 말과 같은 경우입니다.

실례를 들어 봅시다. 해마다 연말연시를 맞아 드리는 송구영신 예배가 있습니다. 묵은 한 해를 보내고 새로운 한 해를 맞이하는 시기에 드리는 그 예배야말로 예배 중의 예배라 할만큼 중요한 예배라 하겠습니다. 그런데 그 중요한 예배에서 교회들이 무슨 짓거리를 하느냐 하면, 강대상 위에 헌금봉투를 잔뜩 쌓아 두고 그 봉투 하나 하나를 읽고 있는 것입니다.

"아무게 장로 감사헌금 드렸습니다. 그 사업을 축복하여 주시옵소서!" "아무게 권사 헌금 드렸습니다. 그 아들 대학 합격케 하여주시옵소서!" "아무게 집사 축복 받기를 원하고 있습니다. 하늘로부터 임하는 축복을 충만으로 주실줄 믿습니다."

밤은 깊어 가는데 헌금봉투를 읽고 있는 소리는 끊이지 않고 계속되는 것입니다. 이것이 이른바 신년축복성회란 이름으로 모이는 집회에서 하고 있는 일입니다. 아마 여러분들 중에서도 연말연시를 기하여 본교회에서 드리는 그런 예배에 참석하셨던 분들이 계실 줄로 앎니다. 그런 자리에서 어떤 느낌을 받았습니까? 새해를 맞으며 드리는 첫 예배에서 헌금봉투를 올리고 그 봉투를 하나 하나 읽으며 축복을 빌어주는 행사가, 왠지 기독교 진리의 본질에 접근하는 방법이 아니라는 것을 어렴풋이나마 느끼면서도, 자신도 그런 분위기에 끼어들지 않을 수 없었을 것입니다. 그런 자리에 빠지게 되면 괜히 불안해지는 것입니다. 참여하지 않았다가 아들이 대학입시에 떨어질까 불안하고, 사업이 부도나 나지 않을까 염려스러워지는 것입니다.

우리들은 똑똑한 것 같지만 실제는 참으로 어수룩합니다. 그리고 그 어수룩한 마음을 비집고 들어가서 종교사업이 벌어지게 됩니다. 교회는 생명운동, 진리운동이 일어나는 곳이 되어야 하는데, 예수 이름을 간판으로 걸어 두고는 종교사업이 왕성하여지는 것입니다. 기회만 있으면 많은 헌금을 모아들여 땅 사고, 집 짓고 여러 가지 사업을 벌여나갑니다. 그런 사업이 진행되어 가는 와중에 진리운동은 움추려들고, 종교 사업만 왕성해 지는 것입니다. 그래서 교회는 우리도 모르는 사이에 서서히 본질을 잃어가게 되는 것입니다.

저도 집회 강사로 나가면 가끔 헌금봉투를 강대상 위에서 읽어달라는 주문을 받습니다. 제가 왜 그 봉투를 읽겠습니까? 저는 예수님의 말씀을 전하러 간 것이지 봉투 읽으러 간 것은 아닙니다. 헌금을 바친 것은 하나님께 바쳤는데 왜 그것을 사람들 앞에서 읽겠습니까? 하나님이 한글을 모르십니까? 제가 그렇게 반문하며 읽지 않았더니, 어느 목사님은 지금까지 그렇게 해오던 것이니까 읽어 달라고 했습니다. 그래서 제가 대답했습니다. "지금까지 해오던 것이라고 굳이 해야 할 것은 없지 않겠습니까? 지금까지 해오던 것이 성경에서 그렇게 하라고 말씀하셨거나, 상식에 맞는 것이라면 열 번이라도 그렇게 하겠지만, 그렇지 않은 것을 계속할 필요는 없다고 생각됩니다"라고 했습니다.

강사 중에 저 같은 강사도 있어야겠음을 저 스스로 느낍니다. 누군가가 말해 주어야 되지 않겠습니까? 말하지 않고 그냥 계속 되어진다면 한국교회가 점차 천박하여 지지 않겠습니까? 교회가 품위를 잃고 천박하여진다면 그 장래가 어떻게 되겠습니까? 마치 소금이 그 맛을 잃어 버린 것과 같이 되지 않겠습니까? 어느 시대 어느 사회에서나 교회는 그 시대와 그 사회를 지키는 소금과 같은 역할을 하는 것입니다. 그런데 그 교회가 제 구실을 못하게 된다면 마치 생선가게에 소금이 떨어지는 것과 같습니다. 생선가게에 소금이나 얼음이 떨어지면 어떻게 됩니까? 생선이 부패할 수밖에 없지 않겠습니까? 우리 사회가 부패하지 않고 건전한 사회로 발전되어 나가려면, 백성들의 혼이 병들지 않고 활력과 신선함을 지켜나갈 수 있게 되어야 합니다. 그렇게 하는 것이 종교의 사명입니다. 그런데 종교가 제구실을 하지 못한다면 그 사회는 이미 막다른 골목에 다다르게 되는 것입니다. 그래서 종교가 완전하지 못하면 그 사회는 미래가 없는 것입니다.

저는 일본에 갈 때마다 일본의 안정과 발전에 놀라움과 부러움을 금할 수 없습니다. 그리고 우리 한국이 일본에서 배워야 할 것이 많음을 절실히 느낍니다. 우리가 일본에 뒤진 이상, 먼저 배워야 일본을 따라가지 않겠습니까? 그러니 우리 한국인은 일본에 대해 늘상 과거 이야기만 하지말고 미래를 생각하여 열심히 일본을 배워야 함을 저는 늘 강조합니다. 그런데 긴 안목으로 보아 우리 한국이 언젠가는 일본을 앞지를 것임을 저는 확신하고 있습니다. 제가 그런 확신을 갖게 된 이유는 일본이 다른 점은 골고루 갖추었는데 불행하게도 건전한 종교를 갖지 못하였다는 점 때문입니다. 일본이라는 나라의 치명적인 약점은 건전한 종교, 종교적인 가치관이 정립되어 있지 못하다는 점입니다. 그점이 일본의 한계라 하겠습니다.

반면에 우리 한국은 현재 몹시 어려운 처지에 있음에도 불구하고, 한 가지 희망이 있습니다. 그것은 바로 기독교가 한반도에 들어온 이래 극히 왕성한 기운을 뻗치고 있다는 점입니다. 천주교로 말하면 이백 년 전에, 개신교로 말하자면 백년 전에 이땅에 기독교가 전래된 이래로, 큰 세력을 얻어나가고 있다는 점이 한국의 장래를 밝게하여 주는 것입니다. 왜냐하면 어느 사회든 성서의 종교인 기독교가 전파되어 그 성서의 신앙이 백성들의 혼 속에 제대로만 뿌리 내려진다면, 그 사회를 크게 발전시켜나가는 정신적인 에네르기가 되기 때문입니다. 다행스럽게도 지금 우리 교회에서 그런 바람직한 기운이 일어나고 있습니다. 여러 곳에서 뜻있는 목회자들과 평신도들에게, 그리고 교회 안의 젊은이들에게 건전한 신앙으로 바람직한 사회를 건설하여야겠다는 기운이 솟구치고 있습니다. 그런 기운이 아직은 교회 안에 머물고 있는 형편이지만 이제 그런 움직임을 조만간 교회 밖으로, 일반 국민들의 삶의 터전으로까지 영향을 미쳐 나가게 될 것입니다. 그리고 그런 영향력이 끝내는 우리 민족 전체가 질적 변화를 일으키게 하고, 그로 인해 국가가 크게 발전하게 되는 정신적 기초를 닦아 주게 될 것입니다.

이런 정신적 변화의 기초 위에서 우리가 일본을 앞지를 수 있는 전기가 마련되어지는 것입니다. 저는 그렇게 되어질 줄로 믿습니다. 또 그렇게 만들어 나가기 위해 노력해야겠습니다. 확신을 가지고 그 일에 도전하여야겠습니다. 그렇게 되려면 두레마을에서 열리고 있는 성서연구모임과 같은 모임이 발전되어야겠습니다. 이런 모임이 여러 곳에서 이루어지고 발전되어, 성서연구를 통하여 구원의 확신을 얻고 그 확신 위에서 인격이 자라고, 그 인격으로 시대를 변화시켜 나갈 열매를 맺어야겠습니다.

한 해가 시작되어지는 이 귀한 시간에 여러분이 성서연구 모임에 참여하시는 그 자체가 한국교회의 소망이요 우리 민족의 가능성이라 하겠습니다.

이곳 두레마을은 축복을 빌어주는 곳도 아니고, 안수기도로 병을 고쳐주는 곳도 아닙니다. 뜨겁게 뒤집어지는 것을 체험하는 곳도 아니요, 신기한 것을 보여주는 곳도 못됩니다. 그냥 말씀을 가운데 놓고 공동체적 삶을 나누는 곳입니다. 이런 곳에 여러분같이 뜻 있으신 분들이 전국에서 이렇게 많이 모이신 것 자체가 한국교회의 자랑이요, 우리 나라의 장래가 밝다는 것을 말해주고 있습니다. 그래서 여러분들 같이 이렇게 건전한 신앙과 굳건한 사상성을 지니신 분들로부터 시작하는 것입니다. 성경에서는 그런 분들을 무엇이라 하는지를 스바냐 3장에서 살펴보겠습니다.

"그때에 내가 열방의 입술을 깨끗케 하여 그들도 다 나 여호와의 이름을 부르며 일심으로 섬기게 하리니 내게 구하는 백성들 곧 내가 흩은 자의 딸이 구스 하수 건너편에서부터 예물을 가지고 와서 내게 드릴찌라 그날에 네가 내게 범죄한 모든 행위를 인하여 수치를 당하지 아니할 것은 그 때에 내가 너의 중에서 교만하여 자랑하는 자를 제하여 너도 나의 성산에서 다시는 교만하지 않게 할 것임이니라 내가 곤고하고 가난한 백성을 너의 중에 남겨 두리니 그들이 여호와의 이름을 의탁하여 보호를 받을찌라 이스라엘의 남은 자는 악을 행치 아니하며 거짓을 말하지 아니하며 입에 궤휼한 혀가 없으며 먹으며 누우나 놀라게 할 자가 없

으리라"(습 3:9−13)

위의 본문 중에서 "남은 자"란 중요한 말이 나옵니다. 영어로는 Remnant입니다. 남은 자는 그 시대를 지켜나가는 하나님의 그릇입니다. 온 세계가 흔들리고 종교가 혼탁하여지고 교회가 부패하였을 지라도 그 중에는 "남은 자"가 있습니다. 그 "남은 자"가 시대를 지키고, 교회를 회생시키고, 백성들의 혼을 깨우치는 일꾼들이 되는 것입니다.

열왕기 19장에서 엘리야 시대에 온 이스라엘이 바알 앞에 무릎을 꿇었으되, 그 백성 중에 바알에게 무릎 꿇지 아니한 칠천명의 "남은 자"를 여호와께서 남겨 두셨다 했습니다. 그 칠천명이 여호와의 이름으로 이스라엘 민족의 정통성을 지켜나가는 "남은 자"였습니다. 그들과 같이 우리 시대, 이 땅에서도 "남은 자"가 있습니다. 목회자 중에서, 장로, 권사 중에서, 평신도들 중에서 보이지 않게 자기 자리에서 자기 몫을 다하고 있는 "남은 자"들이 있습니다. 교회 안에서, 산골짜기에서, 공장의 기계 소리 안에서, 어딘가에서도 "남은 자"들이 묵묵히 일하고 있을 것입니다. 그들 "남은 자"들을 불씨로 사용하셔서 하나님은 자신의 일을 이 땅에 일으키시는 것입니다. 그것이 이천 년 교회사의 싸이클이었습니다.

교회사의 고비고비에서 기성교회가 힘을 잃고 세인의 지탄의 대상이 되었을 때마다, 교단본부나 중앙의 대형교회들을 통하여 교회갱신과 사회개혁의 불길이 올라 갔던 것이 아닙니다. 변두리에서 시작되었습니다. 변두리의 기대조차 없었던 "남은 자"들 중에서 시작되어졌습니다. 그래서 역사의 전환은 중앙에서 혜택을 누리고 살아왔던 엘리트 층에서 일어났던 것이 아님을 알아야 합니다. 역사가 썩어갈 때에 그 속에서 새바람을 일으켰던 것은 항상 변두리 사람들이었습니다. 좋은 시절에는 엘리트 출신들의 시대였지만 난세가 되면 변두리 사람들이 나섰습니다. 그들이 나서서 "중앙이 썩었으니 한번 나서서 죽기 아니면 살기로 부딪혀 보자" 하고 나섰습니다. 이것을 교회에다 적용한다면 무슨 말이 되겠습니까? 그 시대의 교회가 병들었을 때, 그 교회를 잠 깨게 하고 새 바람을 일으키는 것은 큰 교회가 아니라는 것입니다. 큰 교회는 자기 덩치 유지하는 일에 매여 있기가 십상입니다. 교회에 새 바람을 일으키는 것은 변두리교회, 개척교회 지붕에 비가 새고 유리창을 비닐로 막아놓고 예배를 드릴지라도 하늘로부터 임하는 성령바람, 새 시대를 일으키길 고대하는 그런 교회에서 시작되는 것입니다. 그런 사람들을 성경에서는 "남은 자"라 부른다는 것입니다. 따라서 우리들이 이 시대를 살아가면서 교회와 백성들 중에서 "남은 자"로서의 자기 사명을 깨닫는다는 것이 대단히 중요합니다. 자기가 이 시대에 "남은 자" 임을 깨닫고 나면 삶의 질이 달라지고 기도 드리는 내용이 달라집니다. "예수님 금년에 내 사업 잘되게 하여 주시옵소서, 내 병 고쳐 주시옵소서" 하는 기도의 차원을 넘어서게 되는 것입니다. "예수님 금년에도 제가 남은 자의 몫을 감당하게 하여 주시옵소서, 이 시대의 병을 고치는 일에 저로 쓰임받게하여 주시옵소서" 이런 식으로 기도의 수준이 달라져 버리는 것입니다.

그렇게 달라진 뒤에는 어떻게 되겠습니까? 하나님께서 그 사람을 쓰시려면 당연히 병을 고쳐 주셔서 쓰시지 않겠습니까? 하나님께서 아무리 쓰시려하셔도 몸이 병 들어 골골한 상태로야 쓰실 수 없지 않겠습니까? 그래서 병 낫는 것은 덤으로 따라가는 것입니다. 그리고 그 사람을 하나님이 쓰시려면 그에게 물질 축복도 주셔야 하지 않겠습니까? 하나님의 일에도 물질은 꼭 필요한 것이니, 그를 쓰시려면 하나님께서 물질도 주시는 것입니다. 우리가 하나님께 "물질 주시옵소서" 하고 부르짖어서 물질을 주시는 것이 아니라, "하나님의 이름으로 백성들을 위해 이런 이런 일을 하겠습니다" 하면, 하나님께서 그 일을 시키시기 위해 그 일에 필요한 물질도 허락하신다는 것입니다. 이런 사고방식이 바로 영적 축복을 받는 비결이라 하겠습니다. 그래서 저는 제가 시무하는 활빈교회 교인들에게 "크리스천은 자기 먹고 사는 것을 하나님께 구하는 것이 아닙니다. 그것은 계산상 손해 봅니다. 내가 아닌 나의 이웃의 먹을 것 입을 것을 채워달라고 기도하고 그것을 구하러 뛰어다니면, 이웃의 문제가 해결되어지면서 자기 것은 저절로 떨어집니다. 이런 삶이 영적인 삶입니다"라고 자주 이야기 합니다. 여러분 그렇지 않겠습니까? 중요한 것은 자기를 위한 기도가 아니라 이웃을 위한 기도입니다.

자기 생각, 자기 병, 자기 문제만 붙들고 있으면 세상이 바로 보이지 않고, 제 문제에 가리워서 살아계신 하나님이 보이지 않게 되는 것입니다. 그래서 우리는 어떤 것이 진정한 영적 차원인지를 깊이 생각하고, 바로 깨닫고 바로 믿고 바로 살아야합니다. 그냥 분위기에 휩싸여 "주여 주시옵소서"만 소리치고 나면 무엇을 받긴 받았는데 바로 받았는지 거꾸로 받았는지 분간을 못하고 헤매게 되는 것입니다.

이제 스바냐 3장 13절에 나타나는 "남은 자"들을 여호와께서 어떻게 돌보시고 지키시는지 살펴봅시다. 여러분 중에 "남은 자"로 살면 굉장히 손해보고 억울하고 고생만 할 것처럼 생각되시는 분 계십니까? 실제는 전혀 그렇지 않습니다. "남은 자"들은 여호와께서 직접 배려하시고 지키시기 때문에 한 세상을 신바람나게 살아갈 수 있습니다. 스바냐 3장 17절에서 그 사실을 확인할 수 있습니다.

"너의 하나님 여호와가 너의 가운데 계시니 그는 구원을 베푸실 전능자시라 그가 너로 인하여 기쁨을 이기지 못하여 하시며, 너를 잠잠히 사랑하시며 너로 인하여 즐거이 부르며 기뻐하시리라 하리라."

이 말씀이 "남은 자"들에게 대한 여호와의 축복의 말씀입니다. 여러분 이 말씀을 바로 여러분 각자에게 주시는 축복의 말씀으로 받으시기 바랍니다. 이 스바냐 3장 17절 말씀이 복음 찬송가로 불리워지고 있습니다. 저는 그 찬송을 부를 때마다 감동되어 눈물이 나오려 합니다. 정말 기막힌 말씀입니다. 방언을 못하고 병이 낫지 않아도, 축복받아 떼돈을 벌지 못해도 하나님이 나와 함께 계시는데 그것 이상 가는 축복이 어디에 있겠습니까? 하나님께서 나를 잠잠히 사랑하시는데, 그 이상 감격할 일이 무엇이겠습니까? 하나님의 사랑이 밤의 달빛처럼, 아침 이슬처럼 내 영혼에 스며드는데, 그 이상 가는 신비가 어디에 있겠습니까? 우리들의 신앙이 이런 깊은 경지에 이르러야 하지 않겠습니까? 은혜 받기를 무슨 현찰 박치기처럼 그렇게 생각해서야 되겠습니까? 세상에서 별짓 다 하고 살다가, 기도원에 가서 밤새 소리 소리 지르고 까무러쳤다 깼다 한다고 되겠습니까? 기독교라는 진리의 세계가 그렇게 라면 삶아 먹듯이 즉석으로 되어지겠습니까? 우리 영혼의 가장 깊고 깊은 곳에서 임하시는 여호와를 뵙고, 그 여호와께서 우리에게 깨우치시는 진리를 깨달아야 합니다. 그리고 그 진리 안에서 자유함을 얻어야겠습니다. 성경에 무엇이라고 했습니까? "진리를 알찌니 진리가 너희를 자유케 하리라" 하지 않았습니까? 진리를 깨닫고 난 후에 우리들의 영혼에 임하는 그 자유함의 경지가 바로 성령 충만함으로 가는 지름길입니다. 우리 영혼이 날마다 그런 자유함을 누리고 살진데, 무엇이 부럽고 무엇이 아쉽겠습니까? 내가 지금 구멍가게를 하고 있어도, 산골짜기에서 열 명이 모이는 교회를 목회하고 있어도, 내가 지금 살아가고 있는 모습을 여호와께서 기뻐하신다는 것입니다. 내가 지금 진리 안에서 자유를 누리며 살아가고 있는 삶을 인하여 여호와께서 기뻐하신다 했습니다. "네가 그렇게 살아가고 있는 것을 보니 내가 기쁘다"고 여호와께서 말씀하고 계십니다. 얼마나 신나고 기막힙니까. 여러분들께서 그런 은혜의 자리로 들어가실 수 있게 되시기를 바랍니다.

건전한 신앙생활

그렇다면 건전한 신앙이란 어떤 신앙을 말하는 것이겠습니까? 그 점에 대하여 네 가지로 건전한 신앙을 말씀드리고자 합니다.

1. 첫번째는 성령님에 대한 바른 이해입니다

건전한 신앙을 논의함에 있어 왜 성령님에 대한 문제부터 이야기해야 합니까? 그 이유는 지금 한국교회는 성령님에 대한 이해와 논의가 너무나 분분하고 혼란하여, 성도들로 신앙생활에 극심한 혼란을 일으키게 하고 있기 때문입니다. 성령충만 이전에 성령님의 역사에 대한 기초적인 이해조차 되어있지를 못한 경우가 많습니다. 성령, 성령 소리는 요란하지만, 성령세례가 무엇이며 성령충만은 무엇인지, 성령열매와 성령은사가 어떻게 다른지에 대한 용어 자체의 이해조차 되어있지를 않습니다.

성령에 대한 어의(Terminology)가 분명하여져야 그런 성령을 받았는지 못받았는지, 충만한지 그렇지 않는지가 분별되어 질텐데, 성령이란 말에 대한 뜻 자체가 분명하지 못하니 혼란이 있을 수밖에 없는 것입니다. 일찌기 김재준 박사님께서 이르시기를,

"한국교회는 성령이란 말 하나만으로도 앞으로 20년은 사기해 먹을 수 있다"고 했습니다. 그러나 김박사님께서 그렇게 말씀하신지 30년 이상이나 지난 지금까지, 성령이란 말을 목소리 높여 부르짖는 것만으로 교인들위에 군림하여 잘 먹고 잘 살아가는 부흥사, 목사들이 허다합니다. 그렇다면 한국교회가 성령님에 대해 잘못 이해하고 있는 것은 무엇이겠습니까? 그 구체적인 예를 들자면 고린도전서 1장과 3장에서 그 예를 찾을 수 있겠습니다. 한국교회는 영적 수준과 질에 있어서 고린도교회와 비슷한 점이 있습니다. 그런 뜻에서 그 예를 고린도전서에서 찾는 것이 좋을 것 같습니다. 고린도전서 1장에서 바울은 고린도교회를 칭찬하고 있습니다. 특별히 고린도교회가 은사에 부족함이 없는 교회인 것을 칭찬하고 있습니다.

"그리스도의 증거가 너희 중에 견고케 되어 너희가 모든 은사에 부족함이 없이 우리 주 예수 그리스도의 나타남을 기다림이라" (고전 1:6,7)

먼저 고린도전서 1장에서 바울은 고린도교회가 은사에 넘치는 교회임을 칭찬하고 있습니다. 고린도전서 12장에서 9가지 은사가 나타나 있습니다. 지혜의 은사, 지식의 은사, 영분별의 은사, 방언의 은사, 병 고치는 은사 등등. 한국교회에서 병 고치는 은사를 크게 받으신 분은 조용기 목사님이십니다. 그분은 병 고치는 분야에 큰 은사를 받으셨기에 그 은사로 크게 쓰임받고 계십니다.

저도 빈민선교를 하면서 그런 은사가 부러워서, 조용기 목사님같이 기도하면 중병환자가 척척 낫는 은사를 달라고 열심히 구한 적이 있었습니다. 제가 일하던 빈민촌에는 환자가 너무나 많았기 때문입니다. 환자는 집집마다 있지요, 그 많은 환자들이 치료받을 돈은 없지요. 하도 답답해서 제가 환자들 머리에 손을 얹고 간절히 기도하곤 했습니다. 하나님을 믿는 믿음의 기도는 역사하는 힘이 있다고 했습니다. "이 중환자가 예수 이름으로 낫게 될 줄로 믿습니다" 하며 침을 튀기며 안수하고, "예수 이름으로 기도드렸습니다. 아멘"해도, 그 환자는 그냥 "아야, 아야" 하고 앓는 소리만 내는 것이었습니다. 그러니 어떻게 하여야겠습니까? 기도하여 병자가 낫으면 10분만에 끝나고 감사헌금 들어오고, 이래 좋고 저래 좋고 다 좋을텐데, 도대체 낫지 않으니 어떻게 하겠습니까? 그렇다고 죽어가는 환자를 그냥 둘 수도 없고, 하는 수 없이 그를 업고 병원으로 가는 것입니다. 그 환자를 병원으로 데려간들 끝이 나겠습니까? 돈 없는 중환자를 어느 병원, 어느 의사가 환영하겠습니까? 그래도 사정 사정하여 돈 없이 치료 받으러 다녀야 했습니다. 그래서 그 시절에 저는 "왜 하나님께서 나에게는 병 고치는 은사를 주시지 않으실까" 하고 탄식도 했었습니다.

그러나 세월이 지난 지금에는 그런 탄식을 하지 않습니다. 왜냐하면 저에게는 저 나름대로 하나님께서 다른 은사를 주셨음을 깨달았기 때문입니다. 지금 제가 두레마을 공동체를 세워 운영하고 있는 것이 바로 은사입니다. 이런 공동체를 아무나 할 수 있겠습니까? 제가 공동체를 하면서 실감하는 것은 "이런 일은 바보가 아니면 하기 힘들겠구나" 하는 것입니다. 그러나 이런 공동체가 한국교회에 꼭 필요합니다. 꼭 있어야 하는 것인데도, 다른 사람이 못하는 것을 제가 하고 있으니, 저에게 주신 하나님의 은사인 것입니다.

바울은 고린도교회가 여러 가지 은사가 많은 교회임을 칭찬하였습니다. 그런데 고린도전서 3장에서는 바울의 말이 달라집니다. 3

장 1절을 보겠습니다.

"형제들아 내가 신령한 자들을 대함과 같이 너희에게 말할 수 없어서 육신에 속한 자 곧 그리스도 안에서 어린 아이들을 대함과 같이 하노라"

이상합니다. 사도 바울은 1장에서는 은사가 넘치는 교회라 칭찬하고, 3장에서는 "내가 너희를 영적으로는 어른 대접 못하겠다. 너희가 영적 수준으로는 어린이 수준 밖에 안되니 어린이 대접 밖에 못하겠다"고 했습니다. 왜 그렇겠습니까? 고린도교회는 그 영적 수준이 성령충만에 이르지를 못하고, 다만 은사충만한 수준에 있기 때문이라 하겠습니다. 은사가 넘친다고 성령충만한 것은 아니라는 말입니다. 어떤 교회에서 병 낫는 사람 많다고 해서, 그 교회가 성령충만한 교회는 아니라는 것입니다. 일년 내내 병 나은 사람이 단 한 명도 없어도, 예수님께서 인정하시고 성령께서 역사하시는 교회가 될 수 있는 것입니다. 그래서 우리들이 성령 받고 성령 안에서 살아가는 삶의 기준을 잘못 잡으면 신앙생활에 혼선이 생기는 것입니다. 계속해서 3장 2절을 보겠습니다.

"내가 너희를 젖으로 먹이고 밥으로 아니하였노니 이는 너희가 감당치 못하였음이거니와 지금도 못하리라"

바울은 고린도교회 교인들을 대할 때 그들의 신앙 수준에 맞도록 대하였다는 것입니다. 그들을 어른의 성숙한 신앙으로 대하지 못하고, 어린 아이들의 미성숙한 신앙으로 대하였다는 것입니다. 고린도교회 교인들은 은사는 뜨겁게 체험하였으되, 그들의 영적 수준은 성숙한 자리에까지 이르지 못하였다는 것입니다. 한국교회도 고린도교회 교인들처럼 은사에는 뜨겁고 입으로는 늘상 성령충만을 얘기하면서, 정작 신앙은 미성숙한 단계에 머물러 있어서는 안 되겠습니다.

우리는 은사에 대하여 바른 이해를 해야 합니다. 은사란 무엇이겠습니까? 방언 은사, 병 고치는 은사, 영분별 은사 등등의 은사들이었는데, 그런 은사들이 무엇이며 어디에 쓰임 받는 것들이겠습니까? 성도들에게 있어 은사란 말하자면 목수에게 연장과 같은 것이라 하겠습니다. 목수가 집을 지으려면 대패, 톱, 망치 같은 연장이 있어야 하듯이, 성도들은 교회를 섬기려면 은사가 있어야 합니다. 그래서 은사란 교인들로 그리스도의 교회를 섬기게 하는 도구인 것입니다. 그러므로 은사 자체가 중요한 것이 아니라 그 은사로 교회를 어떻게 섬기느냐가 중요합니다. 그러므로 아무리 병 고치는 은사가 넘치고 방언하는 은사가 넘친다할지라도, 그들이 교회를 섬김에 바로 쓰지 못하게 되면 오히려 그 은사가 자기에게 해롭게 되어지는 것입니다. 하나님께서 우리들에게 어떤 은사든지 그 은사를 주셨을 때에는 그 은사로 교회를 섬기라고 주셨는데 정작 그 은사를 받은 본인은 그 은사로 교회를 섬기는 데 쓰지 않고, 자기 영광을 위해서나 사사로운 목적을 위해 사용한다면 바로 은사에 대한 사유화가 되는 것입니다. 그렇게 되면 하나님께서 주셨던 은사를 거두실 수밖에 없지 않겠습니까?

제가 알고 있는 분 중에 한때 여러 가지 은사를 다 받았었는데, 지금은 알콜중독자가 되어 교회는 아예 나가지도 않고 있는 분이 있습니다. 그런 경우는, 말하자면 일회용 종이컵에 비유할 수 있겠습니다. 길거리에 나가면 가판대가 있습니다. 그 가판대에 오백 원짜리 동전 하나를 넣고 단추를 누르면, 먼저 기계 안에서 종이컵이 하나 툭 떨어집니다. 그 다음에 원하는 음료수가 쏟아집니다. 그러면 우리들이 그 종이컵을 끄집어 내어 마십니다. 그렇게 마신 후에 그 빈 종이컵을 집에 가져가서 다시 사용합니까? 그냥 쓰레기통에 던져 버립니다. 단지 일회용으로 사용한 후에는 과감하게 버리는 것입니다. 하나님의 일꾼 중에도 이와 같은 일회용 일꾼이 있습니다. 하나님께서 교회를 섬기라고 은사를 주셨는데 그 은사를 바로 쓰지 않으면, 하나님께서는 쓰실 만큼 쓰시고 적당한 때에 그 일꾼을 버리십니다. 그래서 한 때는 한국교회 전체에 쓰임 받던 일꾼이었는데, 이제는 아무짝에도 쓰임 받지 못하고 오히려 성도들에게 짐이 되고 있는 일꾼들이 있습니다. 말하자면 하나님께서 맡기신 은사를 사사로이 쓰다가 버림받은 경우라 하겠습니다. 그러므로 "은사를 주시옵소서" 라고 목이 쉬도록 기도하는 것 보다 더 중요한 것은, 이미 받은 은사를 아버지의 뜻에 합당하게 쓰는 것입니다. 그러므로 성령 안에서 살아가는 생활, 즉 신앙생활에서 중요한 것은 은사를 받는 것보다, 그 은사를 받은 사람의 속 사람이 어떻게 예수님을 닮아가느냐는 문제입니다.

우리의 속 사람이 예수님을 닮아가는 것을 영적 성숙이라 부릅니다. 그러한 영적 성숙의 과정에서 성령의 열매가 맺어집니다. 우리들이 영적 성숙을 이루어 풍성한 열매를 맺을 때, 그가 그리스도의 향기를 뿜게 됩니다. 그에게서 그리스도의 냄새가 나는 것입니다. 그렇게 속 사람이 깊어진 사람이 그가 위로부터 받은 바 은사로서 교회를 섬기는 것입니다. 그러므로 우리들이 속 사람의 내적 성숙이 없으면 은사를 받았더라도, 그 은사를 바로 쓸 수 없게 되는 것입니다. 그 인격이 그 은사를 감당 못하는 수준이니까, 귀한 은사를 받았으되 엉뚱한 방향으로 나가게 되는 것입니다. 그래서 우리가 먼저 "우리 속 사람이 예수님을 닮아 자라게 하여 주시옵소서. 성령의 열매 맺게 하여 주시옵소서"라고 기도해야 할 것입니다. 그렇다면 성령의 열매에는 어떤 것들이 있습니까? 성서에 나오는 성령의 열매로서 대표적인 것이 갈라디아서 5장 22절입니다.

"오직 성령의 열매는 사랑과 희락과 화평과 오래 참음과 자비와 양선과 충성과 온유와 절제니 이같은 것을 금지할 법이 없느니라"

이 말씀에 나타나는 아홉 가지 성령의 열매들이 한결같이 무엇을 나타내느냐 하면, 바로 예수님을 닮아가는 사람 됨됨이, 우리 인격의 내적 성숙을 말해주는 것입니다. 쉽게 말해서 "사람되는 것"입니다. 일을 많이 하는 것을 말하는 것이 아닙니다. 선교사업, 봉사사업, 교회건축, 세계선교, 세계에서 제일 큰 교회 등등의 일을 생각합니다. 그러나 주님이 먼저 원하시는 것은 그런 일이 아니라 사람되는 것, 예수님이 기뻐하시는 사람이 되는 것입니다. 예수님이 기뻐하시는 사람은 어떤 사람이겠습니까? 바로 성령의 열매를 맺는 사람입니다. 여러분의 신앙생활에 오해가 없으시기를 바랍니다. 주님이 여러분께 원하시는바의 첫째가, 돈을 많이 벌어 교회에 바치는 것이 아닙니다. 하나님이 기뻐하시는 사람이 되는 것입니다. 돈은 없어도 좋습니다. 하나님께서 돈이 없어서 돈을 밝히시겠습니까? 성도로서 너무 물질을 찾아서는 안됩니다. 하나님께서 주시는 만큼을 하나님의 뜻에 맞게 쓰는 것이지, 지나치게 물질을 찾으면 물질 때문에 하나님의 뜻이 가리워지는 것입니다. 미국 로스엔젤레스에서 어떤 성도가 저에게 1억원을 헌금하면서, "목사님 이 헌금을 이렇게 이렇게 써 주십시요" 하기에 받지를 않았습니다. 제가 그 성도님께, "성도님 그건 헌금이 아니지 않습니까. 그건 제가 성도님의 심부름 하는 것이지 헌금으로 쓰는게 아닙니다. 그렇게 쓰시려면 성도님께서 직접 쓰세요. 저에게 심부름 할 여가는 없습니다"고 했습니다. 그랬더니 저에게 "섭섭하다"면서, 저더러 교만하다고 했습니다. 여러분 제가 교만합니까? 저는 교만이라 생각지 않습니다. 소신과 교만은 구별되어져야 하지 않겠습니까? 제가 아무리 시골 교회에서 재정이 어려워도 그런 헌금을 받을 수는 없는 것입니다. 헌금은 언제나 순수해야 합니다. 하나님이 주신 물질을, 하나님의 사람들이, 하나님의 뜻을 분별하여 합당하게 쓰는 것입니다. 헌금 내는 사람이 영적 기준이 아닌 인간적 생각을 앞세워 이러쿵 저러쿵 한다면, 진정한 헌금이 되어질 수 없는 것입니다. 제가 돈이 꼭 필요해서 이 돈 저 돈 아무 돈이나 받을 정도면 제가 목사 안하고 장사하는 것이 낫겠지요. 제가 장사를 한다면 왜 남만큼 벌지 못하겠습니까? 저는 취미가 세일즈입니다. 저는 무슨 물건이든지 고객을 찾아가서 파는 것에 대단한 재미를 느끼는 성격입니다. 그러니 목회 안하고 물건 팔러다니면 꽤나 성공하겠지요. 제가 세일즈를 하지 않고 목회를 하는 것은, 제 경우에는 물질로 섬기는 것보다 목회하는 것을 하나님께서 더 기뻐하신다는 확신이 있기 때문입니다. 우리가 그런 사람이 되고나면 하나님께서 우리들에게 능력도 맡기시고, 돈도 맡기시고, 그리고 지혜도 맡기시지 않으시겠습니까? "이제 저만하면 믿어도 되겠구나. 내가 돈을 맡겨야지"라고 하나님께서 판단하실 것 아니겠습니까? 그러니 하나님은 제쳐두고 물질에 급급하거나, 특정 은사만을 "주시옵소서" 하고 매어 달리는 것은 합당치 않다 하겠습니다. 그런 뜻에서 성령님을 이해함이 성령받아 무슨 일을 하는 것이 먼저가 아니라, 성령님이 기뻐하시는 사람되는 것이 먼저라는 것입니다. 그리고 성령님이 기뻐하시는 사람이 되는 길은 성령의 열매 맺어

성숙한 사람이 되는 것입니다. 혹시 여러분들 중에서 성령만 받으면, 병도 낫고 사업도 잘되고 가정도 축복 받고 하는 식으로, 모든 것이 순탄하고 잘 되는 것만 생각하시는 분이 계신다면 지금 생각을 바꾸셔야겠습니다. 성령받아도 사업이 부도 나고, 성령받았는데 병은 더 심해지고, 성령 받았는데 아들이 교통사고 나는 경우도 있는 것입니다. 그렇다면 성령 받아 달라지는 것이 무엇이겠습니까? 성령받은 후에 달라지는 것의 예를 들어 봅시다. 성령 받지 못하였던 지난 날에는 무슨 일에도 잘 참지 못하고 조바심과 혈기가 심하였습니다. 그런데 성령 받아 성령 안에서 살면서 성령의 열매를 맺어가면서, 그의 성품이 변화되어지는 것입니다. 고난 중에서도 잘 참아나가게 됩니다. 인간관계에 겸손하고 온유하며 부드러워집니다. 전에는 미워하였던 사람이었는데 성령 받고 나서는 사랑하게 됩니다. 전에는 우울증에 시달렸었는데 성령 받고 난 후에는 늘 기쁨과 감사함으로 살게 되었습니다. 이런 변화들이 바로 성령 받은 사람의 특징이라 하였습니다. 그리고 그렇게 변화되어진 구체적인 내용들을 일컬어 성령의 열매라 부르는 것입니다. 성도님들 중 더러는 생각하기를, 성령만 충만하게 받으면 시험도 질병도 근심도 없어질 것으로 생각하시는 분들도 있습니다. 그러나 성서는 그렇게 말씀하시지 않습니다. 성령 받아도 시험이 있고 고통은 여전히 있으되, 다만 달라진 것은 그 시험을 꿋꿋하게 견디낼 수 있는 힘이 생겨진 것입니다. 그것이 바로 오래참음의 열매라는 것입니다.

　우리 두레마을에서 열리는 행사로서 전국 각처의 산골짜기나 섬에서 가장 어려운 개척교회를 맡아 시무하고 계시는 목회자들의 부인들이 모이는 수양회가 있습니다. 이 행사에 참가하는 자격은 전교인 50명 이하 교회의 목회자 사모님들입니다. 우리가 금년에

4회째 이 행사를 하게 되는데, 우리 두레마을 가족들은 이 행사를 치를 때마다 은혜를 받습니다. 이 행사 때마다 지리산 골짜기에서, 강원도 두메산골에서, 외딴 섬에서 이백여 명의 사모님들이 모여 듭니다. 그 사모님들을 일주일 간 모시고 수양회를 치르면서, 주최측인 우리 자신들이 은혜를 받게 되는 것입니다. 지난 번에도 이 행사를 지르는 동안 저희 두레마을 가족들이 모여 감사기도 드린 적이 있습니다. "하나님 저희들이 이렇게 값지고 보람있는 일을 하게 하여 주서서 감사합니다"라고 기도했습니다. 저희들이 그런 기도를 드릴 수 밖에 없는 것은, 그분들이 요즘처럼 일자리 많고 인건비가 비싼 시대에, 한 가정이 한달 7만원, 10만원의 사례비를 받고 산골짜기에서 섬에서 일생을 복음사역에 헌신하고 계시는 분들이기 때문입니다. 그분들의 목회는 교인들이 교회로 찾아오는 목회가 아닙니다. 목회자 내외분이 발이 부르트도록 이 골짝 저 골짝으로, 이 섬에서 저 섬으로 주민들을 찾아다니는 목회입니다. 누구에게 대접 받는 것도 아닙니다. 그렇다고 장래에 큰 교회로 성장할 희망이 있는 것도 아닙니다. 오히려 두 사람 전도해 놓으면 세 사람 도시로 떠나버리는 것입니다. 그럼에도 그들은 묵묵히 자기 자리를 지켜나가고 있습니다. 그런 일꾼들이 있으니까 한국교회가 이만큼 빛을 보는 것이고, 나라가 이만큼이나마 유지되어지는 것이 아니겠습니까? 서울에 우뚝우뚝 솟은 큰 교회, 잘난 목사들 때문에 한국교회가 부흥되어지고 있는 것이 아닙니다. 한 골짜기에서, 한 섬에서 자신과 가족의 전체를 바치고 있는, 그런 종들의 기도와 눈물이 밑거름이 되어 한국교회가 자라고 있는 것입니다.

그런데 그 행사에 한 가지 문제점이 있습니다. 사모님들이 첫 시간부터 마지막 시간까지 계속 우시는 것입니다. 그렇게 사모님들이 계속 우시니까 집회를 인도하는 저도 눈시울이 뜨겁고 분위기가 숙연하여져 집회를 인도하기에 어려움을 느끼는 것입니다. 그 열악한 현장에서 물론 하나님 바라보고 일하지만, 현실적으로는 얼마나 어렵고 고단하겠습니까? 그래서 계속 눈물이 날 수밖에 없는 것입니다. 그러한 처지에서 사명자로서 그 자리를 계속 지켜 나갈 수 있다는 것이 바로 성령의 열매입니다. 바로 오래참음의 열매입니다. 도시에서 교회가 해마다 두배 세배로 불어나는 것도 열매이지만, 그러한 벽지에서 어려움을 견디고 그 자리를 지켜나가는 그 자체가 더욱 귀한 열매라 하겠습니다. 다시 말해 성령의 열매는 예수님을 닮아 온유하고 겸손하여지며 자기가 처한 그 자리에서 어떤 고난도 이겨나가는 그 마음가짐이 성령의 열매라 하겠습니다. 여러분들께서도 그런 성령의 열매를 맺으시게 되시기 바랍니다. 그러한 열매 위에 은사가 더하여지는 것입니다. 그리고 그 은사를 가지고 교회를 받드는 것입니다. 그리고 열매와 은사를 합하여 성령충만이라 일컫습니다. 여러분들의 속 사람이 그리스도를 닮아 자라나서 성령의 열매를 맺게되고, 위로 하나님이 주시는 은사를 받아 그 은사로 교회를 섬겨 받드는 성령 충만의 자리에 이르시게 되시기를 바랍니다.

2. 두번째는 이원론의 극복입니다

이원론이란 영적인 것과 세상적인 것, 하늘의 것과 땅의 것, 교회 일과 세상 일을 둘로 갈라 놓는 사고방식을 말합니다. 이런 이원론적 사고는 이방 사상이지, 성서적인 생각이 아닙니다. 성서는 철저하게 일원론입니다. 하늘의 것과 땅의 것, 교회 일과 세상 일이 그리스도 안에서 하나되는 것입니다. 에베소서 1장에서 이점에 대하여 말씀하십니다.

"하늘에 있는 것이나 땅에 있는 것이다 그리스도 안에서 통일되
게 하려 하심이라"(엡 1:10)

그리스도 안에서 성, 속이 통일되는 것이 성서의 내용입니다. 성
서의 신앙은 하늘의 것과 땅의 것, 교회와 사회를 갈라 놓지 않습
니다. 그 둘을 가르는 것은 헬라철학에서 온 이원론적 사고방식입
니다. 성서는 일관되게 일원론을 말하고 있습니다. 어느 장로님이
교회에서는 장로직이요 회사에서는 부장직이라 합시다. 그런데 어
느 월요일에 교회 일과 회사 일이 겹쳐, 어느 쪽 일을 해야 할지 망
설이게 되는 경우를 맞았다 합시다. 교회 일을 하게되면 직장에 지
장이 생기고, 그렇다고 직장에 충실하려 하니 하나님의 일에 등한
히 하는 것 같아 고민이 됩니다. 그래서 교회에서의 장로직과 직장
에서의 부장직에 갈등이 일어나게 됩니다. 여러분은 이런 때에 어
느 편을 택하시겠습니까? 이러한 때에 우리는 안식일에 대한 바
른 이해가 필요합니다. 안식일에 대하여서뿐 아니라 성서 전체에
대한 바른 이해가 뒷받침 되어야 한다고도 할 수 있겠습니다.

"안식일을 기억하여 거룩히 지키라 엿새 동안은 힘써 네 모든 일
을 행할 것이나 제 칠일은 너의 하나님 여호와의 안식일인즉…
아무 일도 하지말라"(출20:8−10)

위의 말씀에서 하나님의 법인 안식일을 잘 지킴에는 다른 엿새 동
안은 세상 일을 힘써 행하는 것이 포함됩니다. 만일 엿새 동안 힘써
세상 일을 하지 않았으면, 안식일을 아무리 거룩하게 지켰어도 하나
님 보시기에는 합당한 신앙생활이 되지 못할 것입니다. 거룩한 생활
을 한다는 것은, 엿새 동안의 직장 일을 힘써 하는 것과 주일에 교

회 일을 힘써 하는 것이 합하여져서 되어지는 것입니다. 그런 뜻에서 월요일에 교회 일을 하여야 할 것인지 직장 일을 하여야 할 것인지는 별 갈등없이 해결되어질 수 있습니다. 당연히 훌륭한 장로가 되려면 직장에서 훌륭한 부장이 되어야 하는 것입니다. 직장에서의 부장직을 성실히 수행함과 교회에서 장로직을 성실히 수행함은 함께 거룩한 일이요, 그것이 합하여져 거룩한 생활입니다. 이 둘을 갈라 놓는 생각을 이원론이라 일컫고, 그리스도 안에서 하나되게 하는 것을 이원론의 극복이라 부릅니다. 물론 교회 일이든 직장 일이든 그 밑바탕에는 그리스도를 위해 살겠다는 분명한 가치관이 확립되어 있어야 할 것입니다. 그러한 영적 바탕없이 "교회 일이냐, 직장 일이냐"를 논의하는 것은 아무런 의미가 없다 하겠습니다.

몇년 전 제가 미국 레이건 대통령 재임시 조찬기도회에 초청받아 갔었던 적이 있습니다. 그 행사 때에 저도 앞에 나가 몇 마디 이야기한 적이 있습니다만, 제가 감명을 받았던 것은 베이커 장관의 간증이었습니다. 지금은 베이커 장관이 국무장관입니다만, 레이건 대통령 시절에는 상공장관이었던 것 같습니다. 조찬기도회가 시작되는 서두에 베이커 장관의 개인간증 시간이 있었습니다. 그때 그가 간증하기를 자기가 레이건팀의 장관의 한 사람으로서, 어떤 프로젝트에 결재를 하여야 하였는데 그 프로젝트 내용이 자기의 신앙양심과 미국의 국가 이익이 상반되는 경우가 있었다는 것이었습니다. 그래서 그가 갈등하기를 자신의 신앙양심을 따라야할지, 아니면 국가이익을 따라야 할지 고민하다가, 자신이 국가의 장관으로 있는 이상에 개인의 신앙을 뒤로 하고 국가이익에 따라 결정하였다는 것이었습니다. 그런데 시간이 지난 후에 보니 국가 이익에도 좋치 않은 결과가 되고 말았다는 것이었습니다. 그래서 그가 말하기를 앞으로는 그런 경우에 부딪치면, 단연코 자기의 신앙고백을 우선으로 처리하기로 결심하였다는 이야기였습니다. 베이커 장관의 이러한 간증에 그 자리에 참석하였던 이천여 명의 참석자가 모두 감명을 받아 박수를 치고, 레이건 대통령도 웃으며 박수를 보내는 것이었습니다. 제가 그런 분위기를 보면서 이런 점들이 미국의 저력이겠구나 하는 생각이 들었습니다. 그리고 부러운 생각이 들었습니다.

조찬기도회가 시작된 후 순서 중에 성경봉독 시간이 있었습니다. 먼저 사회자가 "상원 대표가 나와서 구약성경 말씀을 봉독하겠습니다" 하더니, 상원 대표로 상원의사당의 수위가 나와서 봉독하였습니다. 그 다음 "해병대 사령관이 나와서 신약성경봉독이 있겠습니다" 하니, 해병대사령관이 정장을 한체 나와 신약성경을 봉독하였습니다. 우리 한국인의 풍토에서는 그런 분위기가 부러울 수밖에 없지 않겠습니까? 그 자리에서 제가 생각하기를 우리 한국도 기독교가 저만한 영향력과 수준, 저만큼 트인 지도력을 창출하여야겠다고 생각하였습니다.

역사를 살펴보면 어느 시대에나 그 시대가 그 시대의 중심종교의 수준을 넘어서지 못하였습니다. 그리고 어느 사회나 그 사회의 교회 수준을 넘어서지 못하였습니다. 그리고 그 교회는 그 교회 지도자들의 수준을 넘어서지 못하였음을 알 수 있습니다. 그런 뜻에서 한국 교회의 수준을 높이는 것이 바로 우리 사회 전체의 수준을 높이는 것이고, 그 교회를 이끌어 가는 목사와 장로들의 수준을 높이는 것이, 바로 그 시대의 지도자들, 정치인, 경제인, 학자들 등의 전체적 지도력을 높이는 일이 되겠습니다. 그러므로 교회의 수준이 높아진다는 것이 곧 민족 전체의 수준을 높이는 출발점이 되겠습니다. 그리고 교회의 수준이 높아짐은 바로 건전하고 상식적인 신앙과 사고 방식, 그리고 삶의 자세에서 비롯된다 하겠습니다.

그런데 우리 한국교회가 현실적으로 오류를 범하고 있는 것 중에

하나가 바로 영적인 것과 세상적인 것, 교회와 사회를 갈라놓고 있
는 이원론의 사고방식입니다. 이런 사고방식은 교회와 가정을 분리
시키게 하고 교회와 직장을 별 세계로 갈라 놓기도 합니다. 그래서
하나님 일 하겠다고 교회당에만 붙어 살면서 가정을 등한시 하게 되
는 것이고, 영적으로 살겠다면서 직장에서는 문제아로 낙인 찍히게
되는 것입니다. 성서적인 바탕은 가정에 더욱 충실한 교인이 되어야
하고, 자기가 속한 직장을 앞장서서 받들고 발전시키는 성도가 되어
야 하는 것임에도 불구하고, 하나님을 섬긴다는 이름 아래 가정과
직장은 등한시하는 그릇된 신앙관으로 살아가는 것입니다.

　제가 어느 기업에 강연차 갔었다가 들었습니다만, 그 기업의 중견
간부 중의 한 분께서 자기가 서울 어느 교회의 일원임을 소개하면서
"목사님 죄송합니다만 직장인의 입장에서 볼 때 목사님들의 목회에
문제가 있다고 느껴집니다. 왜냐하면 교회 섬기는 일에 목사님들 하
라는대로 다 따라 하다가는 실업자되기 십상입니다. 주일에 교회 가
서 예배드리는 것이야 당연하지만, 교회에서의 요구는 월요일에서
토요일까지 교회일에 묶어 두려하니, 그 일을 다 감당하다가는 회사
에서는 낙오자가 될 수밖에 없겠습니다"라고 했습니다. 제가 그 자
리에서 그냥 웃고 말았습니다만, 그렇게 말하는 뜻은 넉넉히 이해하
고도 남았습니다.

　오늘 한국교회의 목회 형태가 교인들을 너무 교회 안에 묶어 두고
있는 것입니다. 구역장회의, 권찰회의, 제직회, 심방, 무슨 무슨 위
원회, 수요예배, 금요구역예배, 철야기도회 등으로 너무 많은 시간
을 교회 안의 일에 묶어두기에, 사회 생활하고 있는 사람으로서는
거기에 보조를 맞추기가 어려울 수밖에 없을 것입니다. 그래서 저는
집회에 나가면 종종 이점을 지적합니다. 우리가 똑똑한 교인들을 너
무 교회당 안에만 묶어 두고 있다는 지적입니다. 교인들을 예배당에

만 충성케 하고 교회 일에만 분주하게 하지, 교회에서 받은 은혜로 교회 밖 세상에 나가서 그대로 살아가게 하는 일에는 너무 등한하다는 지적입니다. 그래서 교인들이 예배당 안에서는 은혜 받았다고 까무러칠 듯이 하는데 교회당 밖으로 나가면 반장 하나 제대로 못하고 세상에서는 비실비실 뒤로 밀린다는 지적입니다.

성서적인 신앙, 건전한 신앙은 어떠하여야겠습니까? 교회에서 깨친 바 진리를 세상에서 담대하게 실천함으로서, 병든 세상을 변혁시켜 나가는 일에 앞장서는 신앙이라야 할 것입니다. 그런 신앙이 바로 그리스도 안에서 하늘의 것과 땅의 것, 교회의 일과 사회의 일, 예배드리는 것과 장사하는 것, 전도하는 일과 자식 낳아 기르는 일이 하나로 묶어지는, 다함께 거룩함에 이르는 신앙이라 하겠습니다.

그러면 앞으로의 한국교회가 어떤 인재들을 길러야겠습니까? 신학교 가서 성직자되는 마음으로 지방자치선거에 나가서 의원이 되고, 선교사가 되는 마음가짐으로 공무원이나 상인이 되는, 건전한 신앙의 평신도들을 길러내야 할 것입니다. 물론 죄 많은 세상에서 국회의원하고 도지사하려면 어려움이 클 것입니다. 그러나 그러한 어려움을 선교하는 정신으로 감당하자는 것입니다.

제가 알고 있는 한 크리스천 정치인이 있습니다. 어려서부터 어려운 여건을 극복하고 경기고, 서울공대를 거쳐 MIT공대를 거친 분입니다. 그래서 서울지역에서 여당의 국회의원으로 활약하였습니다. 정직하고 실력있고 신심이 깊은, 한국 풍토에서는 아까운 인재였습니다. 그런데 지난 해 부정한 돈을 받은 혐의로 구속이 되었습니다. 얼마나 아까운 일인지 모르겠습니다. 구속되기 이십여일 전에 저희 부부와 그쪽 부부가 수원에서 저녁식사를 같이 한 적이 있습니다. 그때 그 좌석에서 그가 말하기를 자기가 크리스천으로서 정치계에 몸담아 있으면서 겪게 되는 고충을 토론한 적이 있습니다. 예를 들어 한국정치의 상당한 부분이 비공개적인, 요정의 술자리에서 이루어진다는 것입니다. 그런데 자기는 그런 자리에 동참하지를 않기 때문에 겪는 고충이 크다고 했습니다. 정치인으로서 통상관례를 따르지 않고 술좌석에 잘 끼어들지 않으면서 정치를 하려니까 고충이 많을 수밖에 없지 않겠습니까? 그때 제가 그분을 위로했던 기억이 납니다. "물론 정치가로서는 고충과 손해가 있겠지만, 정치가 이전에 크리스천이니까 크리스천으로서의 본분을 어느 자리에서나 지켜나가는 것이, 크리스천이 누리는 의무요 또 특권이 아니겠습니까. 어렵더라도 잘 이겨나가시기 바랍니다. 그래서 역시 크리스천은 정치를 해도 다르다, 아무개 의원을 봐라, 저런 양심적이고 소신있는 의원이 앞으로 많이 나와야 된다는 말을 세인들로부터 듣게 되기를 바란다"고 하였었습니다.

그런데 그런 일이 있고 나서 불과 달포가 못되서, 그 의원이 그만 부정혐의로 구속 되고 말았습니다. 보도된 바로는 어떤 사안에 관련되어 2억의 돈을 뇌물로 받았다는 것이었습니다. 제가 그 신문보도를 보며 깊이 생각하였었습니다. "크리스천으로서 술좌석에는 빠질 수 있었는데, 돈 문제에는 깨끗할 수 없었을까? 차라리 술은 한두 잔 경우에 따라 하더라도 금전문제에 칼날 같은 엄격함이 있었으면 더 좋았을 텐데…" 하는 아쉬움을 느꼈습니다. 물론 정치계의 일인지라 그 사건의 뒷면에 억울한 사연이 있을 수도 있겠습니다. 제가 본 그 의원의 인상은 부정으로 사회적 물의를 일으킬 인격을 가진 사람으로 보이지는 않았습니다. 그러나 여하튼 그런 소용돌이에 휩쓸려 자기의 정치적인 활동에 치명타를 입는다는 것이 얼마나 애석한 일이겠습니까.

실제로 우리 크리스천들이 사회생활을 하면서 술, 담배 같은 것에는 지나치게 매일 필요가 없다는 것이 저의 평소의 생각입니다. 물론 술을 입에도 대지 않고 담배 피는 곳에는 가지도 않는 철저한 신앙도 귀하다 하겠습니다. 그러나 저와 같은 성직자도 아니고 가정만 지키는 부녀자도 아닌데, 사회생활에서의 사업관계나 인간관계에서 때로는 술좌석에 앉아야 할 경우도 있습니다. 그런데 그런 일에 너무 매이다 보면, 생활에서 여유나 기백이 없어지고 매사에 소극적인 태도를 지니게 되기가 십상이 아니겠습니까? 어떤 처지에서든 구원받은 성도로서의 본질을 지켜 나갈 수만 있다면, 그런 지엽적인 문제에는 융통성이 있어야 할 경우도 있겠습니다. 쉽게 말하자면 사나이가 험한 세상 살아가노라면, 때에 따라서는 한두 잔 할 수도 있을 거라는 것입니다.

교회가 요구하는 것은 부분적인 것을 지키느냐 지키지 않느냐 문제가 아니라, 성도로서의 자기 절제를 강조하는 것입니다. 물론 저 같은 사람의 경우는 성직자니까, 이런 문제에 성직자로서 철두철미한 것이 저 자신에게나 다른 사람에게도 유익하겠습니다. 지난 해까지만 해도 저는 술같은 문제를 저 자신에게도 상당히 너그럽게 적용하였었습니다. 모처럼 반가운 친구를 만나거나, 농민들 노동하는 자리에서 막걸리 한 잔 정도는 분위기를 만드는 데 필요하다고 생각하였었습니다. 그런데 얼마 전에 열흘 간의 금식수련을 하고나서부터는 아예 원칙을 철저히 정하였습니다. 어떤 원칙이냐 하면 술, 담배가 문제가 아니라, 커피나 껌 같은 기호식품에 이르기까지 저의 건강유지에 필요한 것 이외에는 절대로 몸 안으로 들여 보내지 않기로 결심한 것입니다. 그래서 세끼 식사와 건강유지에 필요한 생수를 마시는 것 외에는, 기호식품이나 간식을 취하지 않고 지내고 있습니다. 저는 이런 습성을 가능하면 평생을 지켜보겠다고 생각하고 있습니다. 물론 이런 일들은 신앙에 관계 있어서가 아니라, 신앙인으로서 또 목회자로서 자기 자신을 관리함에 유익하다고 생각하게 된 때문입니다.

그러나 다른 성도들에게까지 이런 생활을 요구하거나 영향을 미치려는 생각은 없습니다. 어디까지나 제 자신의 경우에 한한 것이지 다른 성도들은 나름대로 자기에게 알맞은 절제의 원칙이 있어야겠습니다. 앞에서 한 국회의원의 애석했던 경우를 이야기했습니다만, 이 난세를 정치가로서 그리고 크리스천으로서 살아가면서 중요한 것은 무엇이겠습니까. 바로 다니엘과 같은 태도라 하겠습니다. 한마디로 다니엘을 닮은 크리스천 정치인이 되어야 한다는 것입니다. 다니엘이 어떠하였습니까? 그는 가장 불행한 조건에서 몸을 일으켜 최상의 자리에 오르기까지, 자기 관리에 성공할 수 있었던 크리스천 정치가였습니다. 다니엘서 6장에 이르기를

"다니엘은 마음이 민첩하여 총리들과 방백들 위에 뛰어나므로 왕이 그를 세워 전국을 다스리게 하고자 한지라 이에 총리들과 방백들이 국사에 대하여 다니엘을 고소할 틈을 얻고자 하였으나 능히 아무 틈, 아무 허물을 얻지 못하였으니 이는 그가 충성되어 아무 그릇함도 없고 아무 허물도 없음이었더라"(단 6:3,4)

크리스천 정치가 다니엘은 자기를 넘어뜨릴 기회를 노리고 있는 정적들 속에서, 자기 정치 생명에 흠집이 생길 조그마한 틈도 없었다 했습니다. 다니엘의 그런 인격과 역량이 어디서 얻어진 것이겠습니까? 다니엘서 2장에서는 다니엘의 그런 역량이 바로 하나님이 주신 지혜와 깨달음에서 왔다고 했습니다.

"하나님이 이 네 소년에게 지식을 얻게 하시며 모든 학문과 재주

에 명철하게 하신 외에 다니엘은 또 모든 이상과 몽조를 깨달아 알더라"(단 1:17)

하나님께서 다니엘과 그의 동료들에게 다른 사람이 가지지 못하는 지식을 얻게 하시고 명철을 주셨다 했습니다. 그렇다면 그런 지식과 명철은 어떤 사람들에게 주어집니까? 하나님께서 모든 크리스천들에게 다 다니엘과 같은 지식을 주시겠습니까? 아니라면 어떤 크리스천들에게 주시겠습니까? 우리는 그 대답을 다니엘서 1장과 6장에서 찾을 수 있겠습니다.

"다니엘은 뜻을 정하여 왕의 진미와 그의 마시는 포도주로 자기를 더럽히지 아니하리라 하고 자기를 더럽히지 않게 하기를 환관장에게 구하니 …"(단 1:8)

"다니엘이 이 조서에 어인이 찍힌 것을 알고도 자기 집에 돌아가서는 그 방의 예루살렘으로 향하여 열린 창에서 전에 행하던 대로 하루 세번씩 무릎을 꿇고 기도하며 그 하나님께 감사하였더라"(단 6:10)

다니엘이 남다른 지혜를 얻어 난세에 정치가로서 입신할 수 있었던 것은, 소년시절부터 피눈물 나는 자기 훈련의 삶이 뒷받침 되었기 때문이었습니다. 그는 바벨론 왕궁에 포로로 잡혀온 어린 나이에 남다른 뜻을 세웠고, 그 뜻을 이루어나가기 위해 철저한 자기 관리를 실천하였습니다. 철저한 절제와 경건의 훈련을 쌓아 나갔던 것입니다. 그 훈련의 내용인즉, 채식과 금주와 하루 세번씩의 무릎 꿇어 기도하는 삶이었습니다. 그는 이런 절제와 경건의 생활을 생명을 걸 정도로 철저하게 시행했습니다. 훗날에 그의 정적들이 그를 올무에 걸고자, 왕 아닌 다른 신에게 기도하는 자는 사형에 처하는 법을 통과시켰습니다. 그는 그 법이 발효되는 중임을 알면서도, 그가 소년시절부터 지켜왔던 경건한 삶에의 원칙을 깨뜨리거나 타협하지 않았습니다. 그는 마지막 순간까지 자기 절제와 경건에 이르는 삶에의 원칙을 지켰습니다. 이런 삶의 내용이 바로 위대한 정치가 다니엘이 태어난 바탕이었습니다.

다니엘은 오늘의 한국 크리스천 정치가들이 본받아야 할 본보기라 하겠습니다. 어찌 정치가에 한하여 그러하겠습니까? 크리스천으로서 어떤 분야, 어떤 전공에 몸담아 살아가든 지켜져야 할 자기 절제와 경건한 삶의 기준이라 하겠습니다. 앞에서 언급한 바 대로 한국교회 성도들은 대체로 교회를 섬기는 일에만 철저하려 하였지, 교회 밖 생활에까지 그런 철저함과 열성을 기우리려 하지 않았습니다. 왜 그러했겠습니까? 그렇게 배웠기 때문입니다. 우리 목회자들이 교회들을 바로 가르치지 않았기 때문입니다. 바로 가르치고, 철저하게 그 가르침을 받은 바대로 살도록 훈련시키지 않았기 때문입니다. 바로 배워 바로 깨닫고, 깨달은 바대로 살아갈 수 있도록 훈련을 받아야 합니다. 그리고 훈련받은 바대로 살아 삶 속에서 바람직한 열매를 맺어야 합니다. 이런 과정 전체를 합하여 건전한 신앙생활이라 이릅니다. 이러한 신앙생활이 교회 안에서의 생활뿐 아니라, 가정생활, 직장생활, 인간관계 전반에 걸쳐 살아질 때 이른바 건전한 신앙인이라 불리워질 것입니다. 그래서 중요한 것은 그 시대의 정치, 경제, 학문의 어느 분야이건 자기가 몸담고 있는 그 분야에서, 말씀의 바른 깨달음과 성령께서 동행하시는 삶 속에서 어떻게 탁월성을 들어 내는 삶을 사느냐는 것과 그러한 삶이 복음을 증거하는 삶이 되느냐의 문제입니다.

우리들 크리스천들을 세상 사람들이 볼 때, "저 사람이 예수를 믿기에 저렇게 훌륭한 인격과 역량을 지니게 되었구나" 하는 말을 듣게 되어야 합니다. 미국 역사에 그런 인물이 있었습니다. 바로 링컨 대통령입니다. 아시는 바와 같이 링컨 대통령은 아무런 학력이 없는 사람이었습니다. 특별한 경력도 없는 분이었습니다. 그의 일생에 있어 특기할 것은 실패를 많이 하였다는 점이었습니다. 그는 26번이나 연속으로 실패에 실패를 거듭하였다 합니다. 마지막 26번째의 실패가 일리노이 주 주지사에 출마하여 낙선한 것이었습니다. 그런데 27번째 처음으로 성공하였습니다. 그 성공이란 것이 바로 대통령에 당성된 것이었습니다.

그는 결혼에도 실패하였습니다. 그의 부인이 어떻게나 강짜가 심하였던지, 집에만 들어가면 그 부인의 강짜에 시달리는 것이 지겨워 될 수 있는 대로 집에 들어가지 않고, 밖에서 이곳 저곳 다니며 사람들과 이야기를 나누는 시간이 많아졌다 합니다. 그런데 아이러니칼하게도 그 덕택으로 대통령에 당선될 수 있었다는 것입니다. 마누라의 강짜가 지겨워 밖을 돌면서 사람을 많이 사귄 덕분에 대통령이 될 수 있었다는 것입니다. 링컨의 아내는 부정적인 역할로 훌륭한 내조를 한 셈이 되는 것입니다. 그래서 세계 역사상 4대 악처에 링컨의 아내가 꼽힙니다. 첫째는 소크라테스의 아내요, 둘째는 공자의 아내요, 셋째는 톨스토이의 아내입니다. 그리고 넷째가 링컨의 아내였다는 것입니다. 거기에다 다섯번째 악처를 들자면, 누구든 자기 아내를 꼽으면 거의 틀림없다고 합니다. 물론 우스개소리로 하는 말이지 실제로 그렇지야 않겠지요.

그런데 별다른 학문도 경력도 없었던 링컨이 대통령이 되었고 또 대통령 중에서도 존경받는 대통령이 될 수 있었던 비결은 무엇이었겠습니까? 바로 살아계신 하나님 앞에 무릎 꿇는 기도였습니다. 대통령인 링컨이 무식하고 비천한 바닥 출신이라고, 심지어 그가 세운 각료들까지 그를 무시하고 들었어도 그는 꾹 참았다 합니다. 그리고 자기 소신을 차근차근 펴나갔다 합니다. 그런 중에 남북전쟁이 일어났습니다. 전쟁 중반기까지 북군이 불리하였던 정세는 우리가 익히 알고 있는 바입니다. 그런데 전쟁의 상황이 어려워져 다급한 상황임에도, 링컨은 참모들과 논의를 하다가 잠시 좌중을 기다리라 이르고는 자기 방으로 들어갔다 합니다. 그렇게 화급한 시간에 참모들을 회의장에 기다리게 하고 자기 방에 들어간 후, 그는 나타나지 않았다 합니다. 기다리면서 사람들이 조바심이 나견딜 수 없게 되었을 때, 비서가 대통령의 방에 가보니 그의 어머니가 물려주신 성경을 앞에 두고 간절히 기도 드리고 있었다 합니다. 그러니 대통령의 기도를 중단시키고 회의를 속회하자고 할 수 있겠습니까? 좌중이 안절부절 조바심을 내고 있음에도, 대통령의 기도는 턱없이 길어졌다 합니다. 링컨 대통령은 그렇게 하여 전쟁에 승리할 수 있었습니다. 그래서 미국의 역사를 판가름하는 남북전쟁이 무릎 꿇어 기도하는 대통령이 있는 북쪽에, 그 승리가 돌아갈 수 있었던 것입니다. 대통령이 되어서 국가의 존망의 처지를 앞에 두고도, 하나님께 무릎 꿇어 기도할 수 있다는 것이 얼마나 소박하고도 위대한 신앙입니까? 한국에도 그런 크리스천들이 각 분야에서 지도력을 발휘하는 때가 와야겠습니다.

우리들이 신앙적으로, 성서적으로 살다보면 현실적으로는 크게 손해 볼 것처럼 알아, 몸을 도사리는 것은 크게 잘못된 생각이라 하겠습니다. 그것은 곧 하나님이 한계가 있는 것이 아니라, 하나님을 믿는 우리들의 믿음에 한계가 있는 것입니다. 하나님이 한계가 있을 턱이 있었겠습니까? 다만 하나님을 향한 우리들의 믿음이 너무나 옹졸하고 편협하여, 하나님의 능력을 우리들의 삶 속에서 제한시키고 있다 하겠습니다. 이제 여러분들께서 그리스도 안에서 성과 속이 하나로 통일된다는 성서적 일원론의 사상을 이해하셨습니까? 그런 신앙의 바탕에서 교회 일뿐 아니라 직장도 가정도 모든 인간관계도 함께 귀하고 거룩한 줄 알고, 그 일에 전심전력을 다하시기 바랍니다.

여러분들 중에 특별히 사업하시는 분들께서는 명심하시길 바랍니다. 돈 버는 일이 거룩한 일인 줄로 알고, 사업상에 겪게 되는 작은 일 하나하나에도 여러분의 인격과 신앙 전체를 투자하실 수 있기를 바랍니다. 사업상의 계약서를 쓰거나 고객 한 분 한 분 만나는 일에, 내가 지금 예수님을 뵙고 있겠거니 하는 마음가짐으로 임하시기를 바랍니다. 여러분이 경영하시는 공장에서 제품 하나하나를 만들 때마다, 바로 이 제품을 예수님께서 쓰시겠거니 하는 마음가짐으로 임하실 수 있으시기를 바랍니다. 저는 두레마을 공동체를 세워 더불어 함께 살아가면서, 우리 공동체 식구들에게 거듭해서 이르는 말이 있습니다. 우리가 기르는 배추 한 포기, 한 포기를 예수님께서 드신다는 마음으로 기르자는 말입니다. 예수님께서 잡수실 채소에 어떻게 독한 농약을 뿌리거나, 화학비료를 사용해 쉽게 농사 지을 마음을 먹겠습니까? 이 채소를 예수님이 잡수신다는 마음이 들면, 퇴비를 만들어 정성들여 작물을 가꾸고 길러, 예수님을 대접하는 마음으로 소비자들에게 공급할 수 있는 것입니다. 그렇게 정성으로 농사짓는 농사꾼을 예수님께서 굶기시겠습니까? 주님께서 얼마나 신실하신 분이신데 그런 일꾼을 모르시는 척 그냥 두시겠습니까? 틀림없이 때를 따라 돕는 은혜를 베푸실 것입니다. 그런 신앙, 그런 마음가짐으로 농사를 짓고 살자는 것입니다. 그러니 그렇게 길러진 배추 한 포기, 미나리 한단이 얼마나 소중한 것입니까? 그 채소 한 다발 한 다발에 우리들의 신앙고백이 깃들어 있고, 우리들의 혼이 숨쉬고 있다 하겠습니다. 두레마을에서 재배하는 채소만 아니라, 한국에서 생산되어지는 모든 상품 하나 하나에 그런 정신과 혼이 깃들어진다면, 그것이 바로 우리 민족이 일어서는 기틀이 되어지는 것입니다. 지금처럼 우리 노동자들이 가슴에 불만을 가득 품고 대충 대충 날림으로 물건을 만들어 내어서야, 우리가 어떻게 선진국을 바라볼 수 있겠습니까? 그런 마음가짐으로 생산되어진 제품으로는 도저히 국제경쟁력을 가질 수 없는 것입니다.

우리 나라가 지금 당하고 있는, 국난에 비유되는 위기를 극복할 수 있는 길은 오로지 한 길밖에 없습니다. 우리 크리스천들이 앞장서는 길입니다. 진리의 영이신 성령 받은 크리스천들이 앞장 서서 진실운동, 건전한 생활운동을 일으켜 나가는 길밖에 없습니다. 이러한 때에 제갈량이 와서 대통령이 된다 한들, 무슨 뾰족한 수가 있겠습니까? 국민 한 사람 한 사람이 새마음을 품고, 삶의 방향을 바꾸는 길입니다. 자동차 한 대를 만들어도 이 차는 예수님이 타시는 차라 생각하고 만든다면, 그 차를 온 세계 사람들이 즐겨 타게 될 것입니다. 지금처럼 가난한 노동자들이 가슴에 원망을 가득 품고, "부자놈들, 잘 먹고 잘 살아라"는 마음으로 일해서야, 제대로 된 물건이 만들어지겠습니까? 그리고 부자들은 "제조업 경영 같은 것은 골치 아프다"고 다 팽개치고, 여관이나 사우나탕으로 업종을 바꾸고. 골프나 치며 노닐어서야 나라가 일어설 턱이 있겠습니까? 그래서 요즘말로는 총체적 위기라 일컫는 것입니다. 총체적 위기란 것이 무엇을 뜻하겠습니까? 바로 정신의 위기요 혼의 질병이라 하겠습니다. 그런 위기나 질병을 누가 고쳐야겠습니까? 정신과의사가 고치겠습니까? 경제기획원에서 고치겠습니까? 아니면 국회의원들이 고치겠습니까? 바로 종교가 고치는 것입니다.

교회가 치료하는 것입니다. 그래서 교회가 없으면 나라가 망한다는 말이 나오는 것입니다. 그런데 교회가 아니면 나라가 망한다는 판에, 그 교회가 병든 교회라면 어떻하겠습니까? 나라도 교회도 함께 망하는 길만 남은 것이겠습니다. 그래서 교회는 건전하여야겠다는 것입니다. 건전한 교회란 다름아니라 바로 건전한 교인들이 모인 교회입니다. 건전한 교인이란 건전한 신앙, 바른 마음가짐을 지닌 교인들입니다. 이원론을 극복하여 나가는 성서적 신앙이 그런 바른 마음가짐의 하나가 되는 것입니다.

3. 세번째는 올바른 축복관을 들 수 있겠습니다

물론 성경에는 축복의 말씀이 넘치게 들어 있습니다. 창세기에서 요한계시록에 이르기까지 축복의 말씀이 담겨 있습니다. 그런데 문제는 그 축복의 내용과 질이라 하겠습니다. 우리가 구하는 축복은 최소한 무당들이 말하여 오던 축복과는 달라야 하지 않겠습니까? 우리가 진리 중의 진리이신 예수를 믿고 그 예수님의 뜻을 따라 사노라면서, 무당들이 복채 받고 빌어주던 그런 정도의 축복관에 머물러 있다면 얼마나 한심스런 일이겠습니까? 그럼에도 지금 한국교회의 치명적인 약점은 축복관의 문제입니다. 교회가 무속신앙, 샤마니즘의 축복관에 매여 있다는 점입니다. 이런 경향은 큰 교회 쪽으로 가면 더 두드러집니다. 적어도 축복관에 있어서 한국교회는 성경적인 축복관이 아닌 그릇된 축복관, 즉 무속신앙적인 축복관을 가르치고 있는 것입니다. 잘못 가르쳐서 교회가 커진 것인지, 커지면 잘못 가르치게 되는 것인지 분간을 할 수 없습니다. 여하튼 그릇된 축복관을 가르치는 교회들이 소위 말하는 대로 성장하고 부흥하니까, 그만 그릇된 교훈이 마치 올바른 교훈인 것처럼 되어버린 것이 현실입니다.

　그렇다면 성경적인 축복관과 지금 한국교회가 물들어 있는 무속적인 축복관과의 차이점이 무엇이겠습니까? 이 문제는 무속신앙의 3대 특성을 살펴보면 자연히 드러나게 됩니다. 학문적으로 이야기할 때 무속신앙에는 세 가지 특성이 있습니다. 그 첫째는 치병기복 신앙입니다. 개인의 병이 낫고 복 받아 땅에서 잘 사는 것이 무속신앙에서 축복관의 핵심입니다. 둘째는 비윤리적인 점입니다. 무속신앙에는 윤리의식이 결여되어 있다는 점입니다. 셋째는 역사의식이 없다는 점입니다. 굿하러 오는 고객에게 진실하라, 민족을 사랑하라, 근면하고 절약하면서 인간답게 살라고 일러주는 무당이 있었습니까? 오로지 자기와 자기 집안이 잘 먹고, 잘 사는 일에만 몰두하는 것이 무당신앙의 특성입니다.

　그런데 불행하게도 한국교회가 복음을 받아들였으되, 그 신앙생활의 질적 수준이 성경적인 내용의 수준이 아니라, 무당 수준에 머무르고 있는 것입니다. 이점을 한국교회가 하루 빨리 바로 잡지 않으면, 한국교회에는 이땅 위에서 그 역사적 사명을 감당하지 못하는 하급종교, 하급신앙으로 머무르고 말 것입니다. 그렇다면 성경적인 축복관이란 어떤 내용을 말하는 것이겠습니까? 성경적인 축복관을 살핌에는 먼저 마태복음에서 예수님의 산상수훈 첫머리에 기록된 축복을 살펴보아야겠습니다.

"예수께서 무리를 보시고 산에 올라가 앉으시니 제자들이 나아온지라 입을 열어 가르쳐 가라사대 심령이 가난한 자는 복이 있나니 천국이 저희 것임이요 … 의에 주리고 목마른 자는 복이 있나니 저희가 배부를 것임이요 … 화평케 하는 자는 복이 있나니 저희가 하나님의 아들이라 일컬음을 받을 것임이요 … 의를 위하여 핍박을 받은 자는 복이 있나니 천국이 저희 것임이라"

예수님께서 친히 이르신 이 팔복 중에 잘 먹고 잘 사는 이야기는 전혀 없습니다. 오히려 반대입니다. 주님께서 가르치시기를 가난한 자가 복이 있다 하셨습니다. 의에 굶주린 자가 복이 있다 하셨습니다. 그리고 화평케 하는 자가 복이 있다 하셨습니다. 여기서 화평케 하는 자란 말의 뜻은 "평화를 만들어 내는 자"란 뜻입니다. 영어로는 "peacemaker"입니다. 그리고 땅 위에 의를 실천하려다가 핍박 받고 고난 당하는 자가 복이 있다 하셨습니다. 그렇게 믿고 그렇게 사는 자들을 "하나님의 아들이라, 천국시민이라" 이른다 하셨습니다. 그런데 우리는 복을 구하면서 내 병 낫는 일, 나 잘 사는 일에 매어 달립니다. 이제 좀 달라져야겠습니다. 예수님의 제자답게 예수님께서 이르신 수준의 축복을 구하고 그대로 살아, 열매 맺는 깊이와 품위를 갖춘 신앙인들이 되어야겠습니다.

그간에 우리는 주님을 따르노라면서, 부활의 영광만을 쳐다보고 십자가의 고난은 잊어버린 경향이 있었습니다. 이제는 자세를 바로 잡을 때가 되었습니다. 십자가의 고난을 거쳐 부활의 영광이 임하는 것이 바른 순서입니다. 부활의 아침은 십자가의 밤을 거쳐 임하는 것입니다. 우리 모두 이 땅에서 부활의 아침을 맞이하기 위하여, 먼저 십자가의 긴 밤을 견디어 내는 신앙에 서야겠습니다.

"자녀이면 또한 후사 곧 하나님의 후사요 그리스도와 함께 한 후사니 우리가 그와 함께 영광을 받기 위하여 고난도 함께 받아야 될 것이니라"(롬 8:17)

4. 네번째는 올바른 윤리관과 역사의식을 지닌 신앙을 이릅니다

앞에서 이미 지적한 바대로 무당신앙의 특성에는 윤리관과 역사의식이 결여되어 있다 하였습니다. 그리고 한국교회는 불행하게도 무당신앙에 너무 깊이 물들어 교회부흥은 왕성하되, 그 교회가 건전한 역사의식이 갖추어져 있지 못한 교회임을 지적하였습니다. 그리고 교인들은 늘어나고 있으되, 오히려 교인의 윤리관은 허물어져 가고 있음도 지적했습니다.

한국교회의 현실을 살펴보면, 옛날 무당들이 하던 역할을 이제는 목사들이 대신하고 있는 것이나 아닐까 하는 회의에 빠지게 됩니다. 성경의 신앙은 확고부동한 역사의식에 서 있는 신앙입니다. 그리고 성령을 받게 되면 진실한 인간이 되고, 거짓을 버리고 참 사람으로 태어나게 되는 인격의 변화가 이루어지게 됩니다. 그럼에도 한국교회 교인들은 성령은사도 받고, 불도 받고, 기막힌 체험도 하였으되 그 인격이, 그 사람 됨됨이가 진실되고 성숙한 사람으로 변화되어지지를 못하고 있습니다. 그래서 소위 은혜충만, 은사충만 하다는 성도, 목사들이 모인 곳에 분쟁과 시비가 그치지를 않습니다. 그리고 상식에 맞지 않는 일을 쉽사리 행하는 것을 보게 됩니다. 물론 복음이 상식이 될 수는 없습니다. 그러나 복음의 사람들은 상식을 존중하고 살아야 함은 두말할 나위가 없겠습니다. 그럼에도 교회 부흥회나 산상기도회 같은 데에 참석하여 보면, 상식에도 미치지 못하는 분위기를 보게 됩니다. 그런 상식에도 미치지 못하는 수준에서는 건전한 윤리관이나 올바른 역사의식을 거론조차 할 수 없게 되는 것입니다.

이 글의 앞에서도 지적하였거니와 지금 한국의 현실이 건전한 신앙운동이 일어나기를 시급히 요청하고 있습니다. 그 건전한 신앙운동 중에서도, 건전한 윤리관과 올바른 역사의식이 세워지는 신앙운동이 특히나 요청되고 있습니다. 왜냐하면 우리 사회가 산업화되어지는 과정에서, 국민들의 윤리관이 무너지고 정치적 상황이 고양이 눈알처럼 변하면서, 백성들의 역사의식이 흔들리게 되었기 때문입니다. 이러한 시대상황에서 교회가 건전한 윤리관과 바른 역사의식을 세워나간다는 것이 중요함은 재론의 여지조차 없다 하겠습니다.

윤리관이다 역사의식이다하는 말이 혹시 독자들에게 어려운 말처럼 들릴지 모르겠습니다. 그러나 전혀 어렵지 않습니다. 건전한 윤리관이란, 사람이 사람다와지고 사람답게 사는 것을 뜻하는 것이요, 지극히 상식적인 삶을 말하는 것이며, 인간적인 바른 마음가짐으로 살아가는 것을 뜻합니다. 그리고 올바른 역사의식이란, 우리가 살아가고 있는 이땅의 오늘과 내일의 역사를 우리가 책임지자는 마음가짐입니다. 특히나 크리스천으로서의 역사의식이란 이 땅 위에 백성들의 삶의 내용과 민족이 나갈 바 방향을, 우리들의 어깨에 걸머지고 나가자는 결단이요 소원입니다. 그래서 예수님의 뜻을 이 땅에 이루어 나가자는 마음가짐을 이르는 것입니다. 우리들의 성경적인 신앙으로 제대로만 뿌리내려진다면, 윤리관이나 역사의식은 당연히 건전하여지고 올바른 방향으로 나아가게 되어지는 것입니다. 그래서 중요한 것은 예수님의 가르치심대로, 성경이 말씀하시고 있는 바대로 제대로 믿고 따르는 것입니다. 오늘과 같이 한국교회 전체가 그 윤리관에 있어 건전함을 잃어가고 있고 그 역사의식이 혼란에 빠진 시대에, 우리는 십자가의 고통을 다시 한 번 겪는 마음가짐으로, 바른 윤리관과 역사의식을 세우는 일에 헌신하여야겠습니다. 물론 이 일이 하루 아침에 되어질 일도 아니요 쉽게 이루어질 일도 아닙니다. 누군가가 뜻을 세워 이 일에 도전하여야 합니다. 실패와 비난, 공격을 감수하고 이 일에 자기 삶을 투자하여야 합니다. 때로는 실패도 있을 것이요, 좌절도 있을 것입니다. 그러나 믿음의 조상들이 품었던 뜻과 그 신앙으로, 그 용기로

이 시대에 도전하여 고난을 극복하여 나가야 합니다.

이제 말씀을 마무리 지으며 저의 개인적인 이야기를 잠깐 드리고 싶습니다. 평소에 교우들 앞에서는 드리기 어려운 개인의 간증입니다. 얼마 전에 저는 미국에 갔었습니다. 그런데 거기서 충격을 받아, 마음이 약해지고 몸도 지쳐, 지금은 그 후유증으로 심한 감기에 걸려 있습니다. 갑자기 심신이 이렇게 지치게 된 데에는 그럴 만한 사연이 있습니다. 제가 서울 청계천 빈민촌에서 선교하고 있었던 74년에 감옥에 들어가게 되었습니다. 이미 이런 저런 모임에서의 간증으로나, 글로서 알려진 이야기이기에 거듭 설명을 하지 않고 줄거리만을 간추리겠습니다. 제가 감옥에 들어가 있는 동안에 저의 가정에 문제가 생겼습니다. 그때 그 복잡하였던 사정을 지금 새삼 설명할 필요는 없겠습니다. 저는 군사재판에서 15년의 선고를 받았었습니다. 그러나 실제 옥살이를 하였던 기간은 13 개월 남짓한 기간이었습니다.

그런데 제가 감옥에서 풀려난 지 열흘만에 제 아내가 저에게 온 가족이 미국으로 이민을 가든지 아니면 자기를 자유롭게 하여 달라고 요구하는 것이었습니다. 말하자면 미국이민이냐 아니면 이혼이냐를 택일하라는 것이었습니다. 그때 저의 입장은 이혼할 수도 없었지만 가정을 살리겠다고 미국으로 이민을 갈 처지도 물론 아니었습니다. 왜냐하면 제가 청계천 빈민촌에서 주민들과 동고동락하다가 감옥에 들어간 후로, 빈민촌 주민들은 옥중에 있는 저에게 끼니마다 불고기 백반을 사들여 보냈습니다. 길거리에서 행상하고 껌팔이하고 쓰레기통을 뒤져 모은 돈으로, 자기들은 구경도 못하는 불고기를 끼니마다 옥중에 있는 나에게 들여보냈던 것이었습니다. 그 당시의 서울 빈민촌은 몹시 가난했습니다. 겨울철같은 기간에는 한 가족이 세끼니 수제비죽 먹기에도 안간힘을 써야 하던 때였습니다. 그런 어려운 처지에서 빈민촌 주민들은 제가 옥살이에서 고생한다고 불고기를 끼니마다 사들여 보냈던 것입니다. 그 음식이 제 목에 편하게 넘어갔겠습니까? 저는 교도소에서 주는 콩밥으로도 충분하니 그렇게 하지 말라고 거듭 이야기 했지만 주민들은 막무가내였습니다. "전도사님 무슨 말씀을 그렇게 하십니까? 섭섭합니다. 전도사님이 우리를 위해 그렇게 고생만 하시다가, 이제는 옥살이까지 하시는데 우리가 어찌 한끼인들 소홀히 할 수 있겠습니까?"하며 한끼도 거르지 않고 사식을 들여보내는 것이었습니다. 저는 그 음식을 앉아서 받아 먹고만 있을 수 없어, 이웃방에 보호자 없는 가난한 죄수들에게 나누어 주곤 하였습니다. 저는 감방에서 빈민촌 주민들의 정성을 제 손으로 받을 때마다 "내가 이 사람들을 위하여 죽어야지" 그렇게 되새기곤 하였습니다. 그런터에 옥살이를 끝내자 마자 가정 살리겠다고 미국으로 이민을 갈 수는 없는 것이었습니다. 그뿐만이 아니었습니다. 제가 옥살이를 시작한지 일년만이었던 75년 1월 6일에 빈민촌 주민들 다섯명이 나를 면회왔습니다. 그때 저는 수원교도소에 수감되어 있었습니다. 수원교도소까지 특별 면회로 저를 찾아온 다섯명의 활빈교회 교인들이 저에게, "전도사님 우리 내일부터 전도사님 석방을 위해 40일 철야기도하기로 했습니다"고 했습니다. 저는 그 말에 깜짝 놀라 "이사람들아 그게 뭔 소리고? 없는 사람들이 이 추운 겨울에 제대로 먹지도 못하면서 철야한다는 것이 말이 되나? 사람이 못 먹을 수록 잠을 푹 자야되는 거야. 잠이 약이란 말 못들었는가?"라고 반문하며, 그런 생각말고 열심히 먹고 푹 자라고 일렀습니다. 그러나 그들은 "전도사님 사도행전 12장엔가 보니까 베드로가 교도소에 있었는데, 성도들이 누군가 집에 모여 철야기도를 하였더니 옥문이 열렸다는 말씀이 있었습니다. 지금도 그런 역사가 있을 줄 믿습니다"라고 확신을 가지고 말했습니다. 저는 그들의 그런 말에 답하기를 "이사람들아 그때는 그때고 지금은 지금이지. 그것도 사람따라 다른거여. 내 믿음이 베드로만 한가. 그런 생각 말고 잘 먹고 잘 자는 것이 은혜니, 도시 철야는 말게"라고 거듭 당부하였습니다. 그러나 교인들은 이르기를 "아니 전도사님 감옥 들어오시더니 믿음 식으셨네요, 전에 설교는 그렇게 하시지 않으셨는데. 전도사님 믿음은 그때 베드로의 믿음만 못하지만 우리 교인들의 믿음은 그때 그 교인들 믿음만 하니까 우리 교인들 믿음으로 40일 철야기도 끝날때 쯤 옥문이 열릴 줄 믿습니다. 우리가 알아서 할테니 전도사님은 그저 옥문 열릴 때까지 편안히 쉬고 계십시요"라고 다짐하고는 돌아갔습니다. 저는 그것으로 잊어버리고 있었습니다. 그러나 교인들은 그렇지 않았습니다. 청계천 빈민촌의 활빈교회 교인들은 그들 말대로 옮기자면 죽기 아니면 까물어치기로 기도했습니다. 온 교인이 40일간을 불기 하나 없는 찬 마루바닥에 엎드려 철야기도를 했던 것입니다. 낮에 일터에서 졸고, 장사하면서 걸으며 졸며 하면서 40일간을 하루같이 철야기도 하였습니다. 오로지 "우리 지도자 김진홍 전도사님 석방시켜 주시옵소서"라고 기도했습니다. 기도만 드린 것이 아니라 구역별로 돌아가며 3일씩 금식하였습니다. 국민학교 어린이들까지도 금식기도에 참여할만큼 뜨겁게 기도드렸습니다. 그런데 그 기도가 그대로 응답되었습니다. 75년 1월 7일에 시작되었던 40일 철야기도의 40일이 끝나는 날이 2월 14일 저녁이었습니다. 교인들은 2월 14일 저녁까지 철야기도를 끝마쳤습니다. 3일간 돌아가며 하였던 금식기도도 끝마쳤습니다. 그런데 그 다음 날인 2월 15일 정오에 박정희 대통령의 석방명령서가 저에게 도착하였습니다. 13개월만에 옥문이 열려 수원교도소 정문을 나오니 청계천 빈민촌 주민들과 활빈교회 교인들이 두

줄을 지어 저를 환영하였습니다. 그들은 흰 광목에 붉은 글씨로 "할렐루야 우리 목자 돌아오셨다"라고 쓴 플랭카드를 들고 옥문을 나서는 저를 환영해 주었습니다. 그때 저는 너무나 감격스러워 수원교도소 정문 앞 흙바닥에 무릎을 꿇고 흙바닥에 입을 맞추었습니다. 그리고 기도했었습니다. "하나님 내가 이 사람들과 평생을 같이 살다가 하늘나라로 함께 갈랍니다. 내가 앞으로 무슨 좋은 길이 열려도 이 사람들 떠나지 않고 함께 살다가 함께 죽을랍니다"라고 기도드렸습니다. 그런데 그렇게 기도 드린지 열흘만에 아내는 저에게 미국으로 이민 가기를 강원하는 것이었습니다. 아니면 이혼하여 달라는 것이었습니다. 아내는 완강했습니다. 위로 아들 아래로 딸인 두 아이를 자기가 데리고 미국으로 가서 교육시키고 독립해서 살겠다는 것이었습니다. 저는 몇달 간의 시간을 달라고 사정하였습니다. 그간에는 가정에 너무 등한하였지만, 감옥 사는 동안에 반성했기 때문에, "앞으로는 가능한 한 가정에 충실할 결심을 하였으니 새마음으로 새출발 합시다"라고 설득하려 하였습니다. 그러나 아내의 마음을 돌릴 수 없었습니다. 몇달 간의 우여곡절을 거쳐 우리는 헤어졌습니다. 아내는 어린 남매를 데리고 미국으로 갔고 그 뒤로 소식이 끊어져 미국 땅 어느 곳에서 어떻게 살고 있는지 소식조차 알 길이 없게 되었습니다. 저는 아이들을 좋아하는 성격입니다. 때로는 아이들이 보고싶고 궁금하여 견딜 수 없었습니다. 그때마다 예수님께서 아버지가 되셔서 저의 아들 딸, 동혁이와 은송이를 지켜달라고 기도했습니다. 그리고 어딘가에 돌보아 줄 보호자가 없는 아이들이 있다는 소식을 들으면, 두레마을로 데려오라 하여 가족으로 받아들이곤 하였습니다.

얼마전에도 돌보아 줄 부모가 없는 남매를 두레마을로 데려왔습니다. 어머니는 암으로 죽고 아버지는 알콜 중독자인, 오빠와 여동생 남매였습니다. 그들을 두레마을 가족으로 받아들이며, 저는 그들을 기도실로 데리고 들어가 두 아이의 손을 잡고 기도했습니다. 미국 어딘가에 있는 저의 아들, 딸 남매를 생각하며 기도했습니다. "예수님 저는 두레마을에서 이들 남매를 잘 돌보겠사오니, 예수님 께서는 미국에 있는 저의 남매를 돌 보아 주시옵소서. 예수님 저는 그들에게 손이 닿지 않습니다. 예수님께서 그들의 아버지가 되셔서 돌보아 주시옵소서. 대신 저는 이곳에서 이 아이들을 정성껏 돌보겠 습니다"라고 기도 드렸었습니다.

6,7년 전부터 저에게 미국에 오고 가는 길이 열렸습니다. 저는 미국에 가게 될 때마다 아이들을 만나게 해 주십사고 주님께 기도 드리곤 하였습니다. 그러던 중 아이들이 뉴욕에 있다는 소식을 듣게 되었고 타고 있는 비행기가 뉴욕 상공을 지나칠 때마다 아이들을 보고 싶은 마음에 제 몸에 통증이 일어났습니다. 몸에 열이 오르고 심장이 송곳같은 것으로 찔리우는 것같은 아픔이 일어나곤 하였습니다.

그런데 지난해 성탄절을 앞두고 미국에 있는 아이들로부터 소식이 왔습니다. 둘째인 딸이 병이 나서 병원에 입원하고 있으면서 아버지를 찾으니 와 달라는 전갈이었습니다. 저는 성탄절 예배를 끝내는 즉시로 김포공항으로 달려가 미국행 비행기에 올랐습니다. 아이들은 미국 동부 플로리다에 살고 있었습니다. 이미 열일곱 살이 된 딸이 병상에 누워 있었습니다. 그간에 딸 아이의 병을 오진하여 방치하여 두었다가 학교에서 쓰러졌다는 것입니다. 쓰러진 아이를 병원에 입원시켰는데, 혼수상태에 있으면서 한국의 아버지를 찾더라는 것이었습니다. 혼수상태에서도 아버지를 거듭 찾는 것을 보고, 어머니가 마음을 돌이켰다는 것이었습니다. "아하, 내가 그간에 아이들에게 잘못을 저질렀구나. 평소에 아버지에 대하여는 입도 뻥긋하지 않기에 관심이 없는 것으로만 알았었는데, 혼수상태에서 아버지를 애타게 찾은 것을 보니 평소에도 아버지를 그리워하고 있었었구나"하고 깨닫고는 저에게로 연락을 했다는 것이었습니다. 제가 딸의 병상 곁에 서서 딸에게 "아버지가 왔다"고 했을 때, 딸이 기뻐하는 모습은 저의 눈시울을 뜨겁게 하였습니다. 딸이 저에게 "와 주셔서 고마워요"하고는, 어린 시절에 아빠가 자기와 오빠를 데리고 동물원에 가 주었던 이야기에서부터, 무엇 무엇을 사주었던 이야기, 어디 어디를 함께 다녔던 이야기를 신이 나서 재잘거렸습니다. 저는 딸의 이야기를 듣고나서 그들 남매가 저와 헤어진지가 이미 십사 년이 지난 지금, 그녀가 세 살 때의 일들을 어떻게 기억하고 있느냐고 물었습니다. 그랬더니 딸이 말했습니다. "스텝파더(의붓아버지)가 우리들 마음에 상처를 주면, 오빠와 나 둘이서 딴 방으로 들어가 오빠가 나에게 서울 아버지 이야기를 들려주었어요"라고. 오빠는 동생에게 "서울 아빠는 그렇지 않단다. 서울 아빠는 신사적이고 마음이 넓고 우리들을 넓은 마음으로 이해하여 주셨었단다"하고 이야기 하여 주며 미국에 오기 전 서울에 있었을 때, 비록 가난하게 살았었지만 즐거웠던 이야기들을 들려주곤 하였었다는 것이었습니다. 그래서 그 서울 아빠를 언젠가 만나게 되기를 기다리며 살았다고 했습니다.

저는 겉보기보다는 감정이 여리고 마음이 약합니다. 병든 딸로부터 그러한 이야기를 듣자, 저는 뼈속 깊은 곳으로부터 탄식이 솟았습니다. 그리고 "아, 하나님 이 일을 어찌하여야겠습니까? 그간에 좋은 일 한답시고 동서남북을 뛰어다닌 것이 저에게 무슨 유익이 있었겠습니까? 제 친자식이 이런 처지에 있는데, 제가 이웃을 돕는다고 벌여 놓은 일들이 무슨 뜻이 있겠습니까?"하고 혼자서 중얼거렸습니다. 그날 제가 오빠인 아들에게 물었습니다. 이제

스물한 살의 대학생이 되어 있었습니다. "동혁아 너 그간에 아버지가 보고 싶지 않았니"하고 물었더니 그가 대답하였습니다. "아버지 그것을 제가 어떻게 말로 표현하겠습니까? 어린 시절 어느날 갑자기 헤어진 아버지가 보고 싶어 어떤 때는 태평양 쪽의 하늘을 향하여, 예수님 한국의 우리 아버지 만나게 하여 주시고 아빠랑 엄마랑 우리 가족이 다함께 살게하여 주시옵소서"라고 기도하였다고 했습니다. 그리고 자기가 교회 학생회의 회장으로 있는데 언젠가부터 한국의 아버지가 교포사회에서 유명하여 지더라는 것입니다. 그래서 어느날 같은 교회 학생회 친구 하나가 자기에게 "Do you know Rev. JIN HONG KIM? 너 김진홍 목사라고 아니? He is g-reat man. 그는 훌륭한 분이야"라고 했다는 것입니다. 그런데 자기는 그 말에 "He is my Daddy 그는 나의 아버지야"라고 대답하지 못하고, 그냥 고개를 푹 숙이고만 있었다는 것이었습니다. 저는 그 말을 들으며 그간에 닦아온 삶의 기반이 허물어지는 것 같은 느낌이 들었습니다. 그날 밤 저는 플로리다의 한 호텔에 들어가 침대시트를 뒤집어 쓴 채 혼자 실컷 울었습니다. 그리고 "활빈교회 목사고, 두레마을 공동체고 다 그만 두어버리고, 미국에 와서 두 아이들과 함께 세탁소라도 하면서 살까"'하고 생각하였습니다. 그런 생각을 하며 실의에 젖어 밤을 세우다가, 새벽녘에 성경을 펴고 열왕기상 19장을 읽었습니다. 바로 엘리야 선지자가 실의에 젖어 로뎀나무 아래 누워 탄식하였던 부분이었습니다.

"스스로 광야로 들어가 하룻길쯤 행하고 한 로뎀나무 아래 앉아서 죽기를 구하여 가로되 여호와여 넉넉하오니 지금 내 생명을 취하옵소서"(왕상 19:4)

한때는 발군의 영력으로 이스라엘 천지를 흔들었던 그였으나, 이제는 좌절과 실의에 빠져 하늘을 향해 부르짖고 있는 것입니다. "나를 하늘나라로 데려가 주십시오. 나를 죽게 해 주시옵소서. 나는 땅에 있어야 할 아무 가치가 없는 인생입니다"라고 하나님께 호소하고 있는 것입니다. 열왕기상 19장의 바로 앞장인 18장에서 엘리야의 기상은 온 나라를 뒤흔들 만큼 높고 힘찼었습니다. 그는 바알 선지 450명을 일거에 처단하였습니다(왕상 18:40). 그가 기도한 즉 삼 년 육 개월을 가물었던 하늘에 비가 쏟아졌습니다(왕상 18:44,45). 18장에서 그렇게도 드높았던 엘리야의 기세가 다음장인 19장에서는 놀랍게도 땅에 떨어지고, 그는 여호와께 죽게 하여 달라고 부르짖고 있는 것입니다. 바알 선지자들을 숙청하였던 그에게 바알 선지자들의 후견인이었던 아합왕의 왕후 이사벨이 사람을 보내어 이르기를, "내일 이맘 때까지 너도 네가 죽인 바알 선지자들 같이 죽임을 당하게 되리라"고 한 말 한마디에 그는 두려움에 휩싸여 도망자가 되고 맙니다. 그는 사막을 가로질러 도망하는 신세가 되었습니다. 그는 사막 한 가운데 이르러 한 로뎀나무 아래 앉아 탄식합니다. "하나님 나는 실패자입니다. 나는 외톨이입니다. 나는 이 세상에 살만한 가치도 이유도 없는 자입니다. 여호와여 나를 죽게 하여 주시옵소서."하고 부르짖고 있습니다. 저는 그날 저녁 미국 땅 플로리다의 한 호텔방에서 엘리야의 이 기사를 읽으며, 저 자신이 그때의 엘리야와 흡사한 처지라 생각했었습니다. 영력이 뛰어났던 점에서는 엘리야에게 턱도 없이 미치지 못하지만, 어느 날 좌절과 실의에 빠져 죽고 싶은 마음이 가득 차게 되었다는 점에서는 흡사하다는 것입니다. 그래서 저는 새삼스럽게 목사직책까지 벗어버리고, 미국 땅에 와서 세탁소나 꾸려가며 14년 만에 아이들과 함께 살아갈까 하고 생각하였던 것이었습니다. 그러나 엘리야

의 탄식이 있은 그 다음의 구절인 열왕기상 19장 5절부터의 말씀을
읽고 묵상하면서 저는 다시 용기를 되찾기 시작하였습니다.

"로뎀나무 아래 누워 자더니 천사가 어루만지며 이르되 일어나
라 먹으라 하는지라 본즉 머리맡에 숯불에 구운 떡과 한 병 물이
있더라 이에 먹고 마시고 다시 누웠더니 여호와의 사자가 또 다
시 와서 어루만지며 이르되 일어나서 먹으라 네가 길을 이기지
못할까 하노라 하시매 이에 일어나서 먹고 마시고 그 식물의 힘
을 의지하여 사십 주 사십 야를 행하여 하나님의 산 호렙에 이르
니라"(왕상 19:5~8)

낙심하여 죽게해 달라고 탄식하고 있던 엘리야에게 여호와의 손
길이 임하였습니다. 로뎀나무 그늘 아래 누운 엘리야를 여호와의
손길이 어루만지시며 "일어나 먹으라. 그리고 힘을 내라고" 하셨
습니다. 엘리야의 머리맡에 여호와께서 친히 상을 차려 놓으시고
엘리야에게 먹으라고 하신 것입니다. 숯불에 구운 떡과 한 병 물로
차려진 상이었습니다. 여기서 숯불에 구운 떡이라 할 때의 떡은 무
엇을 뜻하겠습니까? 그리고 한 병 물이라 할 때의 물은 무엇을 나
타내겠습니까? 성경에서 떡은 언제나 말씀을 상징하고 물은 성령
님을 뜻하고 있습니다. 그래서 그날 여호와께서 엘리야에게 차려
주셨던 숯불에 구운 떡과 한 병의 물로 차려진 상은, 바로 말씀의
능력과 성령님의 위로하심으로 엘리야의 지친 영혼이 힘을 얻게
하신 하늘의 식탁이라 하겠습니다. 여호와께서는 낙심한 자리에
누워 있는 엘리야를 사랑의 손길로 어루만져 주시며, 그에게 격려
와 용기를 불러일으키셨습니다. 숯불에 구운 떡으로서의 말씀의
능력과, 한 병 물로서의 성령의 위로하심으로 엘리야를 다시 일어

서게 하셨습니다. "일어나라. 먹으라. 네가 앞으로 가야 할 길이 많다"고 격려하셨습니다. 이에 엘리야는 다시 일어설 수 있었습니다. 그는 숯불에 구운 떡으로서의 말씀에 힘을 얻고, 한 병 물로서의 성령에 감동되어 다시 일어서서 사명자의 길을 계속 갈 수 있었습니다. 여호와께서 차려 주신 식탁의 음식으로 힘을 얻은 엘리야는 사십 주 사십 야 동안 험한 길을 걸어 호렙산에 이르렀다 했습니다.

> "이에 일어나 먹고 마시고 그 식물의 힘을 의지하여 사십주 사십야를 행하여 하나님의 산 호렙에 이르니라"(왕상 19:8)

호렙산에 이른 엘리야는 호렙산의 한 동굴 안에서 여호와를 대면하게 되었습니다. 여호와께서는 세미한 음성으로 그에게 다가오셨습니다. 처음에 엘리야는 강한 바람 속에서 여호와를 만나려 하였습니다. 두번째로 그는 지진 속에서 여호와를 만나려 하였습니다. 그러나 바람 속에도 지진 속에도 여호와는 계시지 않으셨습니다. 세번째로 그는 불 가운데서 여호와을 만나려 하였습니다. 그러나 역시 불 가운데에도 여호와는 계시지 않으셨습니다. 그런데 바람 후에, 지진 후에, 불 후에, 세미한 소리로 하나님은 나타나셨습니다.

> "… 여호와께서 지나가시는데 여호와의 앞에 크고 강한 바람이 산을 가르고 바위를 부수나 바람 가운데 여호와께서 계시지 아니하며 바람 후에 지진이 있으나 지진 가운데도 여호와께서 계시지 아니하며 또 지진 후에 불이 있으나 불 가운데도 여호와께서 계시지 아니하더니 불 후에 세미한 소리가 있는지라 엘리야

가 듣고 겉옷으로 얼굴을 가리우고 나가 굴 어귀에 서매 소리가
있어 저에게 임하여 가라사대 엘리야야 네가 어찌하여 여기 있
느냐"(왕상 19:11~13)

여호와는 엘리야의 영혼 깊은 곳에 세미한 소리로 다가오셨습니
다. 여호와를 만난 엘리야의 영혼은 고난과 좌절과 눈물로 다져진
영혼이었습니다. 절망의 밑바닥, 로뎀나무 그늘 아래서 숯불에 구
운 떡인 말씀과, 한 병 물인 성령님의 위로하심으로 새로워진 영혼
이었습니다. 그 영혼 깊은 곳에서 여호와는 엘리야에게 임하셨습
니다. 그리하여 세미한 소리로 다가오신 여호와를 만난 후 엘리야
는 그가 도망하여 나왔던 세상으로 다시 돌아갔습니다. 그리고 세
상으로 되돌아간 엘리야가 한 일은 역사의 변혁이었습니다. 새 시
대를 맞아들일 혁명의 도화선에 불을 당기는 일이었습니다. 그는
여호와의 명을 받들어 세상을 바로 잡는 일에 헌신하였습니다. 그
는 썩은 세상, 병든 질서를 고치는 혁명거사의 배후세력이 되었습
니다.

"여호와께서 저에게 이르시되 너는 네 길을 돌이켜 광야로 말미
암아 다메섹에 가서 이르거든 하사엘에게 기름을 부어 아람 왕
이 되게 하고 너는 또 님시의 아들 예후에게 기름을 부어 이스라
엘 왕이되게 하고 …"(왕상 19:15,16)

세미한 소리로 엘리야에게 임하셨던 여호와는 엘리야로 하여금
정치변혁, 사회변혁 운동을 일으키게 하셨습니다. 먼저 이스라엘
과 인접하고 있는 이웃나라 아람에 가서 부패한 정권을 뒤집고, 혁
명을 일으킬 하사엘에게 기름을 붓게 하고, 다음으로 본국 이스라

엘에 되돌아가 패역한 왕조 아합 왕과 이세벨 왕후의 전횡을 타도할 장군 예후에게 기름을 붓게 하였습니다. 엘리야는 여호와의 명을 받들어 아람의 하사엘 장군과 이스라엘의 예후 장군에게로 가서 기름을 부었습니다. 그는 하사엘에게도 예후에게도 그들의 혁명이 여호와께서 인정하시는 혁명임을 주지시키고, 그들이 명분과 확신을 가지고 혁명거사에 임하게 하셨습니다.

이와 같이 열왕기상 19장은 엘리야 선지가 로뎀나무 그늘 아래 누워 나를 죽여달라 탄식하던 장면에서 시작하여 시대를 변혁시키는 혁명의 불길이 오르기까지를 기록하고 있습니다. 저 역시 지난해 연말 플로리다의 한 호텔 방에서 탄식하던 자리에서 열왕기상 19장을 깊이 되새기는 중에 다시 용기가 솟았습니다. 그래서 다짐하였습니다. "그래 일어나 먹고 마시자. 그리고 앞으로 나아가자. 지금에 와서 뒤로 물러설 수는 없다. 굿굿하게 앞으로 나가는 거다." 다짐을 새롭게 하고 날이 새자 공항에 나와 작별의 손짓을 흔드는 아들과 딸을 뒤로 하고 미국 땅을 떠나는 비행기에 올랐습니다. 14년 만에 만난 남매에게 "너희들에게 자랑스러운 아버지가 되겠다"고 다짐하며 그들 곁을 떠났습니다. 아버지를 떠나보내는 그들의 표정과 손길에서 "아버지 열심히 일 하세요. 저희도 아버지 편입니다"라고 말하는 것을 온몸으로 느끼며 미국 땅을 떠날 수 있었습니다.

누군가가 이르기를 기독교의 신앙은 '그럼에도 불구하고'(in spite of)의 신앙이라 했습니다. 옳은 말입니다. 비록 은혜로 살아가는 크리스천의 삶이라 할지라도, 한평생이 순탄할 수만은 없는 것입니다. 인생 살아가는 길목마다 좌절이 있고 탄식이 있기 마련입니다. 그러나 그 좌절과 탄식 중에서 '그럼에도 불구하고' 다시 일어 서서 앞으로 나아가는 것입니다. 마치 로뎀나무 그늘 아래 누웠던 엘리야처럼 다시 일어나 앞으로 나아가는 것입니다. 그래서 여호와께서 주신 바 사명에 인생을 걸고 살아가는 것입니다. 그 아픔과 시련 속에서도 우리들에게 마지막까지 남는 것이 무엇이겠습니까? 바로 "예수는 나의 주인이시다"라는 신앙고백입니다. 어떤 역경과 고통 중에서도 주님은 나와 함께 하신다는 확신입니다. 비록 실패하여 바닥을 헤매고 있을 지라도 '그럼에도 불구하고' 내일이 있다는 확신입니다. 그러한 확신을 발판으로 삼아 다시 시작하는 것입니다. 사명자로서 개척자로서 살아가는 삶에 어찌 칭찬과 박수만 있겠습니까?

그렇게 미국을 떠나 한국에 닿으니 서재 탁자 위에 한 통의 우편물이 기다리고 있었습니다. 멀리 남아메리카에서 온 서신이었습니다. 서신의 내용은 김진홍 목사를 강사로 하여 다음 달에 열리기로 예정되어 있었던 남미순회집회를 취소한다는 통보였습니다. 여러 해 전부터 남미에 계시는 교포들로부터 요청이 있어왔습니다. 남미의 교포들이 김진홍 목사의 설교를 듣고 싶어 하니 꼭 허락하여 달라는 요청이었습니다. 서신으로, 전화로, 팩스로 여러차례에 걸쳐 요청해 왔으므로, 저는 그 간청에 마음이 움직여 남미 여러 나라에 순회집회 일정을 승락하였던 것입니다. 그런데 그 집회가 취소되었다는 것이었습니다. 집회 취소의 이유는 강사의 도덕성에 문제가 있다는 것이었습니다. 김진홍 목사는 목사로서 도저히 있을 수 없는 이혼을 하고 재혼을 하였으며, 전처에게 난 두 자녀를 돌보지 않고 있다는 것이었습니다. 그러한 부도덕한 인사를 성회에 강사로 모실 수 없다는 내용이었습니다. 저는 그 서신을 읽고 심호흡을 한번 하고 나서는 성경을 읽었습니다. 일년에도 한두 번은 꼭꼭 있는 일이었습니다. 이미 수 차례 예약되어 있었던 집회가 어느 때는 집회 하루 전에, 어느 때는 한 주일 전에 집회를 없었던 것으로 한다는 전갈을 받곤 하여 왔었습니다. 대체로 그 이유는 이 혼사유를 중심으로 한 강사의 부도덕성에 대한 것이었습니다. 집회 초청을 하였을 당시에는 그런 내용을 모르고 초청하였으나, 그런 사실을 알고 나서는 그대로 집회를 진행할 수 없다는 것이었습니다. 저는 그런 류의 통보를 받을 때마다, 아무 말 없이 그냥 한번 숨을 크게 들이 쉬고 조용히 앉아 성경을 읽거나 독서를 하곤 했습니다. 이번 경우에도 역시 마찬가지일 수밖에 없었습니다. 저는 남미에서 온 그 서신을 읽고 크게 숨을 한번 들여쉬고는, 정자세로 앉아 성경을 읽었습니다. 그리고 혼자 말했습니다.

"예수님은 아시겠지요. 예수님만 이해하여 주시면 저는 괜찮습니다. 언젠가 이분들도 이해하고 다시 초청장을 보내게 될 줄로 믿습니다. 그때까지 제 할 일을 열심히 하겠습니다."

여러분, 예수님을 따르는 삶에 항상 좋은 일, 칭찬들을 일만 있을 줄로 아시면 착각하시는 것입니다. 그런 일은 하늘나라 가서야 있는 일이 아니겠습니까. 하늘나라에 가면 설움도, 탄식도, 슬픔도, 아픔도 없어지겠지요. 그러나 하늘나라 가기 전 이 땅에서는 고난과 좌절이 있기 마련이 아니겠습니까. 우리들의 주인 예수님께서도 그렇게 고난 받으시고 아픔을 먼저 겪으시지 않았습니까. 예수님께서 이미 겪으신 그 고난을 우리도 겪어야 한다고 성경은 말씀하시고 있습니다.

"자녀이면 또한 후사 곧 하나님의 후사요 그리스도와 함께한 후사니 우리가 그와 함께 영광을 받기 위하여 고난도 함께 받아야 될 것이니라"(롬 8:17)

우리 주님께서 이미 당하신 그 고난에 동참함이, 후일에 영광에
도 참여하는 길이라 했습니다. 그러므로 우리 모두가 삶에서 당하
는 고난 속에서, 고난 당하셨던 예수님의 모습을 깨닫고, 그 주님
께 인내로써 충성함으로 우리 앞에 펼쳐진 삶을 경주하여야겠습니
다. 그래서 믿음의 주이시요, 온전케 하시는 주님을 바라보아야겠
습니다. 그것이 신앙입니다. 여러분들 모두가 그런 신앙의 경지에
서 자신을 확고하게 세워 나가시기 바랍니다.

기도

예수님 감사합니다. 주님께서 우리들을 사랑하셔서 이 땅에 거
하는 동안에 세상 것 바라보지 않고, 주님 바라보고 살아가게 하심
을 감사드립니다. 우리들에게 참 신앙, 건전한 신앙, 주님께서 가
르쳐 주신 신앙 그대로 살아가게 인도하여 주시옵소서. 우리들이
입으로는 주님을 따르노라면서, 실속은 세상을 따르고 자신의 욕
심을 따르지 않게 깨우쳐 주시옵소서.

주여, 기도드리옵나니 우리들이 날마다의 삶 속에서 주님을 닮
아가게 인도하여 주시옵소서. 우리들은 사업이 잘 되는 것도 앞세
우지 않겠습니다. 몸의 건강도 주님께서 알아서 해 주십시오. 우리
들은 잘나고 싶지도, 유명하여지고 싶지도 않습니다. 그저 예수님
만 닮게 하여 주시옵소서. 예수님의 성품, 예수님의 사람, 예수님
의 온유를, 닮게 하여 주시옵소서. 그래서 우리가 교회 일도, 장사
하는 일도, 가정 일도 자식 낳아 기르는 일도 다 예수님의 은혜 안
에 이루어지는 줄로 알아 열심히 살아가게 하여 주시옵소서.

예수님 저희로 절대로 뽐내지 말게 하여 주시옵소서. 우리들이
얼마나 약하고, 얼마나 어리석고 얼마나 허무한 존재들인가를 지
난 세월에 충분히 체험하였습니다. 주님 저희로 겸손케 하여 주시

옵소서. 하나님께서 인정하여 주시지 않으시면 저희는 아무 가치
도 없음을 스스로 깨닫게 하여 주시옵소서. 그리하여 주님께서 인
정하여 주시고, 주님께서 붙잡아 주시는 것이, 최고의 축복임을 깨
닫게 하여 주시옵소서. 사람답지도 못한 우리들을 사람답게 인정
하여 주시고, 하나님의 아들, 딸로 택하여 주신 것만으로도, 최상
의 축복임을 알고 감사할 수 있게 하여 주시옵소서. 그리하여 우리
들의 재물, 지식, 청춘, 저희들의 삶 전체를 주님게 바칠 수 있도
록 인도하여 주시옵소서.
  예수님의 이름 받들어 기도드렸사옵니다. 아멘.